নিজের মধ্যেই নিজে

আন্তরিক মননের এবং বিশ্বাসের কথা

প্রদীপ কুমার রায়।

ISBN 979-888546659-2

সমর্পন

আমার একমাত্র পুত্র শ্রী প্রজ্ঞান রায় ও স্ত্রী সোনালী রায়, নিকট আত্মীয়স্বজন এবং আমার ও আত্মীয়স্বজনের ভবিষ্যৎ প্রজন্ম, অবশ্যই আমার বইএর পাঠককুল এবং বিশেষ করে সেইসব মানুষ যারা ৬০ উর্দ্ধ বা ৬০ এর কাছাকাছি।

প্রদীপ কুমার রায় ।বর্ধমান।

বিষয়বস্তু

অনুক্রমণী

জীবনে অভিজ্ঞতা লব্ধ বিবেচনা ও অন্তর্নিহিত অব্যক্ত চেতনা ও বিচার এর গুরুত্ব যে কতটা, তা আমরা কমবেশি প্রত্যেকেই জানি। প্রত্যেক মানুষই চায় তারা যেন সর্বদা অন্যের অভিজ্ঞতা থেকে অনুপ্রাণিত হন কারন একই জীবনে সমস্ত অভিজ্ঞতা লাভ করা যায় না । এই অভিজ্ঞতা লব্ধ বিবেচনা ও বিচার গুলিকে বাস্তব জীবনে ঠিক মত মেনে চললে যে কোনো মানুষের জীবন অনয়াসেই বদলে যেতে পারে । এমত অবস্থায় লেখকের নিজস্ব ধারণা , বিভিন্ন অজানা কে জানার আগ্রহ বিভিন্ন পণ্ডিত মানুষের ব্যাখ্যা একত্র করে পাঠকদের মনোরঞ্জন এবং সচেতনতার জন্য যে প্রয়াস তা সাফল্য পাবে এটাই আমার ধারণা। বাবলি রায়। (Manuscript Reader)

ভূমিকা

জীবনের বেশিরভাগ সময়টা অতিবাহিত করার পর নিজের মধ্যে যে সব পরিবর্তন অনুভূত হয় এবং যে সব ধারণা পরিবর্তিত হয়ে নিজের অজান্তেই নুতন ধারণার সৃষ্টি হয় তারই বহিঃপ্রকাশ এই লেখনী। এটি খুবই একজন সাধারণ মানুষের নিজের মধ্যেই নিজের পরিবর্তনের কথা ,তার আন্তরিক মননের কথা এবং তার অন্তর্নিহিত বিশ্বাসের কথা যা বাহিরজগতে সবসময় প্রকাশ করা সম্ভব হয়না। সে অর্থে আমার কিছু নেই যা জানিয়ে পাঠকের সম্মুখে দাঁড়ানো যায়। পিছে ভয়, হাস্যষ্কর না হয়ে যাই। তবে হ্যাঁ, লিখি এবং তা শরীরস্থ এক অন্ধ আবেগে তাড়িত হয়ে কিছু কথা মালা কাগজের পাতায় গুঞ্জরিত হয়, এ কথা সত্য। সেগুলো মানসম্মত হয় কিনা বা সেগুলো, কাউকে নাড়া দেয় কিনা, জানি না। তবে হ্যাঁ, লেখা একটি আনন্দ বেদনা সিক্ত সৃষ্টি কর্ম। একটু রহস্যময়ও বটে । এক সময় ঘুমের ঘোরে, পথ চলতে-চলতে, হঠাৎ চলন্ত বাসে, রিকশায়, সকালে হাঁটার সময় লেখার জন্ম হয়। এটা একান্তই ব্যক্তিকেন্দ্রিক কথা। যদি সেই ব্যক্তিগত আবেগ, অনুভূতি একপর্যায়ে ব্যক্তি থেকে বেষ্টিতে ছড়িয়ে পড়ে তখনই নিজের কথা নিজের ব্যাথা অন্যের কথা, অন্যের ব্যথা বা অন্যের বক্তব্য হয়ে যায়। মনে হয় একটু চেষ্টা করলেই এ বিষয়ে অনেক কিছু বলতে পারবো। কিন্তু লিখতে বসলেই কথা হারিয়ে যায়। কেন যে লিখি, কেন যে লেখা আমাকে টেনে নিয়ে তার কাছে বসায়! মাঝে মাঝে মনে হয় অনেক কিছু শেখার আছে। অনেক অনেক কিছু। বুকের ভেতরে হাজারটা লেখার উপাদান গজগজ করে। নানান শব্দ, নানান বাক্যের তোড়জোড় শুরু হয়ে যায় ভেতরে। এটা অবশ্যই ঠিক যে আমি লেখক নই , আমি যা লেখার চেষ্টা করি তা কেবলি আমার সময় কাটানোর এবং একাকী থেকে আনন্দ পাবার একটা প্রচেষ্টা মাত্র। আমি একজন মনোযোগী পাঠকের জন্য অপেক্ষায় আছি। যার হাতে আর কোন বই নেই। যার কাছে কেবল একটিই বই, অন্য কোন বই বা গল্প জমা নেই , আমিই তার গল্পের বই; আমিই তার গল্প। এমন কোন এক মনোযোগী পাঠক হয়তো ঠিকই অনাগ্রহ নিয়ে পড়তে পড়তে পুরো বইটা শেষ করে উঠবে। আর সবশেষে তার চোখ থেকে উপচে পড়তে থাকবে তুমুল বিস্ময়। গল্প শেষ হওয়ার আফসোসে সে হয়ে উঠবে মৃত নদীর মতন শান্ত ও শীতল।

প্রদীপ কুমার রায় ।২২৩-এ,বি, মুখার্জি রোড ,নূতনগঞ্জ,দিঘিরপুল,বর্ধমান- ৭১৩১০২।

স্বীকার

এই পুস্তকটি সম্পন্ন করতে আমি সাহায্য নিয়েছি নিজের জীবন এবং পর্যবেক্ষনের অভিজ্ঞতা, বিভিন্ন গ্রন্থ, পত্রিকা, সোশ্যাল মিডিয়া যেমন ফেসবুক, কোৱা ,বিভিন্ন পন্ডিতদের সাথে আলোচনা ও তাদের বিভিন্ন মত, উইকিপিডিয়া, বিভিন্ন প্রচলিত পুস্তক ইত্যাদির এবং পুস্তকে ব্যবহৃত ছবি ফেসবুক ও ইন্টারনেট থেকে সংগৃহীত। তাদের সকলকে এবং আমার এই বইএর প্রকাশককে আমার আন্তরিক কৃতজ্ঞতা জানাচ্ছি । এগুলি পাঠকের বাস্তব জ্ঞান বৃদ্ধিতে সাহায্য করবে।

প্রদীপ কুমার রায় ।

প্রস্তাবনা

<u>লেখক পরিচিতি</u>

লেখক ৩১+ বছর পরিষেবার পরে ব্যাংকিং পরিষেবা থেকে স্বেচ্ছায় অবসর নেওয়ার সিদ্ধান্ত নিয়েছিলেন । সেই সময়, তিনি এস বি আইয়ের পুরশুরা শাখায় চিফ ম্যানেজার (অফিং) হিসাবে পোস্টেড ছিলেন। এস বি আইতে, তিনি ব্রাঞ্চ ম্যানেজার , এইচ আর ম্যানেজার, সিস্টেম ম্যানেজার ইত্যাদির মতো বিভিন্ন এসাইনমেন্টে কাজ করেছিলেন। তখন লেখকের শখ ছিল বিভিন্ন ম্যাজিক আবিষ্কার করা এবং বিভিন্ন নিবন্ধ লেখা । তাঁর লিখিত প্রথম বই "প্রেরণা" প্রকাশিত হয়েছিল ২০১৩ সালে। ইতিমধ্যেই তার লিখিত বিভিন্ন নিবন্ধ ও প্রবন্ধ বেশ কিছু বহুল প্রচারিত ও স্বল্প প্রচারিত সংবাদপত্র ও ম্যাগাজিনেও প্রকাশিত হয়েছে। ম্যাজিকের ক্ষেত্রে, লেখকের চিত্রের সাথে বায়োডাটা ম্যাজিশিয়ানদের ওয়ার্ল্ড ডিরেক্টরিতে প্রকাশিত হয়েছিল।

লেখকের শিক্ষাগত যোগ্যতা হ'ল বি.এসসি (পদার্থবিজ্ঞানে অনার্স), এম.এসসি (কম্পিউটার সায়েন্স), পোস্ট গ্রাজুয়েট ডিপ্লোমা ইন কম্পিউটার এপ্লিকেশন (পি জি ডি সি এ), সিসকো সার্টিফাইড নেটওয়ার্ক এসোসিয়েটস-গ্লোবাল (সি সি এন এ), ইন্ডিয়ান ইনস্টিটিউট অফ ব্যাংকিংয়ের সার্টিফাইড সহযোগী (সি এ আই আই বি) ।এছাড়াও তিনি বিভিন্ন শংসাপত্র কোর্স যেমন এনিমেশন , হার্ডওয়্যার, কোবল প্রোগ্রামিং,ফটো, ভিডিও এবং অডিও সম্পাদনা, হিন্দির প্রাজ্ঞ কোর্স ইত্যাদিও করেছেন ।

অবসর গ্রহণের পরে লেখক কয়েকটি একাডেমী এর সাথে "ব্যাংকিং" এর বিশেষজ্ঞ ইন্সট্রাক্টার হিসাবেও অংশ নিয়েছিলেন এবং এখন তিনি তাঁর ইউটিউব চ্যানেল, ফেসবুক পৃষ্ঠা, ওয়েবসাইট, ব্লগ, স্টক ফটোগ্রাফি , বিভিন্ন লেখালেখি , নিজের লিখিত বই প্রকাশ ইত্যাদিতে ও ইন্টারনেট ভিত্তিক কাজে নিযুক্ত রয়েছেন ।

****

<u>লেখকের লিখিত ও প্রকাশিত বই</u>:

<u>বাংলায়</u> - ১) প্রেরণা ২) অনুপ্রেরণা ৩) মহাভারতে কি কি তথ্য চিহ্নিত আছে যা আজও প্রাসঙ্গিক? ৪) পুরাণ কাহিনীর অন্তর্নিহিত অর্থ ৫) রামায়নের অজানা তথ্য ৬) মানবতার পূজারী স্বল্প পরিচিত ভারতীয়ের কাহিনী ৭) আশপাশের গাছগাছালির ঔষধি ও সৌন্দর্য্য গুণ ৮) জানা মানুষের অজানা কাহিনী ৯) কল্পনায়, খেয়ালে ও কাথনে করোনা ১০) বাবা মানে--, মা মানে -- ১১) নিজের মধ্যেই নিজে ইত্যাদি ।

<u>ইংরাজীতে:</u>- 1) How to Write Banking Letter (For Banker & Customer) More than 120 Relevant sample letters. 2) How to write an email (ethics, examples & samples of emails). 3) The story of a little-known Indian worshiper of humanity. 4) Secrets of Motivation & Inspiration. 5) Unpopular but Attracting with Historical Interest Tourist Place in Bardhhaman. 6) Digital Banking Ready Reference for Customer. 7) 'Corona' in Imagination, Troll & Mimes. 8) MCQ with Answers for BC & BF

Examination 9) How to Improve Your Mental Strength 10) GENERAL APTITUDE (CSIR Net-Previous Q & A with explanation and hint to solve) 11) Short Stories and Tales etc.

<u>হিন্দিতে</u>:- ১) ক্যায়সে প্রেরক কৌশল মে সুধার কর সকতে হ্যায় ২) ছাত্রঃ ও ব্যাঙ্কার কে লিয়ে ব্যাঙ্কিং ৩) "করোনা" - কথন ট্রোল অর মিল্স ৪) ঐতিহাসিক আকর্ষক পর্যটন স্থল ,বর্ধমান ৫)আপনি মানসিক শক্তি কা বিকাশ ক্যায়সে করে ৬) সম্বন্ধ বিপনন কা বিকাশ করনে কে সবসে আচ্ছা তারিকা ৭) ব্যাঙ্কিং পত্র ক্যায়সে লিখে ইত্যাদি প্রকাশিত হয়েছে।

****

লেখকের প্রকাশিত বই এর অগণিত পাঠক এবং লেখকের ব্লগ, ওয়েবসাইট, ফেসবুক পেজ, ইউ টিউব ইত্যাদির অনুগামী ও দর্শককুলের আগ্রহে ও অনুপ্রেরণায় উৎসাহিত হয়ে এই পুস্তকের সৃষ্টি।

Website–

Official– https://pkrbur.com;

Family– www.rayfamily.itgo.com

Blog-

Motivational in Bengali- https://pkrnet.blogspot.com;

Motivational in Hindi – https://pkrhindi.blogspot.com

Motivational in English- https://pkrbur.com/blog-motivational/

Tour and Travel - https://pkrbur.com/blog-tour-travel/

Banking for Students – https://pkrbank.blogspot.com

Banking Technology for Customers–https://pkrbur.com/blog-banking-technology-for-customer/

PKR Video & Audio - https://pkrbur.com/p-k-r-video-audio-links/

FACEBOOK PAGE -

https://www.facebook.com/pradip1/

https://www.facebook.com/Pkrnet-Institute-192616401621756/

FACEBOOK GROUP:-

Motivational &Inspirational https://www.facebook.com/groups/Motivation62

FACEBOOK - https://www.facebook.com/profile.php?id=100009528403607

YouTube-

SHANTANURUDRA-Disguise name of Pradip Kr. Ray –https://www.youtube.com/channel/UC9ZCD6070OMsP0pdwcgSBgwY

PRADIP KUMAR RAY -PKRNET, BURDWAN -

https://www.youtube.com/channel/UC5wyD8s3usaRfMDduEjR1LQ?view_as=subscriber

E-Mail:
pradip.ray1911@gmail.com,
pkrnet.burdwan@gmail.com
To See Author's Published Books, Go to the link:
https://pkrbur.com/professional/

লেখকের বই এর আমাজনে লিঙ্ক - bit.ly/pradipamazon
লেখকের বই এর ফ্লিপকার্টে লিঙ্ক - bit.ly/PKRBOOK-Flipcart
লেখকের বই এর নোশন প্রেসে লিঙ্ক - bit.ly/pradipbook
লেখকের বই এর পথি.কমে লিঙ্ক - bit.ly/pradippothi
Author's book link on Amazon: bit.ly/pradipamazon
Author's book link on Flipcart: bit.ly/PKRBOOK-Flipcart
Author's book link on Notion Press: bit.ly/pradipbook
Author's book link on Pothi.com: bit.ly/pradippothi

পাব্লিশার্স।

1
প্রথম অধ্যায়

সেই কবে জন্মেছি, তারপর থেকে কেবলই ছুটে চলেছি। কখনও স্কুলে ভালো রেজাল্ট করার জন্য, কখনো চাকরির জন্য, কখনও ছেলেকে উচ্চ শিক্ষিত করার জন্য, কখনও এর কাছে ভালো হওয়ার জন্য বা ওর কাছে ভালো হওয়ার জন্য। কই সামনে-পেছনে তো কিছু দেখতে পাই না। বয়স যখন ষাটের কাছে তখন কেবল মনে হয় একটু স্মৃতিচারণ করি। আমি ৬০ বছর বয়সে পা দেবো দেবো, নিজের মধ্যে -এই বয়েসে পৌঁছে, কিছু পরিবর্তন অনুভব করছি ।

আজকাল আমি দোকানে, বাজারে গিয়ে দু পয়সা নিয়ে দরকষাকষি করি না। কারণ আমি বুঝতে শিখেছি, দু/ চার পয়সা বেশী খরচ হলে আমি দরিদ্র হয়ে যাব না। বরং যে লোকটি দু পয়সা বেশী রোজগারের আশায় মাথার ঘাম পায়ে ফেলছে, সে দু পয়সা বেশী পেলে হয়ত তার মেয়েটির লেখাপড়ার খরচ চালাতে পারবে। সত্যি, আমি বদলে যাচ্ছি।

আজকাল গাড়ি থেকে নেমে খুচরো টাকা নেবার জন্য অপেক্ষা করে থাকি না। যে লোকটি রোজগার করছে রাতদিন, কটা টাকা বেশী পেলে হয়ত তার মুখে হাসি ফুটবে। সেই হাসিটুকুর আশায় আমি নিজেকে বদলে নিচ্ছি।

বয়স্ক লোকদের বলা একই গল্প বারবার শুনেও বলি না, থাম ত বহুবার শুনেছি। বুঝতে শিখেছি, এই গল্পগুলোর মধ্যে তাদের অতীতের স্মৃতি জড়িয়ে রয়েছে, যা তাদের নিস্তরঙ্গ জীবনে কিছুটা আনন্দ বয়ে আনে। তাই, আমি আর সেই আগের মত তাদের কথা শুনে বিরক্ত হই না- আমি বদলে যাচ্ছি।

লোকের ভুল ত্রুটি দেখে তাকে শুধরে দেবার জন্য আগের মতন আর প্রাণপণ লড়াই শুরু করি না, কারণ আমি বুঝতে শিখে গেছি, সারা পৃথিবীর লোকদের শোধরানোর দায় আমার নয়। বরং আমার মনের শান্তি আমার কাছে অনেক বেশী দামী। হ্যাঁ, আমি বদলে যাচ্ছি।

এখন আমি বিনা কারণেই মানুষকে অভিনন্দন জানাই, তাদের প্রশংসা করি, এতে তারা যে আনন্দ পায়, তাদের সেই আনন্দ দিতে পেরে আমি নিজেও আনন্দিত হই। হ্যাঁ, আমি বদলে যাচ্ছি।

আমাকে কেউ অবজ্ঞা করলে আমি আর আগের মত অপমানিত হই না, দূরে সরে যাই তাদের থেকে। আমি বুঝি, তারা হয়ত আমার মূল্য বুঝতে না পেরে আমায় হেলা করছে, কিন্তু আমিতো জানি -আমার কাছে আমি অমূল্য। -আমি বদলে যাচ্ছি।

আজকাল আবেগের যখন তখন অপ্রত্যাশিত প্রকাশ আমাকে আর লজ্জিত করে না, কারণ আমি শিখে গেছি যে এই আবেগগুলোই আমাকে 'মানুষ' বলে নিজের কাছে পরিচয় করিয়ে দেয়। সত্যিই, আমি বদলে যাচ্ছি।

এখন আর নিজের ইগোকে আঁকড়ে ধরে থাকি না। বুঝে গেছি, ইগো মানুষকে একাকিত্বের দিকে ঠেলে দেয়। বরং এটি ছেড়ে দিলে সম্পর্কগুলো সুন্দর হয়ে ওঠে। প্রতিটি দিনকে জীবনের শেষ দিন মনে করে বাঁচি। সত্যি সত্যিই, আমি বদলে যাচ্ছি।

এতো অল্প দিনের জীবনে হিংসা, বিদ্বেষ, রাগ, অভিমান, উস্কানী মূলক কাজ-কর্ম, সম্পত্তি নিয়ে রেষারেষি, ঘৃণা, কষ্ট, মন খারাপ - এই সব ব্যাপারস্যাপার গুলোতে সময় নষ্ট করে কি লাভ! তাই নিজেকে সময় দিই, ভালো বই পড়ি , টুক করে বেড়িয়ে পড়ি চমৎকার কোন জায়গায় অথবা কিছু লেখার চেষ্টা করি। হ্যাঁ, এটা অবশ্যই ঠিক যে আমি লেখক নই , আমি যা লেখার চেষ্টা করি তা কেবলি আমার সময় কাটানোর এবং একাকী থেকে আনন্দ পাবার একটা প্রচেষ্টা মাত্র। আমি একজন মনোযোগী পাঠকের জন্য অপেক্ষায় আছি। যার হাতে আর কোন বই নেই। যার কাছে কেবল একটিই বই, অন্য কোন বই বা গল্প জমা নেই , আমিই তার গল্পের বই; আমিই তার গল্প। এমন কোন এক মনোযোগী পাঠক হয়তো ঠিকই অনাগ্রহ নিয়ে পড়তে পড়তে পুরো বইটা শেষ করে উঠবে। আর সবশেষে তার চোখ থেকে উপচে পড়তে থাকবে তুমুল বিস্ময়। গল্প শেষ হওয়ার আফসোসে সে হয়ে উঠবে মৃত নদীর মতন শান্ত ও শীতল। হ্যাঁ , আমি বুঝতে পারছি যে ধীরে ধীরে আমি বদলে যাচ্ছি।

আমি মনেপ্রাণে বিশ্বাস করি, বিশেষ কোন আবেগে দু'একটি কবিতা বা দু-একটি বই লিখলেই বা কোন পুরস্কার পেলেই যে সে কবি বা সাহিত্যিক হয়ে যাবে ব্যাপারটি তেমন নয় মোটেই। সময় এর বিচারক। নূতন কি সে বলল সেটাকে কেন্দ্র করে আবর্তিত হয় কারো বেঁচে থাকা। সে অর্থে আমার কিছু নেই যা জানিয়ে পাঠকের সম্মুখে দাঁড়ানো যায়। পিছে ভয় হয় , হাস্যস্কর না হয়ে যাই। তবে হ্যাঁ, লিখি এবং তা শরীরস্থ এক অন্ধ আবেগে তাড়িত হয়ে কিছু কথামালা কাগজের পাতায় গুঞ্জরিত হয়, এ কথা সত্য। সেগুলো মানসম্মত হয় কিনা বা সেগুলো, কাউকে নাড়া দেয় কিনা, জানিনা। তবে হ্যাঁ, লেখা একটি আনন্দ বেদনা সিক্ত সৃষ্টি কর্ম। একটু রহস্যময় বটে । এক সময় ঘুমের ঘোরে, পথ চলতে-চলতে, হঠাৎ চলন্ত বাসে, রিকশায়, অফিসে বা কোনো অচেনা জায়গায় লেখার জন্ম হয়।

একজন লেখক বা শিল্পী প্রথমত নিজের কথা, নিজের মতো করে বলে। একান্তই ব্যক্তিকেন্দ্রিক সে কথা। সেই ব্যক্তিগত আবেগ, অনুভূতি একপর্যায়ে ব্যক্তি থেকে বেষ্টিতে ছড়িয়ে পড়ে। নিজের কথা নিজের ব্যাথা তখন অন্যের কথা, অন্যের ব্যথা বা অন্যের বক্তব্য হয়ে যায়। সাহায্য করে বলার কৌশল, ব্যবহৃত উপমা, অনুপ্রাস, নতুন চিন্তার উদ্রেককারী বিষয়। সেটা পাঠকের অন্তরে ভালোলাগার জন্ম দিল কিনা এও একটি বিষয়। আবার সমাজের ইতিবাচক পরিবর্তনের কথাও এক ধরনের সামাজিক দায়িত্ব পালন করে।

কিছুই লিখি না। মানে এখনও পর্যন্ত কিছুই লিখে উঠতে পারিনি। এটা খুবই সত্যি এবং খুব সচেতনভাবেই আমার মনে হয় যে এ পর্যন্ত স্মরণযোগ্য একটি লাইনও আমি লিখে উঠতে পারিনি। কখনও পারবো কিনা তাও জানি না। প্রশ্ন উঠতেই পারে তাহলে নতুন লেখার কাছে যাই কী করে! আর কেনই বা যাই। এ বেশ জটিল একটা প্রশ্ন। এ প্রশ্নের কাছে আমি একেবারে মুখ থুবড়ে পড়ি। উত্তর হাতরাই। খুঁজি। মনে হয় একটু চেষ্টা করলেই এ বিষয়ে অনেক কিছু বলতে পারবো। কিন্তু

লিখতে বসলেই কথা হারিয়ে যায়। কেন যে লিখি, কেন যে লেখা আমাকে টেনে নিয়ে তার কাছে বসায়! মাঝে মাঝে মনে হয় অনেক কিছু শেখার আছে। অনেক অনেক কিছু। বুকের ভেতরে হাজারটা লেখার উপাদান গজগজ করে। নানান শব্দ, নানান বাক্যের তোড়জোড় শুরু হয়ে যায় ভেতরে।

আমার পাশে কেবল আমিই আছি, আর কেউ না। আমি মারা গেলে আমিই যাব, আর কেউ না। হয়ত আমাকে নিয়ে দুদিন লোকে কাঁদবে কিন্তু তার পরে সবাই সব ভুলে নিজের ছন্দে ফিরবে । কেউ মনেও রাখবে না আমি কে? কেউ মনে রাখবে না আমারও অস্তিস্ত্ব ছিলো । আজও রোজ একটু একটু করে নিজেকে আবিষ্কার করি। এভাবেই আবিষ্কার করে চলবো । আমি প্রচুর বায়োগ্রাফি পড়ি, গল্পের বই পড়ি, পড়তে ভালোবাসি। আমি অনেক ব্যর্থ মানুষের গল্পও খুঁজে খুঁজে পড়ি, কারণ ব্যর্থ মানুষগুলো ঠিক কেন ব্যর্থ জানতে ভালো লাগে। তাই বোধ হয় আমার অন্যতম প্রিয় সাহিত্যিক J.K Rowling.. । সবশেষে এটাই বলার,"ভালো থাকুক তারা যারা আজ আছে সর্বহারা হয়ে। বাঁচতে শিখুক। লড়ুক।" -সত্যিই, আমি বদলে যাচ্ছি।

দারিদ্র অবস্থা থেকে মুক্তি পাবার জন্য প্রতিদিন বিকালে পাবলিক লাইব্রেরিতে যাওয়া শুরু করি। এর ফলে আমার সামনে এক নতুন দিগন্ত উন্মোচিত হয়ে যায়। একটা বই পড়ি তো আর একটা বই এর সন্ধান পাই, খুঁজে এনে সেটা পড়ি ,এভাবে বই পড়ার একটা নেশা চেপে যায়। জীবনের ওই সময়টাতে সর্বাধিক পড়াশোনা করেছিলাম। বই সভ্যতার প্রতীক, জ্ঞানের প্রদীপ। বই হলো অনুপ্রেরণার নাম। নিজের হাতে জগৎ সংসারকে প্রত্যক্ষ করার আয়না। বই একাকিত্বের শ্রেষ্ঠ সঙ্গী। একজন মানুষের জীবনের সেরা বন্ধু। বই মানুষকে বাঁচতে শেখায়। মানব চরিত্রকে গভীর ভাবে পর্যবেক্ষণ করতে শেখায়। মানুষকে মনুষ্যত্ব দান করে বই। বই হলো আত্মার খোরাক। বই ছাড়া একজন মানুষ অন্তঃসারশূণ্য। বই মানুষের চিন্তা ভাবনায় প্রসার ঘটাতে সক্ষম। যার জীবনে বই নেই, বইয়ের গলিতে যার পদচারণা নেই, সে আসলে জীবনের একটা বড় জগৎ থেকে বঞ্চিত হয়ে আছে। বই ছাড়া একটি ঘর, প্রাণ ছাড়া একটি দেহের মতো। আপনি যদি বৃত্তের বাইরে চিন্তা করতে চান, তাহলে আপনাকে অবশ্যই বই পড়তে হবে। ভালো বই বর্তমান এবং চিরকালের ভালো বন্ধু। যে বন্ধু কখনো পুরাতন হয়না।

এখন কাউকে কিছু শেখানোর চেষ্টা করি না। এমনকি আমি যদি নিশ্চিত হই যে আমি বিষয়টি বিশদভাবে জানি , তবুও না। অনুরোধ না করা পর্যন্ত কাউকে সাহায্য করার চেষ্টা করি না। নিজেকে কারও উপর চাপিয়ে দিই না। এখন প্রিয়জনদের বিশ্বের সমস্ত দুর্ভাগ্য থেকে রক্ষা করার চেষ্টা না করে শুধু তাদের ভালবাসতে চেষ্টা করি । ধীরে ধীরে আমি বদলে যাচ্ছি।

এখন, আমার নিজের স্বাস্থ্য সম্পর্কে কোনও অভিযোগ করি না। না আমার প্রতিবেশী; না আমার সরকার; না আমার আত্মীয়স্বজনের কাছে.! সন্তান সন্ততিদের কাছ থেকে কৃতজ্ঞতা আশা করি না। আমি জানি, কোনও সন্তান অকৃতজ্ঞ নয় - বোকা শুধু বাবা মা, যারা তাদের সন্তানদের কাছ থেকে কৃতজ্ঞতা আশা করে। এমন বাক্যগুলি কখনও বলি না,‘ তোমার বয়সে আমি ... ...’ ‘ আমি তোমাকে জীবনের সেরা বছরগুলি দিয়েছিলাম .. ’,‘ আমি বয়স্ক তাই আমি তোমার চেয়ে আরও ভাল জানি ... ’ ইত্যাদি। এই বাক্যগুলি সাধারণত ভালভাবে নেওয়া হয় না ..!-সত্যিই, আমি বদলে যাচ্ছি।

নিজের জীবনকে আনন্দময় করে তুলতে জীবন থেকে অপ্রয়োজনীয় সংখ্যাগুলো বাদ দিয়ে দিয়েছি । অর্থাৎ বয়স কত হল, ওজন কত বাড়ল, রক্ত চাপ কোন সীমানায় আছে, সুগার কন্ট্রোলে

আছে কিনা.... এগুলো নিয়ে একদমই ভাবি না । আরে মশাই, এগুলো নিয়ে ভাবার জন্য আমার চিকিৎসক রয়েছেন, আর আমি তাদের এজন্য অর্থও প্রদান করি ।-হ্যাঁ, আমি বদলে যাচ্ছি।

যেকোন মূল্যে সময়ের সাথে তাল মিলিয়ে চলার চেষ্টা করি । নতুন নতুন প্রযুক্তিগুলি বোঝবার চেষ্টা করি, অবসন্নভাবে সংবাদগুলি অনুসরণ করি, ক্রমাগত নতুন কিছু অধ্যয়ন করি, সময়ের থেকে পিছিয়ে না পড়ার চেষ্টা করি । এটাই এখন মজা, আমার যা ইচ্ছা তা করতে পারছি ... অবশ্যই যদি আমার সাধ্যের মধ্যে থাকে! কোনও কিছুর জন্য নিজেকে দোষ দিই না। আমার জীবনে বা আমার সন্তানের জীবনে যা কিছু হয়েছে, আমি যা করতে পেরেছি, সব কিছুই করেছি । যে কোনও পরিস্থিতিতে নিজের মর্যাদা রক্ষা করি একদম শেষ পর্যন্ত! আমার সেরা কাজটি করি- এটি খুব গুরুত্বপূর্ণ।

দুঃখের কারণে চোখে জল আসবেই । দুঃখকে ভুলে গিয়ে সামনে এগিয়ে চলার চেষ্টা করি । যে একমাত্র ব্যক্তি আমার সঙ্গে সারাজীবন চলবে , সে আমি নিজেই । কাজেই নিজেকে ভালো রাখতে সচেষ্ট হই । যা কিছু আমি পছন্দ করি , সেই সব কাজের মধ্যে নিজেকে ব্যস্ত রাখার প্রচেষ্টা করি । স্বাস্থ্য বজায় রাখার চেষ্টা করি । শরীর যদি সুস্থ না হয় , তাহলে তার উন্নতি করার চেষ্টা করি । আর যদি খুব খারাপ হয় , তাহলে বিশেষজ্ঞের পরামর্শ নিই ।

জীবন চলার পথে মাঝে মাঝে আমি এমন পরিস্থিতির মুখোমুখি হয়েছি যেখানে আমার কোন ভুল না থাকা সত্ত্বেও, দোষী সাব্যস্ত হয়েছি। তখন হাজার চিৎকার করেও নিজেকে নির্দোষ প্রমাণ করা যায় না...! এমন একটা পরিস্থিতিতে চুপচাপ থাকা ছাড়া কিছুই করার থাকে না। যেখানে আমি জানি আমি ঠিক, শুধু শুধু মিথ্যা অপরাধী হয়ে গেছি, সেখানে হাজার চিৎকার করেও নিজেকে নির্দোষ প্রমাণ করতে পারবো না...! তার জন্য সঠিক সময়ের অপেক্ষা করতে হবে। যেখানে চুপ থাকলে আমার কোন ক্ষতি হবে না, সেখানে চুপ থাকাই মন্দের ভালো! অনেক সময় দেখা যায়, যারা চুপ থাকতে পারে না, তারা নিজেরাই নিজেদের অবস্থান সবার কাছে ছোট করে দেয়...! কিন্তু তারা ভাবে তারা অনেক চালাক, তার কাছে অনেক লজিক আছে বলে তারা নিজেরাই অনেক কিছু পারে আর অপর প্রান্তের মানুষ গুলোকে বোকা ভাবে..! কিন্তু আসল বোকা তারাই, সেটা তারা বুঝতে পারে না। ঠিক জেনেও যারা চুপ থাকে তারা অনেক ধৈর্য্যশীল। ধৈর্য্যশীল মানুষ নিজেদের কন্ট্রোল করতে জানে যা সবার দ্বারা সম্ভব হয় না..! আবার কিছু মানুষ আছে যারা নিজেরা ভুল করে অন্যের উপর দোষ চাপিয়ে দেয়। এমন মানুষের থেকে দূরে সরে যাওয়াই ভালো, তা না হলে এরা আমাকে সবার সামনে ছোট করবে..! অপরাধ না করেও যখন অপরাধী হয়ে যাই তখন চুপ থাকাটাই ভালো, কারণ চিৎকার করে কখনো নিজেকে নির্দোষ প্রমাণ করা যায় না...! সব প্রশ্নের উত্তর চিৎকার করে দেওয়া যায়না,সব যুদ্ধ অস্ত্রের আস্ফালনে জেতা যায়না। কিছু কিছু প্রশ্নের উত্তর দিতে হয় নিঃশব্দে, আর কিছু কিছু যুদ্ধ জিততে হয় মগজাস্ত্র প্রয়োগ করে।

আসলে একটা কথা জানেন কি - একটা মানুষ কখনো সবার কাছে ভালো হতে পারে না, আবার একই সাথে এটাও সত্যি একটা মানুষ কখনো সবার কাছে খারাপও হয় না। সবার অপছন্দের হয় না। প্রত্যেকটা মানুষই কারও না কারও কাছে প্রিয় ব্যক্তিত্ব। যে যেমন, তাকে ঠিক তেমনভাবেই ভালো লাগার কেউ না কেউ ঠিকই আছে। তাই কেউ যদি আমাকে খারাপ বলে কিংবা অপছন্দ করে তাতে আমি কষ্ট পাই না। কারন আমি একটা মানুষ, আমি সবার পছন্দের হতে পারবো না। এটা খুব স্বাভাবিক। শুধুমাত্র আমি কেন, কেউ সবার কাছে পছন্দের হতে পারে না। কেউ না। তাই

যারা আমার ভালো ভাবে, যারা আমাকে পছন্দ করে তাদেরকে নিয়েই আমি ভাবি । আর যারা আমাকে অপছন্দ করে কিংবা খারাপ ভাবে তাদেরকে তাদের মতো করে ভাবতে দিই । নিঃশ্চয় কোন একদিন তারা নিজেরাই নিজেদের উওরটা পেয়ে যাবে।

কাক হচ্ছে একমাত্র পাখি যে ঈগলের ঘাড়ের উপর বসে ঠোকর মেরে তাকে বিরক্ত করতে পারে, এত সাহস অন্য কোনো পাখির নেই। মজার ব্যাপার হচ্ছে ঈগল কিন্তু কাকের সাথে লড়াই করে বা তাকে মেরে ফেলতে যেয়ে নিজের সময় ও শক্তি নষ্ট করে না, ঈগল যেটা করে সেটা হচ্ছে সে দ্রুত গতিতে উপরে উঠতে থাকে, অতি উচ্চতায় অক্সিজেন স্বল্পতার কারণে এবং ঈগলের প্রচণ্ড গতির কারণে কাক দুর্বল হয়ে পড়ে এবং টিকতে না পেরে ঈগলের ঘাড় হতে দ্রুত খসে পড়ে।

ঠিক তেমনিভাবে, আমার জীবন চলার পথে অনেক মানুষ, আত্মীয়স্বজন, বন্ধুবান্ধব রূপী অনেক কাক আমার পিছনে ঠোকর মেরে আমার জীবনকে ব্যহত করার চেষ্টা করেছে । এদের সাথে লড়ার জন্য সময় এবং শ্রম অপচয় করার কোন দরকার বলে আমি মনে করি নি। আমার চূড়ান্ত লক্ষ্যে পৌঁছানোর জন্য কাজের গতি আর পরিশ্রম বাড়িয়ে দিয়েছিলাম। আর আমার গতির সাথে তাল মেলাতে না পেরে এইসব কাকেরা দুর্বল হয়ে সরে গেছে।

সঠিক জায়গার সঠিক লোক আমাকে সঠিক ভাবেই মূল্যায়ন করেছে । আর যদি কোথাও আমাকে মূল্য না দেওয়া হয়ে থাকে, তবে মন খারাপ করি নি । বুঝে নিয়েছি, এর মানে আমি কোন ভুল জায়গায় আছি । তাঁরাই আমার মূল্য দেবে, যাদের নিজেদের মূল্যবোধ আছে, গুণের মর্ম উপলব্ধি করার মত যোগ্যতা আছে। সে জায়গায় কখনো পড়ে থাকি নি, যেখানে আমার প্রকৃত মূল্যায়ন কেউ উপলব্ধি করতে পারে নি ।

এখানে নিজের কিছু উপলব্ধির কথা বলবো।বৃষ্টি থেমে গেলে ছাতাটাকেও বোঝা মনে হয়। কালি ফুরিয়ে গেলে কলমটাও আবর্জনার ঝুড়িতে জমা হয়। বাসি হয়ে গেলে প্রিয়জনের দেয়া ফুলটাও পরদিন ডাস্টবিনে পাওয়া যায়। পৃথিবীর নিষ্ঠুরতম সত্য হলো আপনার উপকারের কথা মানুষ বেশিদিন মনে রাখবে না। জীবনের সবচেয়ে নিদারুণ বাস্তবতা হলো, কার কাছে আপনি কতদিন প্রায়োরিটি পাবেন, সেটা নির্ভর করবে কার জন্য কতদিন কিছু একটা করার সামর্থ্য আছে তার উপর। এই বাস্তবতা আপনি মানলেও সত্যি, না মানলেও সত্যি। আজ সকালে যে পত্রিকার দাম ১০ টাকা, একদিন পর সেই একই পত্রিকার ১ কেজির দাম ১০ টাকা। হাজার টাকা খরচ করে একাডেমিক লাইফে বছরের শুরুতে যে বইগুলো গুরুত্ব দিয়ে কেনেন, বছর শেষে সেই বইগুলোই কেজি মাপে বিক্রি করে দেন। সময় ফুরিয়ে গেলে এভাবেই মূল্য কমতে থাকে সবার, সবকিছুর। আমরা আপাদমস্তক স্বার্থপর প্রাণী। ভিখারিকে ২ টাকা দেয়ার আগেও মানুষ চিন্তা করে কতটুকু পূণ্য অর্জন হবে। বিনা স্বার্থে কেউ ভিক্ষুককেও ভিক্ষা দেয় না । এতকিছুর পরও বলবো চলুন একটু হেসে কথা বলি। রাগটাকে কমাই। অহংকারকে পরাস্ত করি । সুখী হতে চাইলে প্রত্যাশা কমাতেই হবে । যদি কারো জন্য কিছু করে থাকি সেটা যেন চিরতরে ভুলে যাই । কারণ সেটা যতদিন আমি মনে রাখব ততদিন সেটা আমাকে অহংকারী করে তুলবে। আবার কেউ যদি আমার জন্য খুব ছোট কিছুও করে থাকে, তবে সেটা যেন আজীবন মনে রাখি । কারণ এটা আমাকে বিনয়ী ও কৃতজ্ঞতাসম্পন্ন একজন ভালো মানুষ হিসেবে বাঁচিয়ে রাখে ।

সদ্য স্নাতক পাস করা মেয়েকে ভাল একটা উপহার দেয়ার জন্য বাবা তাকে নিয়ে তাদের গ্যারেজে গেলেন। বললেন, 'এখানের এই গাড়িটা অনেক বছর আগে আমি ক্রয় করেছিলাম। এখন এর অনেক বয়স হয়ে গেছে। তোমার খুশির এই মুহূর্তে গাড়িটি আমি তোমাকে উপহার হিসেবে

দিতে চাই। তবে তার আগে তুমি এটি বিক্রির জন্য ব্যবহার করা গাড়ির শোরুমে যাও এবং দেখ তাঁরা গাড়িটির কত দাম বলে।'মেয়ে ব্যবহৃত গাড়ির শোরুম থেকে বাবার কাছে ফিরে এসে বলল, 'তাঁরা এই গাড়ির মূল্য ষাট হাজার টাকা বলেছে, কারণ এটি দেখতে খুব পুরনো আর জরাজীর্ণ।'বাবা বললেন, 'এবার গাড়িটি একটা ভাঙ্গারি দোকানে নিয়ে যাও, দেখ ওরা কি বলে!' মেয়ে ভাঙ্গারি দোকান থেকে ফিরে এসে তাঁর বাবাকে বলল, 'এটা অনেক পুরনো গাড়ি বলে ওরা মাত্র ৬০০০ টাকা দাম দিতে চায়।' বাবা তখন তাঁর মেয়েকে একটি গাড়ির ক্লাবে গিয়ে গাড়িটা দেখাতে বললেন। মেয়ে গাড়িটি ক্লাবে নিয়ে গেল এবং ফিরে এসে খুশিতে তাঁর বাবাকে বলল, 'ক্লাবে কিছু লোক খুবই কৌতূহলি হয়ে গাড়িটি পর্যবেক্ষণ করলো এবং এর জন্য ছয় লক্ষ টাকা অফার করেছে, যেহেতু এটি একটি আইকনিক গাড়ি।' সঠিক জায়গার সঠিক লোক সঠিক ভাবেই মূল্যায়ন করবে।

হতাশ হবার কোনো কারন নেই, কারন আমি এগিয়েও নেই, পিছিয়েও নেই! আমার পথ আমার, অন্যের পথ অন্যের। শুধু সময়কে গুরুত্ব দিয়ে পরিশ্রম করতে হবে । মাঝে মাঝে মনে হতেই পারে, পরিচিতদের মধ্যে আমার থেকে কেউ অনেক এগিয়ে আছে, আবার কেউ আছে অনেক পিছিয়ে। কিন্তু পরক্ষনেই আমি আমার ভুল ধারনা শুধরে নিয়েছি, কারন প্রত্যেকেই তার নিজ নিজ সময়, অবস্থান এবং গতিতে আছেন। আগে থাকাদের হিংসা না করে, পিছিয়ে থাকাদের অবহেলা না করে, সব সময় শান্ত থেকেছি ।

বারাক ওবামা যখন প্রেসিডেন্ট পদ থেকে অবসর নেন তখন তার বয়স ৫৫ বছর। অন্যদিকে ডোনাল্ড ট্রাম্প যখন প্রেসিডেন্ট হিসেবে শপথ নেন তখন তার বয়স ৬৯ বছর। ঢাকায় যখন সকাল ৬ টা বাজে, লন্ডনে তখন রাত ১২ টা। সময়ের হিসেবে লন্ডন, ঢাকার থেকে ছয় ঘন্টা পিছিয়ে..এতে কিন্তু প্রমাণ হয় না যে, লন্ডন ঢাকার থেকে স্লো (slow)! পৃথিবীর সবকিছু আপন গতিতে এবং নিজ সময় অনুযায়ী চলে।কেউ গ্রাজুয়েশন শেষ করে ২২ বছর বয়সে কিন্তু চাকরি পেতে আরো ৫ বছর লেগে যায়।আবার কেউ ২৭ বছরে গ্রাজুয়েশন শেষ করে পরের দিনই চাকরি পেয়ে যান! অনেকে ২৫ বছর বয়সে কোম্পানির CEO হয়ে, মারা যান ৫০ বছর বয়সে। আবার অনেকে ৫০ বছর বয়সে CEO হয়ে, মারা যান ৯০ বছরে। কেউ ৩৫ বছর বয়সে এখনও সিঙ্গেল, আবার কেউ ২২ বছর বয়সে বিয়ে করে সন্তান জন্ম দিয়েছেন!

অভদ্র হওয়ার বা তুচ্ছ কিছু নিয়ে আলোচনা করার দরকার নেই, কারণ আমার ভ্রমণটি খুব ছোট। এখন আমি অবশ্যই বুঝতে পেরেছি যে এই পৃথিবীতে আমার সময়টি এতটাই স্বল্প, যে অনর্থক যুক্তি, হিংসা, অন্যকে ক্ষমা না করা, অসন্তুষ্টি ইত্যাদি ব্যাপারগুলি সময় এবং শক্তির একটি হাস্যকর অপচয়। তাই আমি শান্ত থাকতে শিখেছি কারন আমার ট্রিপটি খুবই ছোটো। যারা আমার সাথে বিশ্বাসঘাতকতা করেছে, ঠকিয়েছে বা অপমান করেছে তাদের আমি ক্ষমা করে দিয়েছি কারন আমার ট্রিপটি খুবই ছোটো। কোন সাক্ষাতে, কোনো আত্মীয় বা পরিচিত কেউ, আমি যা পছন্দ করি না এমন কোন মন্তব্য করলেও, আমি এখন শান্ত থাকি। অবশ্যই, তার থেকে বিপদ বা উৎকন্ঠার কারণ থাকলে তাকে উপেক্ষা করি , ক্ষমা করে দিই কারণ আমার ট্রিপটি খুবই ছোট্ট। কেউ আমার জন্য যে সমস্যাই নিয়ে আসুক না কেন, আমি কিন্তু সবসময় মনে রাখি যে একসাথে আমাদের যাত্রা খুবই ছোট।

এই ভ্রমণের দৈর্ঘ্য আমরা কেউ জানি না। এটি কখন থামবে তাও আমরা কেউ জানি না। কিন্তু এটা সত্য যে আমাদের একসাথে ভ্রমণের সময় খুব ছোট এবং তা যেকোন সময় থেমে যাবে।

দেখুন, করোনা এলো, আর কতো কম সময়ে পৃথিবীর কয়েক লক্ষ মানুষের প্রাণ নিয়ে চলে গেল। এখনও তার ক্ষুধা মেটেনি! আমরা জানি না, এখনি যার সাথে কথা বলছি, এই যাত্রা পথে তার সঙ্গে কতক্ষণ থাকব!

কতটুকুই বাঁচবো, আর কতদিনই বা বাঁচবো? - ৬৫ বছর? বড়জোর ৭০ না হয় ৭৫ বছর! খুব লাকি হলে ৮০+! এক বছরে ৩৬৫ দিন হয়! খুব বেশি সময় নিয়ে আসিনিতো! টিক টিক করে সেকেন্ড কিন্তু চলে যাচ্ছে! মৃত্যু খুব সন্তর্পণে এগিয়ে আসছে! টুপ করে হাতে জমে থাকা সব সেকেন্ড, সব দিন শেষ হয়ে যাবে! একজন মানুষের কাছে যদি অফুরন্ত আয়ু থাকতো বা আয়ু যদি কয়েক হাজার বছর হতো তাহলে সময়ের বিলাসিতা মানাতো!

তাই এখন রাত জেগে আকাশ দেখেতে ইচ্ছা হয়! ভোরের সূর্যোদয় দেখেতে ইচ্ছা হয়! সন্ধ্যায় পাখিরা কিভাবে ঘরে ফেরে সেটা দেখতে ইচ্ছা হয়! নদীর ঢেউ অনুভব করতে ইচ্ছা হয়! ভরা পূর্ণিমাতে এবং ভরা অমাবস্যায় তীব্র জোয়ারে ফুসে ওঠা সাগরকে অনুভব করতে ইচ্ছা হয়! প্রতিদিন কিছুটা সময় কোন শিশুর সাথে থাকেতে ইচ্ছা হয়! নিষ্পাপ আনন্দের উচ্ছলতা দেখতে ইচ্ছা হয়! অন্তত একজন মানুষকে ভালো থাকার রসদ যোগানর চেষ্টা করতে ইচ্ছা হয়! স্রষ্টাকে স্মরণ করি। পৃথিবী কতো সুন্দর সেটা অনুভব করি । নি:শ্বাস কতোটা সুন্দর সেটা অনুভব করি । আর....জীবনকে উপলব্ধি করি ।

জীবন চলার পথে প্রতিটা মানুষের মধ্যে একটা না পাওয়ার গল্প থাকে। অপূর্ণতা আছে বলেই আমার পূর্ণতার তৃপ্তিটা অনুভব করতে পারি।কষ্ট আছে বলেই আমরা প্রতিটা মূহূর্তে নিজেকে শক্তিশালী করে তুলতে পারি। আমাদের প্রতিটা মানুষের জীবন এক এক রকম ভাবে জটিল। এক জীবনের হিসাবটা মেলানো সম্ভব হয় না। পাওয়া না পাওয়ার মধ্যে জীবন পার হয় । সবার দুঃখ কষ্ট আলাদা ,কারোটা দেখা যায় কারোটা অপ্রকাশিত রয়ে যায়। কেউ কেউ সহজে প্রকাশ করতে না পেরে জীবনের কাছে হেরে যায়। মানুষ যা মন থেকে চায় তা পায় না। আমি বা আপনি ভাবছেন শুধু আমার বা আপনার বেলায় এমন হয়েছে ? না, পৃথিবীতে এমন অনেক মানুষ আছে যারা জীবনের সাথে যুদ্ধ করছে। যারা আমাকে বা আপনাকে ঠকিয়েছে তারা কি কখনোই ঠকবে না ভাবছেন? কালের বিবর্তনে তারাও একদিন কোন না কোন ভাবে কারো না কারো দ্বারা প্রতারিত হবে।

এই পৃথিবীতে মানুষ ঘুরে দাঁড়ানোটা দ্যাখে। অথচ কেউ টের পায়না; কত'টা ভেঙেচূরে মাটির সাথে মিশে গিয়ে, হাওয়ায় উড়িয়ে দিয়ে, কত'টা ডুবতে ডুবতে, থেতলাতে থেতলাতে মানুষ নতুন করে নিজেকে সৃষ্টি করে ব্যক্তিগত স্রষ্টা হয়ে উঠে। শূন্যের শূন্যতায় শূন্যস্থান শূন্য। পকেট যখন শূন্য সম্পর্কের অবস্থানও তখন হাজার মাইল দূরবর্তী অবস্থান মনে হয়। জীবনে চলার পথে আমি বার বার হোঁচট খেয়েছি, পড়ে গেছি, এটাই বোধহয় নিয়ম। তাই বলে যে জীবন শেষ গেছে তা কিন্তু নয়। সব বাধা অতিক্রম করে ঘুরে দাঁড়ানোর নামই জীবন।

যখন আমি কোন বিষয় নিয়ে ব্যর্থ হয়ে গেছি, তখন দেখেছি আমার আশেপাশের সবাই উপহাস করছে , হাসাহাসি করছে, আর ঐ সব দেখে আমি কিন্তু সেই ব্যর্থ জায়গায় পরে থাকিনি। কারন তাহলে, ঐখানেই আমার জীবন শেষ হয়ে যেতো । জীবন চলার পথে আমি যত বার পড়ে গেছি ঠিক ততবারই উঠে দাঁড়িয়েছি । আর তখন দেখেছি ঐ সব মানুষরাই আমার উঠে দাঁড়ানোটা অবাক হয়ে দেখছে । জীবন সহজ স্রোতের মতো চলে না। জীবনের পথ অনেক জটিল আর সব কিছু অতিক্রম করে জীবনটা আমাকে সহজ করে নিতে হয়েছে । আমি যত বার পড়ে

গেছি তত বার ঐ পড়ে যাওয়া থেকে কিছু না কিছু শিক্ষা নিয়েছি।

কোনো কাজ বা প্রকল্প শুরু করার আগে দেখতে হবে ঐ কাজে আমি আনন্দ পাই কিনা। পরে বুঝতে হবে ঐ কাজটি করার সংস্কার বা অন্তর্নিহিত যোগ্যতা আমার আছে কিনা। এই আনন্দ ও সংস্কার একসাথে থাকলে তবেই ঐ কাজে লেগে থাকতে পারবো আমি। অনেক ছাত্র কেরিয়ারে ডাক্তারী বা প্রশাসনিক লাইন বাছে সমাজকে দেখে, নিজের ভাললাগার জন্য নয়। ফলে পরে সমস্যা দেখা দেয় এদের। আবার শুধু ভাললাগা দেখলেই হবেনা। দেখতে হবে সেবা, ধৈর্য, ঠান্ডা মাথা ইত্যাদি গুণ তার আছে কী? অনেক সময় ভাল না লাগলেও কোনো কাজ করে যেতে হয়। যেমন বাচ্চাদের পড়াশোনা, মধ্যবয়সীর অফিস যাওয়া, দীক্ষা নেবার কিছু পরে জপ ধ্যান করতে লাগা। তখন বিচার করতে হবে ঐ কাজের লক্ষ্য প্রাপ্ত হলে আমি কী লাভ করবো। তাহলে ঐ কাজে আকর্ষণ তৈরি হবে এবং কাজটিতে লেগে থাকার ইচ্ছে হবে, ভাল না লাগলেও।

মাঝে মাঝে মনে হয় সবাইকে ভালো রাখার চেষ্টা বাদ দিই ....হ্যাঁ ঠিকই শুনছেন! আবারো বলছি, মাঝে মাঝেই মনে হয় সবাইকে খুশি করার চেষ্টা ছেড়ে দিই! কি হবে সবাইকে এতটা গুরুত্ব দিয়ে, সেই তো দিনশেষে একশো একটা অভিযোগে জীবনে সমস্যা তৈরি করবে অথবা জীবনেকে কাঠগড়ায় দাঁড় করিয়ে গলা উচু করে বলবে, কি করেছো আমার জন্যে? সব মানুষকে ভালো রাখার দায়িত্ব তো আমার একার নয়! বরং কথা ছিলো অন্যরকম! সবাই সবার খেয়াল রাখবে কিন্তু আদৌ কি আমার জন্য দিনশেষে কেউ ভাবছে? অথবা এই যে দিনের প্রতিটি মুহূর্তে যাদের জন্য ভাবছি বা কিছু করছি, তারা নূন্যতম কৃতজ্ঞতাটাও কি প্রকাশ করে? সবাইকে ভালো রাখার চেষ্টা করতে করতে নিজের ভালো থাকাটাকে ভুলে গেলে চলবে না। বরং নিজের জন্য ভাবতে হবে আর নিজেকে ভালো রাখার চেষ্টা করতে হবে। দিনশেষে, নিজেকে খুশি করার চেষ্টা নিজেকেই করতে হবে, তাই সেদিকেই খেয়াল রাখা উচিত, অন্য কেউ ভাববে না। নিজেকে নিজে ভালো রাখাটা এই সময় সবচেয়ে বেশি জরুরী।

আমার কি নেই? আমার চোখদুটো দিয়ে দেখতে পাই বলে, পৃথিবীটাকে উপভোগ করছি। পা দুটো সচ্ছল বলে যেখানে খুশি সেখানেই যেতে পারছি। হাতদুটো সচল বলেই অন্ন হাত দিয়ে তুলে মুখে দিতে পারছি, লিখতে পারছি, সবরকম কাজ করতে পারছি। যাদের শরীরের কোন একটি অঙ্গ অকেজো, তাদের কথা কি একবারও ভেবেছেন? হাতে ফোন আছে, কিন্তু ফোনটাকে চোখ মেলে দেখার সৌভাগ্য তাদের নেই, গোটা পৃথিবীটাই তার কাছে অন্ধকার। কখন রাত হয়, কখন দিন হয়, সেই হিসাব তার কাছে নেই। রাত দিন তার কাছে সমান। দুটো পায়ের একটা পা অচল, ইচ্ছা থাকা সত্বেও যেখানে সেখানে যেতে পারেন না। কারো বা হাত নেই, অন্য কারোর সাহায্য নিয়েই তবে মুখে অন্ন ওঠে।

সুখ সেটুকুই যেটুকু আমাদের মুঠোতে ধরে, আর যেটুকু উপচে যায় সেটুকুই দুঃখ। আমরা উপচে যাওয়া টুকু কুড়োতে গিয়ে, বোকার মতো মুঠো খুলে ফেলি। আসলে সুখ তো আমাদের ছাড়ে না, আমরা দুঃখ কুড়োতে গিয়ে তাকে ছাড়ি। কে কাকে কতটুকু ভালোবাসে তার ওপর সম্পর্ক নির্ধারণ হয় না। সম্পর্ক নির্ধারিত হয় কে কাকে কতটুকু শ্রদ্ধা করে তার ওপর। ভালোবাসাহীন শ্রদ্ধার সম্পর্কও টিকে যেতে পারে। কিন্তু শ্রদ্ধাহীন ভালোবাসার সম্পর্ক কখনো টেকে না।

একটা নির্দিষ্ট বয়স পেরোনোর পর বুকটা ফেটে গেলেও কাউকে ডেকে বলা যায় না, আমার অসম্ভব কষ্ট হচ্ছে। কাউকে ডেকে বলা যায় না, আমার কাছের একজন আমাকে অবহেলা করছে! এগুলো তখন হাস্যকর মনে হয়। একটা বয়সের পর হাত কেটে কাউকে দেখানো যায় না কতটা

ভালোবাসি, একটা বয়সের পর মানুষের সামনে কেঁদে ভাসানো যায় না কিন্তু কষ্টটা একই রকমই থাকে। বয়স তো হয় শরীরের, মন তো সারাজীবন একই রকম কষ্ট পায়, অবহেলার আঘাতে ভেতরটা ফেটে যায়, শুধু সহ্য ক্ষমতাটা বাড়ে।

জীবনে কিছু কিছু মুহূর্ত এমনও আসে যা মানুষ কখনো কল্পনাও করতে পারে না। সেইসব মুহূর্তরা জীবনে নিয়ে আসে কখনো উল্লাস, কখনো আনন্দ আবার কখনো বিষাদের ঘনছায়া। জীবনের সবটুকু নিংড়ে নিয়ে পড়ে থাকা শুকনো পাতার মতো অবাঞ্ছিত, অবহেলিত, বিনা দরকারি বস্তুসম হয়ে যায় আমাদের এই পার্থিব শরীর। শুধুই পথ চেয়ে থাকে নিরলস ভাবে আর একান্ত কামনা করে মৃত্যুর। কেমন এক অদ্ভুত অনিশ্চয়তায় ভরা আমাদের এই মানব জীবন। সেই জন্মের পর থেকেই জীবনের বিভিন্ন বাঁকে আমরা নানারকম ঘটনার সম্মুখীন হই। এর মধ্যে কোন ঘটনা জীবনে দুঃখ বয়ে আনে আবার কোন ঘটনাতে মনে আনন্দের জোয়ার আসে। আর এই ঘাত-প্রতিঘাতের মোকাবিলা করতে করতেই আমরা ছোট থেকে বড় হই তারপর একদিন বার্ধক্যে পৌঁছে যাই। বয়েস বাড়ার সাথে সাথে অভিজ্ঞতাও বৃদ্ধি পায় আর এই অভিজ্ঞতা থেকে অর্জিত দূরদৃষ্টির উপর নির্ভর করেই আমরা পরবর্তী কর্তব্যকর্ম স্থির করি।

কাউকে কারো মত বানানো যায়না। সবাই একটি নিজস্ব সত্তা নিয়ে জন্মগ্রহণ করে। মাটির পুতুল ভেঙে নতুন করে গড়ানো যায়, কিন্তু মানুষ না। মানুষের জীবন বড়ই বৈচিত্র্যময় এবং প্রতিনিয়ত সুখ, দুঃখ, হাসি, কান্না মানুষের জীবনে ঘটেই চলছে। যে মানুষটি এখনই হাসছে সেই মানুষটি আবার কিছুক্ষণ পর কাঁদছে। আবার যে মানুষটি এখন কাঁদছে সেই মানুষটি আবার কিছুক্ষণ পর হাসছে। অর্থাৎ সুখ বা দুঃখ মানুষের জীবনে কোনোটাই স্থায়ী নয়। সময়ের সাথে সাথেই মানুষের সুখ বা দুঃখ পরিবর্তিত হতে থাকে।

সংসারের শান্তি বজায় রাখতে কিছুটা মেনে নেওয়া কিছুটা মানিয়ে নেওয়া এটা স্বাভাবিক ভাবেই হয়ে থাকে, তবে এর মানে এই নয় যে কোন অন্যায় অবিচারও মুখ বুজে মেনে নিতে হবে বা সহ্য করে যেতে হবে। সংসারে কেউ যদি কারো উপর প্রভুত্ব খাটায় এবং তার উপর সবসময় দোষের ভার চাপিয়ে দেওয়া হয়, সেই মানুষটি সকলের কাছে ততক্ষণ ভালো যতক্ষণ না কোন প্রতিবাদ করবে। কিন্ত সকল মানুষের মধ্যে ধৈর্য্যেরও একটা সীমা থাকে, সেই সীমা অতিক্রম করে যদি কখনো কেউ প্রতিবাদী হয়ে উঠে, তখনই গোল বাঁধে। অন্যায়ের বিরুদ্ধে প্রতিবাদ করলে যারা প্রভুত্ব করছে তাদের আঁতে ঘা লাগে, তারা কিছুতেই নিজেদের বিরুদ্ধে ওঠা আঙুলটা তাদের দিকে কেউ তাক করে ধরুক সেটা সহ্য করতে পারে না। তাদের অন্যায়টা কেউ ধরিয়ে দিক বা তাদের প্রভুত্বের অহংকার কেউ চূর্ণ করে দিক এটা মানতে বড়ই অসুবিধা হয় এবং সম্পর্কের মধ্যে টানাপোড়েন শুরু হয় আর সব কিছু এলোমেলো হয়ে যায়।

সহনশীলতা বড় ধর্ম কিন্ত অন্যায় বা অবিচার সহ্য করে নেওয়াটাও একপ্রকার অধর্ম। অন্যায়কে বিনা প্রতিবাদে প্রশ্রয় দিলে অন্যায়কারীর আরো বেশি অন্যায় করবার প্রবণতা বেড়ে যায়। মুখ বুজে যারা তাদের উপরে হওয়া অন্যায় অবিচার মেনে নেয় তারা প্রতিনিয়ত ঘড়েলা হিংসার স্বীকার হতে থাকে এবং কখনো কখনো এই হিংসা মারাত্মক রূপ ধারণ করে থাকে। তাই সবসময় সব অন্যায় মুখ বুজে মেনে না নিয়ে প্রতিবাদীও হয়ে উঠতে হয় নিজের অস্তিত্বকে টিকিয়ে রাখবার জন্য। অন্যায়ের সাথে সাথে প্রতিবাদ করতে না পারলে সেটা ধামাচাপা পরে যায় , তাই লোহা গরম থাকতে থাকতেই হাতুড়ি মারা বিশেষ প্রয়োজন তাতে হয়তো অনেকে বলবে শিক্ষার অভাব আছে, অনেকের মানে লাগবে কিন্তু অধিকারের লড়াই লড়তে হলে অস্তিত্বকে

টিকিয়ে রাখতে হলে রুখে দাঁড়াতেই হবে। একটা প্রতিবাদ অনেক অন্যায়কে পর্যুদস্ত করতে পারে। মুখ বুজে সব মেনে নিয়ে নিজের সাথে হওয়া অন্যায়কে আস্কারা দেওয়ার চাইতে অন্যায়ের বিরুদ্ধে রুখে দাঁড়ানো অনেক সম্মানের, তাতে যদি ঝড় উঠে উঠুক , যদি সব এলোমেলো হয়ে যায় তাতে ক্ষতি কি । অন্যায়কারীর মুখোশটা তো খুলে দেওয়া সম্ভব হবে। অন্যায়ের বিরুদ্ধে যুদ্ধ ঘোষণা করলে অনেকেই সচরাচর অন্যায় করবার আগে একবার হলেও ভাববে কোনটা করা উচিৎ বা কতটা করা উচিৎ ।

সময় বদলে যায় জীবনের সাথে, জীবন বদলে যায় সম্পর্কের সাথে। সম্পর্ক কিন্তু বদলায় না আপনজনদের সাথে, শুধু কিছু আপনজন বদলে যায় সময়ের সাথে। যখন একটা বাচ্চাকে উপরের দিকে ছোড়া হয়, তখন সে হাসতে থাকে, কারন সে জানে আমি তাকে ঠিকই ধরবো -------- এটাই হচ্ছে বিশ্বাস। কারুর বাহ্যিক রূপ দেখে তাকে বিচার করি না , বাঁধ ভাঙলে শান্ত নদীও বন্যায় সব ভাসিয়ে দেয়। পরিবারের সাথে নিজের ধৈর্য্য রক্ষা হলো "ভালোবাসা" , অন্য মানুষের সাথে ধৈর্য্য রক্ষা হলো "সন্মান", নিজের সাথে ধৈর্য্য রক্ষা হলো " আত্মবিশ্বাস" আর ঈশ্বরের সাথে ধৈর্য্য রক্ষা হলো "বিশ্বাস" ।

একবার বিচার করে দেখলে বোঝা যাবে যে আমাদের সম্পর্ক গুলো থেকেই বেশির ভাগ দুঃখের জন্ম নেয়। সর্বদা সংঘর্ষ ,সম্পর্কগুলো থেকেই কেন উৎপন্ন হয়? আসলে যখন কেউ অন্য কোনো ব্যক্তির চিন্তাধারা বা কাজের ভিতর পরিবর্তন আনার প্রচেষ্টা করে , তখনই সংঘর্ষের জন্ম হয়। তাই যদি স্বয়ং নিজের প্রত্যাশার উপরে অঙ্কুশ টানে , নিজের বিচার ধারাকে পাল্টায় ও স্বয়ং নিজের ভেতর পরিবর্তন আনার প্রয়াস করতে থাকে , তবে কি সম্পর্কতে সন্তোষ লাভ করা খুব কঠিন হবে?

অন্যকে যে সামলাবে সে শক্তিশালী হতে পারে, কিন্তু যে নিজেকে সামলাতে পারে , তার চেয়ে শক্তিশালী কেউ নেই। স্বপ্নেরা জানে বাস্তবতা কি কঠিন। যদি হাজারটা ভালো কাজ করো তাহলে জগৎ প্রশংসা করবে না , কিন্তু যদি একটা ভুল কাজ করো তাহলে জগৎ সমালোচনা করতে ছাড়বে না। নিজের অভিমানের ঢিবি নিজেই ভেঙে , নিজেই চোখের জল মুছে সামনে এগিয়ে যেতে হবে, কারণ এই দুনিয়ায় আমার পরিপূরক আমি নিজেই। ভালোবাসা এতো সস্তা নয় , স্বার্থে যখন আঘাত লাগে , কেউ তখন কারো বন্ধু নয়। স্বামীকে চেনা যায় স্ত্রীর অসুস্থতায় , স্ত্রীকে চেনা যায় স্বামীর দারিদ্রতায়, ভাইকে চেনা যায় লড়াইয়ের সময় আর সন্তানকে চেনা যায় বার্ধক্যে।

আমার জীবনে শ্রেষ্ঠ ৪ বন্ধু আছে আর আমি জানি যে জীবন ফুরিয়ে যাওয়ার আগেই এই চার বন্ধুকে সকলেরই গুরুত্ব দেওয়া দরকার, মমতার সাথে লালন করা দরকার এবং এটা দরকার নিজের প্রয়োজনে, নিজেকে ভালো রাখার প্রয়োজনে ।

জীবনের জন্য সবচেয়ে প্রয়োজনীয় বন্ধুটির নাম হলো এন্ডোরফিনস। হাসপাতালের বিছানায় একাকী শুয়ে না থাকা পর্যন্ত অনুধাবন করা যায় না- সুস্বাস্থ্য জীবনে কত দরকার। সুস্বাস্থ্যের জন্য দিনে চব্বিশ ঘন্টায় কমপক্ষে আধঘন্টা সময় এই বন্ধুর জন্য ব্যয় করতে হয়। ব্যয়াম করলে বা নিয়মিত হাঁটাহাঁটি করলে শরীর এণ্ডোরফিনস ডিসচার্জ করে। শরীরে একটা হাসিখুশী- হালকা-ভাব আসে। ভালো একটা বই পড়লে , ভালো মানুষের সাথে সুসম্পর্ক রাখলেও শরীরে জন্য অতি প্রয়োজনীয় এই বন্ধুটির সাক্ষাৎ পাওয়া যায়। তাই, হঠাৎ করে একদিন না, এই বন্ধুটিকে প্রতিদিনই দরকার। মন খারাপ থাকলে প্রিয়জন কাছে আসলে যেমন মন ভালো হয়ে যায়। ঠিক তেমনি- মন যখন খারাপ একটু দৌড়ে আসুন। হেঁটে আসুন। এই এণ্ডোরফিনস নামক বন্ধুটি তখন আপনার

ভরসা হয়ে সাথে থাকবে।

অতি প্রয়োজনীয় দ্বিতীয় বন্ধুটির নাম হলো ডোপামিন। প্রথম বন্ধু আপনার শরীরকে লাইনে রাখে। কিন্তু শরীর শুধু লাইনে রাখলে হয়না। পাশাপাশি আপনাকে সৎ একটা জীবনও যাপন করতে হয়। কোটি কোটি টাকা থাকলেও অসৎ মানুষের চেহারা দেখলে বুঝবেন- কি যেন একটা অশান্তি ওদের মাঝে বিরাজ করে। কিন্তু সৎ মানুষের চেহারায় দেখবেন একটা অন্য রকমের দীপ্তি ছড়িয়ে আছে। যখনই সৎভাবে কোনো একটা কাজ আপনি করবেন তখন শরীরে ডোপামিন তৈরি হয়। আপনি পরিকল্পনা করলেন- আজকে ঠিক সময়ে অফিসে যাবেন। অফিসের সব কাজ ভালোভাবে শেষ করবেন। ফাইল আটকে রাখবেন না। কাউকে ফাঁকি দেবেন না। প্রতিদিন যখন এই টার্গেট আপনি পূর্ণ করবেন- শরীরে ডোপামিনের আগমন ঘটবে। ফুলে যেমন প্রজাপতির আগমণ ঘটে। কারো ভালো কাজে অনুপ্রেরণা দিলেও শরীরে ডোপামিন আসে। স্ত্রী যখন স্বামীর পরিশ্রমকে উৎসাহ দেয়, স্বামী যখন ঘরে গিয়ে দিনের যাবতীয় নানা কাজের জন্য স্ত্রীর প্রশংসা করে- দেখবেন স্ত্রীর চেহারায় একটা লাবণ্য আসে। আপনার কাজ যখন বস এপ্রিশিয়েট করে কিংবা নিজের ছেলেমেয়েকে কোনো কিছু ভালোভাবে শেষ করার জন্য আপনি সাবাশ বলেন- তখন একটা বাড়তি আনন্দ, উৎসাহ তৈরি হয়। এর সবগুলোই হলো- শরীরের অকৃত্রিম বন্ধু ডোপামিনের কাজ কারবার। ভালো কিছু অর্জন করুন-ভালো কাজে একজন আরেকজনকে উৎসাহ দিন আর শরীরের ডোপামিনের কলোনি গড়ে তুলুন।

তৃতীয় বন্ধুটি হলো সেরোটোনিন। এই বন্ধুটি হলো- কামিনী রায়ের কবিতার এই দুই লাইন "আপনারে লয়ে বিব্রত রহিতে আসে নাই কেহ অবনী 'পরে, সকলের তরে সকলে আমরা প্রত্যেকে মোরা পরের তরে।" কারো কল্যাণের জন্য যাই করিনা কেন তাতে সেরোটোনিন নামক এই অদৃশ্য বন্ধুটির সাক্ষাৎ পাওয়া যায়। পথের মাঝ থেকে একটা কাঁটা ফেলে দিলেন- কাউকে সুপরামর্শ দিলেন- বৃদ্ধ, মহিলা, রোগী , দূর্বল কাউকে বাসের সীটটা ছেড়ে দিলেন। দেখবেন- মনে সুখ পাচ্ছেন। শরীরে এই সুখ এনে দেয় সেরোটোনিন নামক এই অদেখা বন্ধুটি। একাগ্রচিত্তে ধ্যান করলেও শরীরে প্রশান্তি আসে। লোক দেখানো না বরং আধ্যাত্মিক সম্পৃক্ততার তাগিদে কেউ যদি কারো ধর্ম বিশুদ্ধ পালন করে - মনে প্রশান্তি আসে। এই প্রশান্তির যোগান দেয়- বন্ধু সেরোটোনিন।

আমাদের শেষ বন্ধুটি হলো- অক্সিটোসিন। প্রিয়জনের সান্নিধ্যে আসলে কিংবা কোনো সুন্দর জায়গা ভ্রমন করলে শরীরে একটা সুখ আসে। কোলাকুলি করলে- কারো সাথে করমর্দন করলে- অদেখা বন্ধুকে কাছে পেয়ে জড়িয়ে ধরলে -বাবা-মায়ের পাশে বসে থাকলে - এমনকি আপনজনের কন্ঠস্বর শুনলে- পরিবারের সবাইকে ভালোবাসায় জড়িয়ে রাখলে দেহ মনে একটা আনন্দের ভাব আসে। কেউ যখন খুব কষ্টে থাকে তখন কোনো প্রিয়জন যদি বুকের সাথে শুধু জড়িয়ে ধরে- তখন মনটা অনেক হালকা হয়ে আসে। মনকে হালকা করে দেয়া এই আনন্দময়ী বন্ধুটি হলো অক্সিটোসিন।

তাই, এন্ডোরফিনস নামক বন্ধুকে পেতে প্রতিদিন ব্যায়াম করা বা বয়সকালে নিয়মিত হাঁটাচলা, ডোপামিনকে পেতে প্রতিদিন সৎভাবে জীবনযাপন করে ছোট ছোট কাজ সম্পাদনা করা, সেরোটোনিন কে পেতে পরোপকার করা- বিশুদ্ধ মনে নিজ নিজ ধর্ম পালন করা আর অক্সিটোসিন নামক অকৃত্তিম বন্ধুকে পেতে শিশুদের আদর করা- সুযোগ পেলেই বাবা-মায়ের পাশে বসে থাকা এবং আপনজনের সাথে সময় কাটানোর কোনো বিকল্প নেই।

প্রতিটি পরিবারেরই উচিত শিশুরা যেন এই চারবন্ধুকে সাথে নিয়ে বড় হতে পারে-সেটা খেয়াল রাখা। একাডেমিক পড়ালেখার চেয়ে শিশুদের আরো বেশী দরকার এই চার বন্ধুর। মোবাইল, ভিডিও গেমে-ডিজিটাল ফ্রেমে ঘরে বন্দি হয়ে না থেকে শিশুদের উচিত ঘরের বাইরে প্রকৃতির ফ্রেমে নজর দেয়া। শারীরিক নানা রকমের খেলাধূলায় সম্পৃক্ত করা। এটা হলো- এণ্ডারফিনস। প্রতিটি ভালো কাজে শিশুদের উৎসাহিত করা- শিশুদের যেকোনো ছোট অর্জনকেও অনুপ্রেরণা দেয়া- এটা হলো- ডোপামিন। সহপাঠির সাথে প্রতিযোগিতা না সহযোগিতার শিক্ষা দেওয়া । খাবার ভাগ করে খাওয়া- একসাথে বসে একটা অংকের সমাধান করা- স্কুলের টেবিল -চেয়ার সাজিয়ে রাখা- বৃষ্টিতে ভেজা কোনো সহপাঠিকে নিজ ছাতার নীচে নিয়ে আসা। এইসব ছোট ছোট পরোপকারই হলো- সেরোটোনিন। আর কাজে যত ব্যস্ততাই থাকুক-জীবন যত বিব্রতই থাকুক , ঘরে গিয়ে প্রশস্ত হৃদয়ে শিশুকে বুকে জড়িয়ে ধরা- বৃদ্ধ বাবা-মায়ের খোঁজ খবর নেয়া- অল্প সময়ের জন্যও সুযোগ পেলে তাদের পাশে বসা ও থাকাই হলো-নিজের-শিশুর-পিতামাতার সবার অকৃত্রিম বন্ধু অক্সিটোসিন।

সব না পেলেও, যতটুকু পেয়েছি, ততটুকুই বা কতজন পায়? এই চিন্তাধারা যাদের মধ্যে থাকে, কষ্টের পৃথিবীতে তারাই প্রকৃত সুখি। অতিরিক্ত প্রত্যাশা, স্বপ্ন কোন মানুষকেই সুখে থাকতে দেয়না। নিজের যা আছে তাই নিয়ে সন্তুষ্ট থাকা মানুষগুলোর চেহারার মাঝে না পাওয়ার কোন ছাপ খুজে পাওয়া যায়না। বরাবরই ওই মানুষগুলোর মুখে স্বাচ্ছন্দ্যের হাসি লেগেই থাকে।

নিজের যোগ্যতার চেয়ে অতিরিক্ত পাওয়ার আশা, জোর করে অসাধ্যকে স্বাধন করার প্রচেষ্টা মানুষকে গহীন অন্ধকারে ঠেলে দেয়। শেষমেশ কিছুই আর পাওয়া হয়ে ওঠেনা। প্রত্যেকটা মানুষের সাধ্যের মধ্যেই সবটুকু সুখ খুজে নিতে হয়। অল্পতে সন্তুষ্ট থাকতে হয়। একজীবনে কি পেলাম আর কি পেলাম না, তার হিসাব কষতে কষতে পুরো জীবনটা শেষ হয়ে গেলেও পাওয়া না পাওয়ার যোগফল মেলানো সম্ভব হবেনা।

2
দ্বিতীয় অধ্যায়

অন্ধকার বলে কিছু কি পৃথিবীতে আছে? অন্ধকার বলে কোনো কিছুর অস্তিত্ব নেই। আমরা আলোকে নিয়ে রিসার্চ করতে পারি, আলোর তরঙ্গ দৈর্ঘ মাপতে পারি, আলোর গতি বের করতে পারি। কিন্তু অন্ধকারের অস্তিত্ব নেই বলেই আমরা অন্ধকার নিয়ে কোনো কিছুই করতে পারিনা। সামান্য একটা আলোক রশ্নি অন্ধকার দূর করতে যথেষ্ঠ, কিন্তু অন্ধকার কখনো আলোকে গ্রাস করতে পারেনা। কারন অন্ধকার বলে কোনো কিছুর অস্তিত্ব নেই, অন্ধকার হচ্ছে আলোর অনুপস্থিতি।

খারাপের কি অস্তিত্ব আছে? খারাপের কোনো অস্তিত্ব নেই, এটা হচ্ছে ভালোর অনুপস্থিতি। এটা সেই ঠান্ডা এবং অন্ধকারের মতই, মানুষের অন্তরে সৃষ্টিকর্তার প্রতি ভালবাসার অনুপস্থিতিই এই খারাপ বা মন্দের অবস্থা তৈরি করে।

ঘরে যাওয়ার মত ধৈর্য্যও যেন হারিয়ে ফেলেছেন, ক্ষুধার যন্ত্রণায় খাবার নিয়ে পথেই বসে পড়েন, গপাগপ গোগ্রাসে খেতে থাকেন তৃপ্তি নিয়ে।খালি পেটের কষ্ট ধনী দরিদ্র সবাই অনুভব করেছেন। কিন্তু প্রেক্ষাপট সবার ভিন্ন। অভুক্ত থাকার যন্ত্রণার এই অনুভূতি সবাইকে করবে সহনশীল। অনুপ্রাণিত করবে দরিদ্রের পাশে থাকার। কুঁড়েঘরে থাকা মানুষগুলো পেটপুরে খেতে পারলেই তাদের সুখ। তাদের চোখে অট্রালিকায় থাকার স্বপ্ন নেই।রাত পোহালেই তারা ছুটে চলে অন্ন আহরনে। দিনশেষে চাল, ডাল সঙ্গে নিয়ে বাসায় ফিরে, রান্না করে খেয়েই তাদের শান্তির নিঃস্বাস ফেলে। ওদের মহাজন নেই, পাওনাদার নেই, নেই কোনকিছুতে হারানোর ভয়। যতটুকু আছে, সবটুকুতেই ওদের সুখ। অন্যদিকে অট্রালিকায় বসবাস করা মানুষগুলো সবচেয়ে উন্নত খাবারগুলো চোখের সামনে থাকতেও গলা পেড়িয়ে পেট পযর্ন্ত ঢোকেনা । একদিকে অসুখের ভয়, অন্যদিকে পারিবারিক অশান্তি। খেয়েও তাদের চোখে ঘুম আসেনা। সারারাত ছটফট করে কাটিয়ে দেয়। ঘরে অশান্তি রেখে রাত পোহালেই লক্ষাধিক পাওনা টাকার মহাজনের চাপ, কোটি টাকার হিসেব নিকেশ। অতিরিক্ত সম্পদের কারনে ওদের চোখে মুখে বিষন্নতার ছাপ, কোথাও ওদের শান্তি নেই, নেই কোন সুখ।

এবার ভাবুন, আপনি কোনদিক দিয়ে অসুখী? যতটুকুই আছে, ততটুকুই নিয়ে কেন আপনি সুখি হতে পারছেন না? আপনার যা আছে,তা আপনার পাশের লোকটির নেই। তাহলে কেন আপনি সুখি নন? একটা মানুষ ঠিক তখনি অসুখি, যখন মানুষটার নিজের যা আছে তা নিয়ে তৃপ্ত নয়।

আরো চাই, আরো চাই, অনেক বেশি চাই! কতটুকু পেলে তার চাওয়ার সমাপ্তি ঘটবে, তা হয়তো সে নিজেও জানেনা। চিন্তাধারার পরিবর্তন না আনলে জীবনে সুখি হওয়া মোটেও সম্ভব নয়!!

আমাদের মনের মধ্যে দুটি শক্তি আছে একটি শুভ শক্তি এবং অন্যটি অশুভ শক্তি, এই দুই এর মধ্যে সবসময় একটা যুদ্ধ চলতে থাকে।অশুভ শক্তি জয়ী হলে সে অপরাধ করে ফেলে। এই অশুভ শক্তিই মনের মধ্যে পাপ এর জন্ম দেয়। মন হলো মানুষের অনিয়ন্ত্রিত এক অস্থির স্বত্বা, একে নিয়ন্ত্রিত করে ভগবানের প্রতি নিয়োজিত করাই আমার সাধনা। যেটি শুভ কাজ বলে মনে হবে, তা দ্রুত করে ফেলতে হবে কিন্তু যা অশুভ, ক্ষতিকর তা করার পূর্বে সময় নিতে হবে, ভাবতে হবে এই কাজটি করার পরে কী কী সমস্যায় আমি পড়তে পারি। তাহলে অশুভ কাজ থেকে বিরত থাকা যাবে।

ধরুন আপনি একটা ভালো চাকরি পেলেন। এ খবরে ২৫% লোক জ্বলে পুড়ে নিজের ঘুম নষ্ট করবে। ২৫% লোক বিশ্বাসই করবে না আপনি আদৌ চাকরিটা পেয়েছেন। আর ২৫% লোক রটিয়ে বেড়াবে আপনি টাকা দিয়ে চাকরি পেয়েছেন বা আপনার কাকাবাবুর শ্বশুরমশাইয়ের মামাতো জামাইবাবু নেতা তাইই... আর বাকি ২৩% লোক ট্রিট দে, ট্রিপ দে, গিফ্ট দে,যা আছে সব দে বলে ডাকাতের মতো হামলে পড়বে। মনে এদের কী আছে এরাই জানে। আর বাকি ২% হলো আপনার মা বাবা আর দু-চারজন সে ভাইবোন হোক, সন্তান হোক বা বন্ধু বা কাছের মানুষ। এঁরা কিছু চাইবে না। শুধু আপনার মঙ্গল কামনা করে যাবে।

আবার ধরুন আপনি অসুস্থ হলেন। এ খবরে সেই ২৫% লোক আহা উঁহু করে সমবেদনা জানিয়ে যাবে। ২৫% লোক মনে মনে বলবে "ওসব ছোঁয়াচে রোগ। ওর সাথে কথা বলা যাবেনা বাবা। মরুক গে, আমার কী !" ২৫% লোক ভাববে, ওসব রোগ না ঢং। শরীর থাকলে রোগ হবেই। এই আমিও তো আমাশায় ভুগছি। পাত্তাই দিই না। সেই ২৩% লোক ফোন করবে, খুব বেশী হলে দেখতে আসবে। রোগের বিস্তারিত বিবরণ শুনে দুটো দীর্ঘশ্বাস ছেড়ে বলবে, ভাবিস না সব ঠিক হয়ে যাবে। আর রইলো বাকি ২%। যাঁরা সবসময় আপনার পাশে থাকবে। দিনরাত এক করে আপনাকে সুস্থ করার চেষ্টা চালাবে।

আর আজব ব্যাপার, আমরা সেই ৯৮% লোকদেরই যারা জীবনে কোনো কাজে তো আসবেই না শুধু কার কোথায় খুঁত পাওয়া গেলো সেই নিয়ে মাথা ঘামাবে, আমরা সেই তাদেরই বেশী গুরুত্ব দিই জীবনে। ওরা কী ভাববে, কী বলবে, কী দেখবে, কী শুনবে এসব ভেবে ভেবেই দিন কাটিয়ে দিই। তারা কে অপমান করলো, কে বাজে কথা বললো, কে অবজ্ঞা করলো এসব ভেবেই জীবন ঝালাপালা। তারপর ঝালাপালা থেকে ডালপালা গজিয়ে জীবন যেদিন শেষ, সেইদিন আবার সেই ৯৮%লোকই আপনার শ্রাদ্ধে কাতলা কালিয়া, পাবদার ঝাল, চিংড়ির মালাইকারি, দই, মিষ্টি খেতে খেতে বলবে, আহারে মানুষটা কী ভালো ছিলো! ভেবেই বুকটা কেমন হাহাকার করে। আর সেই ২% ! কাঁদছে বোধকরি তখন...।

এই যে আপনি যদি সব কিছু সহ্য করেন, দেখবেন সবাই এসে খারাপ খবরটা আপনাকেই দেবে আগে, আপনাকেই বলবে কেউ যেনো না জানে। সহ্য করতে করতে আপনার ভেতরটা তেতো হয়ে যাবে সব কিছু ভেতরে গিলতে গিলতে। আপনি সবার সামনে চুপচাপ বসে থাকবেন, অথচ আপনার ভেতর কত কিছুই চলেছে, এক রকম প্রচন্ড ঝড়, আলোর চাইতে বেশির ভাগ সময় অন্ধকারেই বসে কাটাবেন আপনি। কাউকে বলা যাবে না, বললে আপনি নিজেই আরো ভেঙ্গে পরবেন, তার চাইতে বরং আর একটু শক্ত হয়ে বসে থাকেন, আপনার ভীষন ইচ্ছে করবে কাউকে

একটু বলি, " জানো আমার ভীষণ কষ্ট হচ্ছে, নিঃশ্বাসটা মনে হয় ভেতরে আটকে যাচ্ছে"। ভীষণ ইচ্ছে করবে কাউকে শক্ত করে ধরে একটু চিৎকার করে কাঁদতে । কিন্তু সেটারও ভাগ্যে জোটে না কিছু মানুষের। নিজেকে বোঝাতে বোঝাতে বলতে থাকবে আমার সাথে এতটা খারাপ হবে না ,হতেই পারে না। ভালো কিছু হতেই হবে।

একটা সুন্দর ভালোবাসা দেখলে আমরা আফসোস করি ওদের মতো কেন আমার জীবনটা রঙিন হলো না। কখনো এটা ভাবি না এই ভালোবাসার ভিতরেও লুকিয়ে আছে অনেক না বলা কথা যা কেউ দেখে না...!! কোন কোন ক্ষেত্রে চোখের দেখাও ভুল হয়। এই দেখার বাইরেও অনেক কিছু থাকে যা আমাদের অজানা। কিছু মানুষ আছে খুব সহজে কাউকে কিছু শেয়ার করে না , কাউকে তার দুর্বলতা দেখাতে চায় না..!! নিজের কষ্ট নিজের কাছে শেয়ার করে। কারণ এমন এক পর্যায়ে এসে পৌঁছায়, কাউকে শেয়ার করলে তারা উপহাস এর পাত্র হয়ে যায়...!! বাইরে থেকে তাদের দেখা যায় তাদের জীবনটা খুব গুছানো কিন্তু ভিতরে ভিতরে অনেক কিছু ঘটে যায়। তখন না পারে কাউকে বলতে না পারে সইতে...! তাও জীবন তো থেমে নেই ,জীবন চলে যায় তার বহমান স্রোতে ।

সম্মান শ্রদ্ধা ছাড়া কোন সম্পর্ক টিকে থাকে না, সেটা বন্ধুত্ব হোক কিংবা ভালোবাসা, এই সম্পর্ক দুটিতে ভালোবাসা সম্মান শ্রদ্ধা আর বিশ্বাস না থাকলে সম্পর্কটা ফেকাসে হয়ে যায়। সব সম্পর্ক ভেঙে যায় না, টিকে থাকে তবে কেমন জানি রংহীন হয়ে পড়ে, মানুষ থাকে সম্পর্কও থাকে তবে সেই সম্পর্কে প্রাণ টুকু থাকে না। জীবনে বেশি প্রায়োরিটি দেওয়া মানুষ গুলো হৃদয়ের গভীরে আঘাত করে, অথচ তারা ভুলে যায় যে তারাই জীবনের বিশাল জায়গা জুড়ে থাকে। তাদের কাছে জমা থাকে নিজের ভালো লাগা মন্দ লাগা সব কিছু নিয়ে বলা কথা একটা সময় গিয়ে দেখা যায়, সেই কথা দিয়ে আঘাত করে। ক্ষত জায়গায় আরো বেশি করে ক্ষত করে, কারণ পিছন থেকে ছুরি মারা মানুষ গুলো বেশিরভাগ সময় খুব কাছের মানুষ গুলো হয়। তবে আঘাতকারী কখনো বুঝতে পারে না যে তারা কতখানি আঘাত করে, সেই আঘাতের জ্বালা কত তীব্র হয় । কতটা ছটফট করে সেই মানুষটা, যে মানুষটা নিজের সর্বোচ্চ দিয়ে মানুষকে বিশ্বাস করেছে।

পাখিটা যখন সুখের আশায় সীমানা পেরিয়ে যায়, সে যখন ডানা ঝাপ্টাতে ঝাপ্টাতে ক্লান্ত হয়ে যায় অথচ সুখের দেখা পায়না, তখন তার নীড়ের কথা মনে পড়ে যায়। সে তার প্রিয়জনের কাছে ফিরে যাবার জন্য ব্যাকুল হয়ে পড়ে। অনেক পাখিই বুঝতে পারে, যে স্বপ্ন নিয়ে সে উড়েছিল সেইটা ভুল ছিল। এমন পাখিরা মনের ইচ্ছেতে আবার প্রিয়জনের কাছে ফিরে আসে হয়তো নীড়ে থাকা পাখিটার ভালোবাসার টানে! আমার বিশ্বাস তোমরাও যতদূরেই যাওনা কেন, যার মোহে ছুটে চলোনা কেন, একদিন তোমাদের ভুল ভাঙবেই। তোমরা ঘুরে ঘুরে আবারো আমার কাছে ফিরে আসতে চাইবে। আবার সেই চেনা ঠিকানায় দেখা হবে আমাদের। আগেও তোমাদের কখনোও ফিরিয়ে দিই নি আর সেদিনও তোমাদেরকে ফিরিয়ে দেবার কোনো সাহস আমার হবেনা কারন আমার ভালোবাসার বিশাল আকাশটায় তোমরা যে একমাত্র সুখ পাখি আমার! একদিন তোমরা প্রচন্ড আমিহীনতায় ভুগবে। আজ বা কাল তোমরা একদিন আসবেই..! মৃত মানুষকে হারানোর যন্ত্রণার চেয়েও জীবিত মানুষকে হারানোর যন্ত্রণা আরো বেশি মারাত্মক; ভোলাও যায় না আবার বলাও যায় না। কমবেশি প্রত্যেকের জীবনে এই দিনটা স্মরণীয়। কেউ বুকে হাত রেখে বলতে পারবে না আমি সেদিনটা ভুলে গেছি বা সেদিন আমার কোন কষ্ট হয়নি। প্রিয় মানুষগুলো যখন ছেড়ে যায় তখন তার পেছনের মানুষটাকে লক্ষ্যই করে না , সামনের মানুষটার হাতছানিতে সে

ভুলে যায় ।অপরিচিত কিছু মানুষ হঠাৎ করে জীবনে আসে, তার পর ধীরে ধীরে পরিচিত হয়ে ওঠে, তার পর তৈরি হয় সুন্দর একটা সম্পর্ক কিন্তু অদ্ভুত হলেও সত্যি সেই মানুষ গুলো আবার একদিন অপরিচিত হয়ে ওঠে। যোগাযোগ কমতে থাকে, অজুহাত অভিযোগ গুলো বাড়ে, দূরত্ব বজায় রাখে, আর একসময় আবার অপরিচিত হয়ে যায়। সময় বড় অদ্ভুত, এই সময়ই মানুষকে এক সময় পরিচিত করে তোলে আর সেই মানুষই জীবনের পরিবর্তনে আবার অপরিচিত হয়ে যায়।

এই পৃথিবীতে মানুষ ঘুরে দাঁড়ানোটা দ্যাখে। অথচ কেউ টের পায়না; কত'টা ভেঙেচুরে মাটির সাথে মিশে গিয়ে, হাওয়ায় উড়িয়ে দিয়ে, কত'টা ডুবতে ডুবতে, থেতলাতে থেতলাতে মানুষ নতুন করে নিজেকে সৃষ্টি করে ব্যক্তিগত স্রষ্টা হয়ে উঠে। শূন্যের শূন্যতায় শূন্যস্থান শূন্য। পকেট যখন শূন্য সম্পর্কের অবস্থানও তখন হাজার মাইল দূরবর্তী অবস্থান মনে হয়। জীবনে চলার পথে আমি বার বার হোঁচট খেয়েছি , পড়ে গেছি , এটাই নিয়ম। তাই বলে যে জীবন শেষ হয়ে গেছে তা কিন্তু নয়। সব বাধা অতিক্রম করে আবার ঘুরে দাঁড়িয়েছি আর এই দাঁড়ানোর নামই জীবন।

যখন আমি কোন বিষয়ে ব্যর্থ হয়েছি তখন দেখেছি আমার আশেপাশের সবাই উপহাস করছে, হাসাহাসি করছে ,আর ঐ সব দেখে যদি আমি সেই ব্যর্থ জায়গায় পরে থাকতাম তাহলে ঐখানেই আমার জীবন শেষ হয়ে যেত । জীবন চলার পথে আমি যত বার পড়ে গেছি ঠিক তত বারই উঠে দাঁড়িয়েছি । তখন দেখেছি পৃথিবীর মানুষ আমার্ উঠে দাঁড়ানোটা অবাক হয়ে দেখছে । জীবন সহজ স্রোতের মতো চলে না, জীবনের পথ অনেক জটিল আর সব কিছু অতিক্রম করে জীবনটা আমাকে সহজ করে নিতে হয়েছে । আমি যত বার পড়ে গেছি তত বার ঐ পড়ে যাওয়া থেকে কিছু না কিছু শিক্ষা পেয়েছি ।

সম্পর্কের মধ্যে মনোমালিন্য অবশ্যই হতে পারে তবে পারস্পরিক সম্মানবোধ থাকাটা ভীষণ জরুরি। প্রতিটি মানুষ আলাদা, প্রতিটি মানুষের নিজেস্ব কিছু স্বকীয়তা আছে । একই সাথে প্রতিটি মানুষ নিজ গুনে অনন্য, অসাধারণ । তবে তা দেখা বা বোঝার মতো মন থাকতে হয় ! মানুষ জানেনা, তার সবচেয়ে দূর্বলতার জায়গাটাই তাকে সবচেয়ে বেশি শক্তিশালী করে তোলে। একটা সময় পর যোগাযোগ বন্ধ হয়ে যায়, বেড়ে যার দূরত্ব, সময় জানে একে অপরের সাথে কতটা ছিলো যুক্ত, মানুষ গুলো কেমন জানি দিন দিন বদলে যেতে থাকে, কেউ বাস্তবতার কারণে কেউ বা ব্যস্ততার কারণে, আর কিছু মানুষ দূরে সরে যায় মিথ্যা অজুহাত দেখিয়ে । যোগাযোগহীনতায় কোন সম্পর্ক টিকে থাকেনি, বহু পুরনো সম্পর্ক একে অপরের হৃদয়ে থাকা মানুষ গুলোও যোগাযোগ না থাকায় মনে হবে আপনি তাদের চেনেন না। কারণ সম্পর্ক সুন্দর বা ভালো থাকে যোগাযোগ এর মাধ্যমে, কেউ আটকে যায় কথার মায়ায় তো কেউ আটকে যা ব্যাক্তির মায়ায় । যে মায়ায় পড়েনি, সে কখনো ছেড়ে যেতে ভাববে না, আর যে মায়ায় পড়েছে তার ছেড়ে যেতে কষ্ট হবে। একটু একটু করে অভিমান জমতে জমতে একটা সময় তা রাগে পরিনত হয়, আর ধীরে ধীরে বন্ধ হয় যোগাযোগ, মৃত্যু হয় সম্পর্কের আর হেরে যায় ভালোবাসা, কষ্ট পায় মানুষ।

কিছু নিরীহ-অযাচিত প্রশ্ন আমাদের সুখী জীবনকে ক্ষণিকের মধ্যেই দুঃখী করে দিতে সক্ষম। আমাদের সমাজে ছদ্মবেশী দরদীরা নিরন্তর শান্ত জীবনে অশান্তির দাবানল জ্বালিয়ে দেয়। ছদ্মবেশী পুরুষ/মহিলারা নিজের থেকে কিন্তু আপনাকে কিছুই দেবে না। কিন্তু অন্যের থেকে অবৈধভাবে আদায় করার পদ্ধতি শিখিয়ে দিয়ে আপনাকে জিতিয়ে দেয়ার নামে ধ্বংসের দিকে ঠেলে দেবে।

সদা অসন্তুষ্ট , পরশ্রীকাতর , পরনিন্দুক , এমন লোকজনদের এড়িয়ে চলি , কারণ এরকম লোকের সঙ্গ আমার এনার্জি লেভেল কমিয়ে দেবে । সবসময় শেখার মধ্যে থাকি । যেমন : কম্পিউটার , বাগান করা , নুতন বিষয় পড়া ,সমাজের আশেপাশে কি হচ্ছে তা জানা, মানুষের ব্যবহারের মনস্তাত্বিক দিক বোঝার চেষ্টা করা .... যা কিছু হোক । মস্তিষ্ককে কখনও আলসেমি করতে দিই না । "অলস মস্তিষ্ক শয়তানের বাসা " এবং এই শয়তানের নাম হল অ্যালঝাইমার্স । ছোট ছোট ব্যাপারে আনন্দ পেতে শিখে গেছি । সর্বদা হাসিখুশি উল্লাসের মধ্যে থাকেতে শিখে গেছি । আর সবসময় মনে রাখি " আমি কতদিন বাঁচলাম " , সেটা দিয়ে জীবনের মূল্যায়ন হয় না । তবে " এতদিন বেঁচে থেকে কী কাজ করলাম " সেটা দিয়ে জীবনকে বিচার করা যায় ।

জীবনের অর্থ এই নয় যে আমরা পরিণত বয়সে নিরাপদে পরপারে পাড়ি দিতে পারছি , বরং জীবনের অর্থ হল গতানুগতিক রাস্তা থেকে কিছুটা সরে গিয়ে নতুন কিছু করা , দুটো মানুষের মুখে হাসি ফুটিয়ে তোলা এবং চিৎকার করে বলা : " বন্ধু , এটাই জীবন " । যে আমার নিরবতার ভাষা বোঝে না, সে আমার চিৎকারের ভাষাও বুঝবে না। নিজের অবস্থার সাথে আমার চেয়ে দুর্দশাগ্রস্ত যারা আছে তাদের সঙ্গে তুলনা করলে দেখতে পাই যে আমি অনেকের থেকে অনেক ভালো আছি এবং তাদের কষ্টের থেকে আমি শতগুণে ভাল আছি ... তাতেই মানষিক শান্তি পাই ।

“বেলুন রঙের কারণে উড়ে না, বেলুন উড়ে তার ভেতরের বাতাসের কারণে।” জীবনের ক্ষেত্রেও কথাটি পুরোপুরি মিলে যায়। আমাদের ভেতরের মনোভাব আমাদের জীবনে উন্নতির পথে নিয়ে যায়। মানুষ ব্যক্তি জীবনে তার কর্ম ও মেধার গুনেই উন্নতির শিখরে পৌঁছায় । তার বাহ্যিক সৌন্দর্য এ ক্ষেত্রে গৌণ। জীবন সিঁড়ি বেয়ে উপরে উঠতে আমাকে অবশ্যই পরিশ্রম আর মেধার স্বাক্ষর রাখতে হবে। কত কিছু জিনিষ ফেলবো ফেলবো করেও ফেলতে পারিনি কোনো দিন। স্মৃতির এই এক মজা, কত কিছুই মনে করিয়ে দেয়, সেই অতীতের আয়না অনেকটাই ঝাপসা হলেও স্পষ্ট।

শিক্ষা হচ্ছে পৃথিবীর সবচেয়ে শক্তিশালী অস্ত্র। এর মাধ্যমে আমি বদলে দিতে পার পৃথিবীকে। আমি শিখেছি ভয় না থাকাই সাহস নয়, ভয়কে জয় করাই সাহস। যার ভয়বোধ হয় না সে সাহসী ব্যক্তি নয়, বরং ভয়কে যে জয় করতে পারে সেই সাহসী। আমার সাফল্য দিয়ে আমাকে বিচার করো না, আমি কতবার পড়ে গিয়েও আবার সোজা হয়ে দাঁড়িয়েছি তা দিয়ে আমাকে বিচার কর। যখন একজন মানুষ তার দায়িত্ব ঠিকঠাক পালন করতে পারে, তবেই সে শান্তিতে মরতে পারে। কারোর অধিকার অস্বীকার করা তাদের মানবতাকে লংঘন করার সামিল। শৃঙ্খল ভেঙে ফেলাই স্বাধীনতা নয়, অন্যের স্বাধীনতাকে সম্মান করে বেঁচে থাকাই স্বাধীনতা। কোনো বিশাল পাহাড়ের চূড়ায় ওঠার পর একজন দেখতে পায়, আরোহনের মতো আরো পাহাড় রয়েছে। আমি সামান্য সময়ের জন্য বিশ্রাম নিতে পারি। কিন্তু আমার বিশাল এক দায়িত্ববোধ রয়েছে । ফলে এখানে কোনো গড়িমসি করার সময় নেই, আমার দীর্ঘযাত্রা এখনো শেষ হয়নি। আপনি যদি শত্রুর সঙ্গেও শান্তিতে থাকতে চান, তবে তার সঙ্গে আপনাকে মিশে যেতে হবে এবং কাঁধে কাঁধ মিলিয়ে কাজ করতে হবে। তবেই শত্রু ধীরে ধীরে আপনার সঙ্গী হয়ে উঠবে ।

দানে কখনও ধন কমে না, ক্ষমায় কখনও ক্ষমতা কমে না আর নম্রতায় কখনও মর্যাদা কমে না। আমি ভুল করি , কারন আমি কিছু করার চেষ্টা করি কিন্তু পরনিন্দা করি না । আমি চালিয়ে নিতে পারি কিন্তু অভিযোগ করি না কারন আমি দুর্বল মানুষ নই । সাধারণ মানুষ অপবাদ দেয় আর সৎ ও সাহসী মানুষ ধৈর্য্য ধরে। পাখি কখনো ডাল ভেঙে পরে যাওয়ার ভয় করে না , কারন

তার বিশ্বাস তার ডানার উপর , ডালের উপর নয়। তাই জীবন চলার পথে নিজের উপর বিশ্বাস রাখি , অন্যের উপর নয়। প্রদীপটা পুড়ছে বলেই রাতটা আলো। মানুষ অন্যায়ের কাছে মাথা নত করছে বলেই প্রতিবাদের সংগাটা আজকে পাল্টে গেছে। মানুষ সময়কে ভুলে যায় , স্মৃতিকে নয়, শুধু সেটা কখনও কখনও ঝাপসা হয়ে যায়।

যখন আমার খুব প্রিয় কেউ আমাকে অপছন্দ , অবহেলা বা ঘৃণা করে তখন প্রথম প্রথম আমার খুব কষ্ট হতো এবং আমি চাইতাম যে সব ঠিক হয়ে যাক। কিছুদিন পর আমি , সেই ব্যাক্তিকে ছাড়াই থাকতে শিখে যাই । আর অনেকদিন পর আমি আগের চেয়েও খুশি থাকি যখন আমি বুঝতে পারি যে কারো ভালোবাসায় অনেক কিছুই আসে যায় কিন্তু কারো অবহেলায় কারো কিছু এসে যায় না। নির্বোধকে চেনা যায় তার বক্তব্য থেকে আর জ্ঞানী লোককে চেনা যায় তাঁর নীরবতা থেকে। গহনার চেয়েও দামী অলংকার ব্যক্তিত্ব , কারন ব্যক্তিত্ব কেনা যায় না।

আমি অকারনে অপমানিত হয়েছি । আমি ঠকেছি । লোভী মানুষের পাল্লায় পড়েছি । নিঃসঙ্গ হয়েছি । রক্তাক্ত হয়েছি। অলক্ষ্যে অঝোরে কেঁদেছি । অন্ধকার রাস্তায় সঠিক পথে হাঁটতে শিখেছি । উচিত কথা বলায় হাজারটা আঙ্গুল আমার দিকে উঠেছে । একটার পর একটা ধাক্কা খেতে খেতে দেয়ালে পিঠ ঠেকেছে। আর তারপর যখন ঘুরে দাঁড়ানোর লড়াইটা শুরু করেছি , তখন লোকে বুঝতে পারলো , যে মানুষটা উপরের আঘাতগুলো দিয়ে গড়া , তাকে ভাঙে এমন সাধ্যি কারোর নাই।

সত্যবাদীরাই সবচেয়ে বেশি ঘৃণিত হয়। সব ঝড় আমাকে বিধ্বস্ত করতে আসে না , কিছু আসে আমার রাস্তা পরিষ্কার করতে। জীবনের খারাপ সময়গুলো অনেক কিছু শেখায় ----- একা থাকতে শেখায়, সাহসী হতে শেখায়, ধৈর্যশীল হতে শেখায়, জীবনের মানে বুঝতে শেখায়, পরিস্থিতি মানিয়ে নিতে শেখায়, শক্তিশালী হতে শেখায় , মানুষ চিনতে শেখায়। বাস্তবে সংকটের জন্ম মানে একটি সুযোগের জন্ম। নিজেই নিজেকে বদল করার সুযোগ , নিজেই নিজেকে আরো উপরে নিয়ে যাওয়ার সুযোগ , নিজের আত্মাকে অধিক বলবান আর অধিক জ্ঞানমন্ডিত করার সুযোগ। যে এটা করতে পারে তার কোনো সংকট আসে না , কিন্তু এমনটা যে করতে পারে না , সে স্বয়ংই এক সংকট হয়ে পড়ে বিশ্বের জন্য।

যেসব মানুষরা তাদের নিজেদের চিন্তাভাবনা বদল করেন না, তারা কোনো কিছুই বদলাতে পারবেন না। একটি ইচ্ছা কিছুই বদলাতে পারে না, একটি সিদ্ধান্ত কিছুই বদলাতে পারে না , কিন্তু একটি নিশ্চয়তা সব কিছুই বদলে দিতে পারে। চিন্তা না করে করা কাজ এবং কাজ না করে শুধু চিন্তা করা, কেবল একশো শতাংশ অসফলতা দেবে । সবসময় আমি মনে রাখি যে আমি আমার সমস্যার থেকে অনেক বেশি বড়। অন্যরা আমার ব্যাপারে কি ভাবে তার থেকে বেশি গুরুত্বপূর্ণ হলো আমি নিজের ব্যাপারে কি ভাবি ।

যখন নিজের কোনো ভালো কাজের বদলে দুঃখ লাভ হয় অথবা কেউ দুস্কর্ম করেও সুখলাভ করে তখন অবশ্যই এটা ভাবনায় আসে যে ভালো কর্ম করা আর অন্যায় পথে না চলার তাৎপর্য্য কি ? কিন্তু দুরাত্মাকে কি ভোগ করতে হয় সেটাও দেখুন , অন্যায়কারীর হৃদয় সর্বদা চঞ্চল থাকে ,ব্যাকুল হতে থাকে , মনে সর্বদা নতুন নতুন সংঘর্ষ উৎপন্ন হয়। অবিশ্বাস তাকে সারা জীবন ছোটাতে থাকে। একে কি সুখ বলে ? যে ব্যক্তি সৎপথে থাকে , সুপথে চলে তার হৃদয় সর্বদা শান্ত থাকে। পরিস্থিতি তার জীবনে সুখের পথে বাধা হয়ে দাঁড়ায় না। সমাজে তার সন্মান অক্ষত থাকে সর্বদা।

সম্রাট মান্ধাত্বার পুত্র মুচকুন্দ যুদ্ধ করে পৃথিবীকে জয় করে ছিলেন। এরপর তিনি রাজত্ব ত্যাগ করেছিলেন বিশ্রাম করার জন্য। সেই ব্যক্তিই জ্ঞানী যে জেনে যায় যে সংসার হলো শ্রম আর তপস্যা হলো একমাত্র বিশ্রাম। অধিকতর ব্যক্তিতো সংসারের শ্রমকে সুখ মনে করে আর ক্লান্ত হতে থাকে, কিন্তু বিশ্রামের কথা তো কেউ চিন্তাও করে না। মহর্ষি মুচকুন্দ শতবর্ষ যাবদ তার দুচোখ খোলেন নি। ওনার তপস্যার ফলে এত শক্তি একত্র হয়ে গিয়েছিল যে প্রথমবার তিনি যখন চোখ খোলেন তখন তার দৃষ্টি যবন কাল্যভানের উপর পরে আর পরাক্রমী কাল্যভান তৎক্ষণাৎ ভস্মীভূত হন। সবারই নিয়তি পূর্বনির্ধারিত হয়ে আছে, কেউ কেউ নিমিত্ত ও নিয়তির মিলন ঘটানোর প্রচেষ্টা করতে পারে মাত্র।

মানুষ সর্বদা বুদ্ধি আর পরিস্থিতি অনুযায়ি অর্থ খুঁজে নেয়। মেঘ জল হয়ে পড়ে, ময়ূর নৃত্য করে কিন্তু পাপিয়া ক্রন্দন করে। কারো কথার বাস্তবিক অর্থ তো কোনো বুদ্ধিমান ব্যক্তিই সম্পূর্ণ গ্রহণ করতে পারে। যারা এটা বুঝতে পারে, তাদের দ্বারাই মহৎ কাজ সম্পন্ন হতে পারে, আর যারা বুঝতে পারে না , তাদের দ্বারাই অনর্থ ঘটে এই বিশ্বে। কারো সহায়তা করলে সর্বদাই শক্তি বৃদ্ধি পায়। বাস্তবে প্রত্যেক প্রাণীর নিজের ইচ্ছামতো বাঁচার অধিকার আছে। কারো স্বতন্ত্রতা ছিনিয়ে নেওয়া সর্বদাই অধর্মের। এই সত্য যদি আমরা হৃদয়ে গেঁথে নিই যে, না আমরা ভবিষ্যৎ দেখতে পাই, না আমরা ভবিষ্যৎ নির্মাণ করতে পারি, আমরা তো কেবল ধৈর্য্য আর সাহসের সাথে ভবিষ্যতকে আলিঙ্গন করতে পারি , স্বাগত জানাতে পারি ভবিষ্যতকে , তবেই জীবনের প্রতিমুহূর্ত জীবনের দ্বারা মুখরিত হয়ে উঠবে।

ভবিষ্যৎকে আধার করে সবাই আজকে নির্ণয় করতে চায়, ভবিষ্যৎএ সুখ লাভ হবে, ভবিষ্যৎ সুরক্ষিত হবে , এমন নির্ণয় আজ করার প্রয়াস করতে থাকে সবাই। আপনি নিজের জীবনেই দেখুন, আপনার অধিকতর নির্ণয়ের মুলে ভবিষ্যতের চিন্তা থাকে না? আর কেনই বা হবে না ? নিজের জীবনকে সহজ ও সুখময় বানিয়ে তোলার প্রচেষ্টা করার অধিকার সবার আছে। কিন্তু ভবিষ্যৎ তো কেউ জানে না। কেবল কল্পনাই করা যেতে পারে। অর্থাৎ জীবনের সমস্ত গুরুত্বপূর্ণ নির্ণয় কল্পনার উপর ভিত্তি করেই আমরা নিয়ে থাকি।

দুই ব্যক্তি যখন নিকটে আসে তখন তারা একে অপরের জন্য সীমা আর মর্যাদা নির্ধারণ করার চেষ্টা অবশ্যই করে। আমরা যদি সমস্ত সম্পর্কগুলোকে বিচার করে দেখি , এই সমস্ত সম্পর্কের আধার সেই সীমারেখা আজ আমরা একে অপরের জন্য নির্মাণ করি আর যদি অজান্তে সেই দ্বিতীয় ব্যক্তি সীমারেখা লংঘন করে তাহলে সেই ক্ষণেই আমাদের হৃদয় ক্রোধে ভরে যায়।

যখন কোনো ব্যক্তি কোনো ঘটনার ভিতর অন্যায়কে দেখতে পায়, তখন সেই ঘটনাটা তার হৃদয়কে তছনছ করে দেয় আর সমস্ত জগতকে সে নিজের শত্রু রূপে জ্ঞান করতে থাকে। অন্যায় বলে মনে হওয়া সেই ঘটনা যত বিরাট হয় , মানুষের হৃদয়ও কিন্তু ততই বিরোধিতা করতে থাকে। সেই ঘটনার পরিপ্রেক্ষিতে সে ন্যায় দাবি করে। আর এটা তো যোগ্য কথা বাস্তবিক সংসারের যে কোনো রকমের অন্যায় ব্যক্তির আস্থা ও বিশ্বাসের বিনাশ করে। কিন্তু এই ন্যায় কাকে বলে, এর অর্থ কি? অন্যায় যে করেছে সে যদি অনুতপ্ত হয় , আর যার উপর অন্যায় হয়েছে তার মনে যদি আবার বিশ্বাস জাগে সমাজের প্রতি, তাকেই তো ন্যায় বলে।

আমাদের সম্পর্কগুলি থেকেই বেশিরভাগ দুঃখের জন্ম কেন হয় ? সর্বদা সংঘর্ষ সম্পর্কগুলি থেকেই কেন উৎপন্ন হয়? যখন কোনো ব্যক্তি অন্য ব্যক্তির চিন্তাধারা বা কাজকে স্বীকার করে না, তার ভেতরে কোনো পরিবর্তন আনার চেষ্টা করে তখনই সংঘর্ষের জন্ম হয় অর্থাৎ যত অধিক

অস্বীকার তত অধিক সংঘর্ষ , আর যত অধিগ্রহণ ক্ষমতা ততই অধিক সুখ। এটা বাস্তব নয় ? যদি মানুষ স্বয়ং নিজের প্রত্যাশার উপরে অঙ্কুশ টানে , নিজের বিচারধারা কে পাল্টায়, কোন অন্য ব্যক্তিকে পাল্টানোর চেষ্টা না করে স্বয়ং নিজের ভিতরে পরিবর্তন আনার প্রয়াস করতে থাকে, তবে কি সম্পর্কতে সন্তোষ লাভ করা খুব কঠিন হবে অর্থাৎ স্বীকার করে নেয়াই কি সম্পর্কের বাস্তবিক অর্থ নয় ?

একটি মেয়ে বিবাহিত জীবনে ক্লান্ত হয়ে পড়েছিলো এবং তার স্বামীকে হত্যা করতে চাইছিলো। একদিন সকালে সে তার মায়ের কাছে দৌড়ে গিয়ে বললো- "আমি আমার স্বামীকে নিয়ে ক্লান্ত হয়ে পড়েছি, আমি আর তার বাজে কথা সমর্থন করতে পারছি না। আমি তাকে হত্যা করতে চাই, তবে আমি ভয়ও পাচ্ছি যে দেশের আইন আমাকে দায়ী করবে। তুমি কি দয়া করে এ বিষয়ে সাহায্য করতে পারো, মা?" মা উত্তর দিলেন- "হ্যাঁ, আমি তোমাকে সাহায্য করতে পারি। তবে তার আগে কয়েকটি কাজ আছে যা তোমাকে করতে হবে।" মেয়ে জিজ্ঞাসা করলো- "কি কাজ মা? আমি তাকে পৃথিবী থেকে সরিয়ে দেওয়ার জন্য যে কোনো কাজ করতে প্রস্তুত আছি।" মা বললেন- "ঠিক আছে, তাহলে শোনো:-

১. তোমাকে প্রথমেই তার সাথে শান্তি স্থাপন করতে হবে, যাতে সে মারা যাওয়ার পর কেউ তোমাকে সন্দেহ করতে না পারে।

২. তার কাছে তরুণ এবং আকর্ষণীয়া দেখাবার জন্য তোমাকে সুন্দর করে সেজে থাকতে হবে।

৩. তার ভালো করে যত্ন নিতে হবে এবং তার প্রতি সদয় ও কৃতজ্ঞ হতে হবে।

৪. তোমাকে হিংসা কমিয়ে ধৈর্য ধরতে হবে; বেশি মনোযোগী হতে হবে, আরও শ্রদ্ধাশীল এবং বাধ্য হতে হবে।

৫. প্রয়োজনে নিজের টাকা তার জন্য ব্যয় করবে এবং রাগ করা যাবে না, এমনকি সে যদি তোমাকে কিছু দিতে অস্বীকৃতি জানায়, তবুও।

৬. তার সাথে উচ্চস্বরে কথা বলা যাবে না, সবসময় শান্তি এবং ভালবাসা বজায় রাখতে হবে। যাতে সে মারা গেলেও তোমাকে কেউ সন্দেহ করতে না পারে।

৭. তার কোন চাওয়া পাওয়া অপূর্ণ রাখবে না। সে যেভাবে পছন্দ করে সেভাবে চলবে এবং তার পছন্দের খাবার বানিয়ে দেবে।"

এরপর মা জিজ্ঞাসা করলেন, "তুমি কি এগুলো সব করতে পারবে?" মেয়ে জবাব দিল, "হ্যা, আমি পারবো।" মা বললেন, "ঠিক আছে, তাহলে এই পাউডারটা নিয়ে যাও এবং প্রতিদিন তার খাবারের সাথে খানিকটা করে মিশিয়ে দিবে; এটাই ধীরে ধীরে তাকে মৃত্যুর দিকে নিয়ে যাবে।"

৩০ দিন পর মেয়েটি তার মায়ের কাছে ফিরে এসে অত্যন্ত দুঃখের সুরে মিনতি করে বললো "মা, এখন আর স্বামীকে হত্যার কোনও ইচ্ছা আমার নেই। আমি এখন তাকে ভালোবাসতে পেরেছি কারণ সে পুরোপুরি বদলে গেছে। সে এখন আমার কল্পনার চেয়েও খুব ভালো স্বামী। এখন তাকে মৃত্যুর হাত থেকে বাঁচাতে আমি কী করতে পারি? আমাকে সাহায্য কর!" মা উত্তরে বললেন- "ভয়ের কিছু নেই, তুমি চিন্তা করো না। ঐদিন আমি যে পাউডার তোমাকে দিয়েছিলাম তা ছিলো হলুদের গুঁড়া। যা কখনই তার মৃত্যুর কারণ হবে না। সত্যি কথা বলতে কি- তুমি নিজেই ছিলে এমন একটি বিষ যা ধীরে ধীরে তোমার স্বামীকে উত্তেজিত এবং হতাশাগ্রস্থ করে মৃত্যুর দিকে ঠেলে দিচ্ছিলো।" সর্বপ্রথম নিজের ভুল বা দোষগুলো চিহ্নিত করে সংশোধন করার চেষ্টা করা উচিত।

আমি সব পারি না, কিন্তু যেটা পারি সেটা মন দিয়ে করতে পারি আর প্রয়োজনে স্বার্থত্যাগ করতে পারি। আমি অন্যকে সামলাতে না পারলেও ,নিজেকে সামলাতে পারি। অন্যকে যে সামলাবে সে শক্তিশালী হতে পারে, কিন্তু যে নিজেকে সামলাতে পারে , তার চেয়ে শক্তিশালী কেউ নেই। স্বপ্নেরা জানে বাস্তবতা কি কঠিন। হাজারটা ভালো কাজ করলেও জগৎ প্রশংসা করবে না , কিন্তু যদি একটা ভুল কাজ করা হয় তাহলে জগৎ সমালোচনা করতে ছাড়বে না।

নিজের অভিমানের ঢিবি নিজেই ভেঙে , নিজেই চোখের জল মুছে সামনে এগিয়ে যেতে হবে, কারণ এই দুনিয়ায় আমার পরিপূরক আমি নিজেই। ভালোবাসা এতো সস্তা নয় , স্বার্থে যখন আঘাত লাগে , কেউ তখন কারো বন্ধু নয়। স্বামীকে চেনা যায় স্ত্রীর অসুস্থতায় , স্ত্রীকে চেনা যায় স্বামীর দারিদ্রতায়, ভাইকে চেনা যায় লড়াইয়ের সময় আর সন্তানকে চেনা যায় বার্ধক্যে। আমি আমাতে থাকি, আমাতেই পুড়ি। নিজেকে ভেঙেচুরে প্রকাশ করলে গ্রহণযোগ্যতা শূন্যের কোঠায় উঠে যাবে। মন খারাপের নদীতে সাঁতার একা কাটতে হয়, কেউ নৌকা নিয়ে এসে হাত ধরে টেনে নৌকায় তুলে নেবে না। মন ভালো থাকার গল্প সবাই জানে, মন খারাপের গল্প শুধুমাত্র আমিই জানি।

মানুষের হাত পা বেঁধে রাখা যায়। মন বেঁধে রাখা যায় না। মন হলো পাখির মতো....ডানা মেলে উড়ে। নাটক, সিনেমা, গান শুনতে শুনতে হুট করে মন খারাপ হয়ে যায়। মন খারাপ হতে বড় কোন কারণ লাগেনা। ছোট্ট একটা কারণই যথেষ্ট। হ্যাঁ, পুরুষ মনেও কষ্ট হয়, তারাও শিকার হয় অ্যাডাম টিজিং এর। ছেলেরা কাঁদলে বড্ড কাপুরুষ লাগে, তাই নোনতা জল ঝরতে মানা । ওহ, সরকারি চাকরি পাওনি? সেলসে আছো? তা মাইনে কত, খেয়ে পরে বাঁচে কিছু? আরে আমার ছেলেটা তো বর্তমানে আমেরিকায় থাকে, তুই ওর ব্যাচমেট ছিলি না? তা তুই এখন এই ছোট্ট মুদিখানার দোকানে! বুকের ভিতর রক্তক্ষরণ হয় বৈকি। মা, স্ত্রী, প্রেমিকা, কন্যাকে রক্ষা করে একজন প্রকৃত পুরুষ। রোজ দশটা -পাঁচটা ডিউটি করা মানুষটার মনও উষ্ণতা চায়, একটু শান্তির গৃহকোন খোঁজে। দায়িত্ব ভারে ন্যুব্জ মেরুদন্ডটাও মাঝে মাঝে কেঁদে ওঠে। শুধু দুঃখ-কষ্টগুলো ওরা ছোট থেকেই লুকোতে শেখে, এই যা !

জীবনের প্রতিক্ষণ , নির্ণয়ের ক্ষণ। প্রত্যেক পদে আগামী মুহূর্তের নির্ণয় করতে করতে যেতে হয়।, আর নির্ণয় , নির্ণয় নিজের প্রভাব রেখে যায়। আজকের নেওয়া নির্ণয় ভবিষ্যতের জন্য সুখ বা দুঃখ লিখে রেখে দেয় , না কেবল নিজের জন্য , নিজের পরিবারের জন্যও , আগামী প্রজন্মের জন্যও বটে । যখন কোন সমস্যা সামনে এসে দাঁড়ায়, তখন মন ব্যাকুল হয়ে যায় আর অনিশ্চয়তায় ভরে যায়। নির্ণয়ের সেই ক্ষণ যা যুদ্ধে পরিণত হয় আর মন হয়ে উঠে যুদ্ধভূমি। অধিকাংশ নির্ণয় আমরা সমস্যা থেকে বার হবার জন্য নিই না , কেবল মনকে শান্ত করার জন্য নিয়ে থাকি ।

দু ধরনের মানুষ থাকেন, প্রথমটা, যারা যে কোনও সংকটে, সে সংকট শারীরিক বা মানসিক বা আর্থিক বা হৃদয়ঘটিত যেরকমই হোক, চিন্তায় আকুল হন, কেঁদে ভাসান, ভেঙে পড়েন, উত্তেজিত হন, ভীষণ রকম একটা সাপোর্ট চান....আরেক ধরনের মানুষেরা চুপচাপ এই সময়টার সাথে মুখ বুজে লড়ে যান, যেন কিছুই হয়নি এমনভাবেই হাসিমুখে ওই সময়টাকে পেরিয়ে একটা সুসময়ের পথে আসার আপ্রাণ চেষ্টা করেন...সেটা পারেন কি পারেন না জানা নেই, কিন্তু এই মানুষগুলোর লড়াই আর প্রতিবাদের ভাষা একেবারে নিঃশব্দ...আমি কোন দলে পড়ি ? বস্তুতঃ মানুষ এক ধরনেরই হয়...আমরা প্রায় সকলেই শুরুতে ওই প্রথম দলেই থাকি তারপর যত বয়স

ঝড়ে আঘাতে, অভিজ্ঞতায় জীবনকে চিনতে চিনতে একসময়ে ওই দ্বিতীয় ধরনের হয়ে উঠি। মানুষ হয়ত একই ধরনের হয়...শুধু সময় আর অভিজ্ঞতা তার আবেগগুলো কেড়ে নিয়ে তাকে অনেকটা বদলে দেয়....এক জীবনে এক মানুষের কত যে রকমফের ঘটে যায়....সময় পরিস্থিতি বদলে দেয়...আর মানুষ মানুষকে বদলে দেয়....সেটা নিজের কাছে স্পষ্ট হয়ে আছে।

এক সময় সমুদ্রের মাঝখানে এক জাহাজ প্রচন্ড ঝড়ের মধ্যে পরে লন্ডভন্ড হয়ে গেল। সেই জাহাজের বেঁচে যাওয়া এক যাত্রী ভাসতে ভাসতে এক নির্জন দ্বীপে এসে পৌছালো। জ্ঞান ফেরার পর প্রথমেই সে ঈশ্বরের কাছে প্রানখুলে ধন্যবাদ জানালো তার জীবন বাঁচানোর জন্যে। প্রতিদিন সে দ্বীপের তীরে এসে বসে থাকতো যদি কোনো জাহাজ সেদিকে আসে এই আশায়। কিন্তু প্রতিদিনই তাকে হতাশ হয়ে ফিরে আসতে হতো। এরই মধ্যে সে সমুদ্রতীরে তার জন্যে একটা ছোট ঘর তৈরী করে ফেললো। সমুদ্রের মাছ ধরে এবং বন থেকে ফলমূল খেয়ে সে বেঁচে থাকলো। এরই মধ্যে সে একদিন খাবারের খোঁজে বনের মধ্যে গেল। বন থেকে সে যখন ফিরে এলো তখন দেখলো যে তার রান্না করার উঁনান থেকে আগুন লেগে পুরো ঘরটিই ছাই হয়ে গেছে এবং তার কালো ধোঁয়ায় আকাশ ভরে গেছে ।লোকটি চিৎকার করে উঠলো," হে ঈশ্বর , তুমি আমার ভাগ্যে এটাও রেখেছিলে !" পরদিন সকালে এক জাহাজের আওয়াজে তার ঘুম ভাঙলো। জাহাজটি সেই দ্বীপের দিকে তাকে উদ্ধার করার জন্যই আসছিলো। সে অবাক হয়ে বললো, 'তোমরা কিভাবে জানলে যে আমি এখানে আটকা পরে আছি!' জাহাজের ক্যাপ্টেন জানালো, 'তোমার জ্বালানো ধোঁয়ার সংকেত দেখে।' যখন আমরা খুব বিপদে পরি তখন আমরা প্রায় সবাই হতাশ হয়ে পড়ি। আমরা ভুলে যাই গীতার বাণী , ' যা হচ্ছে তা আমাদের ভালোর জন্যেই হচ্ছে ।'

3
তৃতীয় অধ্যায়

আমি নিজেকে মহাভারতে বর্ণিত বিকর্ণ চরিত্রটির সঙ্গে মিল খুঁজে পাই। আজকের দিনের বিকর্ণরা আরো সোচ্চার হোক -- দ্বিগুণ গর্জে উঠুক তাদের প্রতিবাদী কন্ঠ। বিকর্ণ মহাভারতের একটি ছোট কিন্তু নজরকাড়া চরিত্র। ব্যাসদেবের আশীর্বাদে ধৃতরাষ্ট্র ও গান্ধারীর যে শতপুত্র জন্মগ্রহণ করে তাদের মধ্যে সবথেকে ধার্মিক ছিলেন বিকর্ণ। দুর্যোধনের ভাই হলেও তিনি তার বাকি ভাইদের মত অহংকারী ছিলেন না। পান্ডবদের পাশাখেলায় পরাজয় হেতু সভামধ্যে দ্রৌপদীর বস্ত্রহরণের একমাত্র বজ্রকন্ঠে প্রতিবাদ করেছিলেন তিনিই। ধিক্কার জানিয়েছিলেন সভাস্থলে উপস্থিত নিরব জ্যেষ্ঠদের। এর প্রতিবাদে এমনকি তিনি সেই সভাস্থল ত্যাগ করেন। পরবর্তীতে কুরুক্ষেত্রের যুদ্ধেও তিনি কৌরব পক্ষের হয়ে বীর বিক্রমে যুদ্ধ করেন। ভীম কৌরবদের একশ ভাইকে বধ করবার পণ নিয়ে যখন কুরুক্ষেত্রকে প্রায় শ্মশানে পরিণত করেছেন তখন বিকর্ণ তার সম্মুখে দাঁড়িয়ে দ্বন্দের আহ্বান জানান, ভীম কিছুক্ষণ ভাবেন এবং তার সভার কথা মনে হতে তিনি বিকর্ণকে বলেন তুমি একমাত্র কৌরব যে জানে ধর্ম কি? তুমি সরে দাঁড়াও আমি তোমাকে বধ করতে চাই না। তুমিই একমাত্র যে সেই সভায় দুর্যোধনের প্রতিবাদ করেছিলে। কিন্তু উত্তরে বিকর্ণ বলেন আজ আমার সরে যাওয়াটাও অধর্ম হবে। আমি জানি কৌরবদের এই যুদ্ধে জয়লাভ কোনোদিনই হবে না যেহেতু বাসুদেব কৃষ্ণ পান্ডব পক্ষে আছে, কিন্তু আমি আমার ভাই এবং জ্যেষ্ঠ ভাই দুর্যোধনকে পরিত্যাগ করতে পারব না। আমি ধার্মিক কিন্তু বিভীষণ নই। আমাকে যুদ্ধ করতেই হবে। তিনি বলেন সেই সভাস্থলে আমার যা কর্তব্য ছিল করেছি, কিন্তু এখন আমার কর্তব্য আমার ভাইদের রক্ষা করা, তাই এসো আমার সাথে দ্বন্দ্ব কর বৃকদর ভীম"। বিকর্ণ কখনও নিজের বিবেকের সঙ্গে তঞ্চকতা করেননি। তবুও মহাভারতের রথী মহারথীদের ভিড়ে চাপা পড়ে গেছিল এই অসামান্য ব্যক্তিত্বটির অবদান।

মোবাইলে একটা SMS এলো। তাকিয়ে দেখি.."সরকারের তরফ থেকে আমার এ্যাকাউন্টে ৫০ লাখ টাকা দেয়া হয়েছে" ,আমার মন খুশিতে ভরে গেল। ঘর থেকে বের হলাম আর চিৎকার করে বাড়ির সবাইকে বলছি...."সবাই শোনো, দিন বদলে গেছে, আমার এ্যাকাউন্টে ৫০ লাখ টাকা এসে গেছে"। রুম থেকে বউ বেরিয়ে বললো, "অত খুশির কি আছে, আমার এ্যাকাউন্টেও ৫০ লাখ টাকা দিয়েছে। এই যে মেসেজ দেখ।"একটু অবাক হলাম, ভাবলাম আশেপাশে সবাইকে গিয়ে বলি। বাড়ির পাশের লোক আমায় বলছে, "বেশি উত্তেজিত হয়ো না, আমাদের

এ্যাকাউন্টেও ৫০ লাখ জমা হয়েছে।" আমার খুশি সব উড়ে গেল। ভাবলাম যাই, বাজার থেকে কিছু মিষ্টি নিয়ে আসি। বাজারে গিয়ে দেখলাম, দোকান বন্ধ। পাশের একজনকে জিজ্ঞেস করলাম, "ও ভাই এই মিষ্টির দোকান বন্ধ কেন?" সে বললো, "মিষ্টি দোকানদারের আর দোকানদারি করার কি দরকার। তার এ্যাকাউন্টে ৫০ লাখ এসে গেছে।" তাই ভাবলাম একটু নূতনগঞ্জ বাজারে যাই, সেখান থেকে কিছু নিয়ে আসি। সেকি! কোনো দোকান পাট খোলা নেই। ওনাদের এ্যাকাউন্টেও নাকি ৫০ লাখ এসে গেছে.....। প্রচন্ড খিদে পেয়েছে ভাবলাম এখানে তো দোকান পাট বন্ধ। সামনের দিকে যাই, ভালো কোন হোটেলে তৃপ্তি করে খাওয়া যাবে। সামনে যতই যাই সবই দেখি ফাঁকা। হোটেলের বাইরে দাড়িয়ে থাকা স্বাগত জানানোর সেই লোকও নেই, যে কাস্টমার দেখলেই সালাম ঠুকে ওয়েলকাম করেন, শপিং মলের সিকিউরিটিও নেই। সবার এ্যাকাউন্টেই ৫০ লাখ এসে গেছে। মার্কেটে কেউ নেই। সবজি ওয়ালা, চা ওয়ালা, সরবত ওয়ালা ফাস্টফুড ওয়ালা কেউ নেই। সব কিছুই বন্ধ। সকলের ঠিকানা এখন ব্যাঙ্কে ৫০ লাখ টাকা তোলার জন্যে। কেননা এখন আর কারো কাজ করার দরকার নেই, সবার কাছেই ৫০ লাখ আছে। আমার এক বন্ধু ফোন করে বললো, "আমি জব ছেড়ে দিয়েছি, আমার এ্যাকাউন্টে ৫০ লাখ টাকা আছে" আমার এক তুতো ভাই ফোন করে বললো, "আমার আর্ট স্কুল অফ করে দিয়েছি" ,"আমার ছোট বোন আর স্কুলে যাচ্ছে না" । "আমার এক বন্ধু টিউশন পড়ানো বন্ধ করে দিয়েছে","নিপা নামের মেয়েটিও আর কলেজে যায় না" ,"ইভান আর জব খোঁজে না" ,'শ্রমিকরা আর কারখানায় যায় না, কলকারখানা সব বন্ধ"।

সবার এ্যাকাউন্টে ৫০ লাখ টাকা জমা আছে। সবাই এখন বড়লোক। সবাই সুর তুলছে, গান করছে, নৃত্য করছে.....। বিকেলে হাঁটতে হাঁটতে মাঠের দিকে গেলাম, কৃষকরা সবাই কাজ ছেড়ে বাড়িতে। কেউ নেই জমিতে। এখন তাদের রোদে পুড়ে বৃষ্টিতে ভিজে কাজ করার আর দরকার নেই। তারা সবাই বড়লোক হয়ে গেছে। সবার এ্যাকাউন্টেই ৫০ লাখ টাকা। ৭ দিন পর দেখা গেল খিদের জ্বালায় লোক কাঁদছে। কেননা, জমি থেকে কেউ ফসল তুলছে না, সমস্ত দোকানপাট বন্ধ, হোটেল, মেডিক্যাল সব বন্ধ। অসুস্থ হয়ে মানুষ মৃত্যুর দিকে এগিয়ে যাচ্ছে। কেননা, খাবার নেই, ডাক্তার নেই। পশুরাও না খেতে পেয়ে মরছে। জমিতে সবুজ ঘাস নেই, সোনালী ফসল নেই। শিশুরা খিদের জ্বালায় কাঁদছে, গোয়ালা দুধ দিচ্ছে না বলে।

মানুষ এখন ছুটছে মুঠো মুঠো টাকা নিয়ে। রাস্তায় রাস্তায় ঘুরছে পকেটে টাকা নিয়ে। মানুষ কাঁদছে আর লক্ষ টাকা হাতে নিয়ে বলছে, "এই ভাই নাও ১০ হাজার টাকা, আমাকে ২০০ গ্রাম দুধ দাও। দুদিন বাচ্চাটা না খেয়ে আছে।" ১০ দিন বাদে মানুষ না খেতে পেয়ে মরছে। কিছু কিছু লোক টাকার ব্যাগ নিয়ে ঘুরছে রাস্তায়। এই নাও ভাই ৫ লাখ টাকা, "আমাকে ৫ কেজি চাল দাও। ১০ দিন থেকে না খেয়ে আছি।" সব বাজার হাট বন্ধ হয়ে গেছে। শাক সবজি খাবার দাবার কারো কাছেই নেই। সবদিকে শুধু মৃত্যুর ছবি দেখা যাচ্ছে। আমিও আমার ৫০ লাখ টাকা নিয়ে ছুটে বেড়াচ্ছি, নাও ভাই নাও ৫০ লাখ নিয়ে নাও, তবুও কিছু খাবার দাও"। কে কার টাকা নেবে, খাবার কারো কাছেই নেই। মানুষ মানুষের দিকে তেড়ে আসছে হিংস্র সিংহের মত। মনে হচ্ছে, মানুষ মানুষকে খাবে।

অচেনা একলোক তাড়া করেছে আমাকে, চিবিয়ে খাবে বলে। ছুটছি আমি। আমি ক্ষুধার্ত মানুষ, কতটা আর ছুটব? পড়ে গেলাম হোঁচট খেয়ে. ..মা গো করে চিৎকার করে উঠলাম.....। বাবলি তখন ঘুম থেকে লাফ দিয়ে উঠে "কি হলো তোমার ? সকাল হয়ে গেছে, ঘুম থেকে উঠো,

চোখে মুখে জল দিয়ে আসো। এই তুমি বাচাঁও বাঁচাও বলে চেঁচাচ্ছিলে কেন? কোন খারাপ স্বপ্ন দেখছিলে নাকি ?" আমি বললাম, "না, খারাপ নয়, ভালো দিনের স্বপ্ন। "

অনেকে ভাবে সৃষ্টিকর্তা কেন ধনী গরীব সৃষ্টি করছে ? সবাইকেতো চাইলে ধন সম্পদ দিতে পারতো। সবাইকে সুখ শান্তি দিতে পারতো। বাস্তবতা হল ধনী গরীব বৈশম্য আছে বলেই এখনও পৃথিবী টিকে আছে এবং পৃথিবী ধ্বংস হওয়া পর্যন্ত টিকে থাকবে। সবাই ধনী হলে কি হতো দেখেছেনতো--তাই এসব নিয়ে আক্ষেপ করা যাবে না। মন শান্ত রেখে এগিয়ে যেতে হবে।

যে মানুষগুলো জীবন থেকে হারিয়ে যায় তাকে আমরা খুঁজি একটা আশা নিয়ে হয়তো তাকে আমরা পেয়ে যাব। খুঁজতেও যেন একটা ভালো লাগা কাজ করে। কিন্তু যারা বদলে যায় তারা আমাদের চোখের সামনে থাকে কিন্তু তাদের আমরা এড়িয়ে যেতে বাধ্য হই। কারণ হারিয়ে যাওয়া মানুষ আর বদলে যাওয়া মানুষের মধ্যে অনেক পার্থক্য রয়েছে। হারিয়ে গেলে তাকে খুঁজে পাওয়া যায়। কিন্তু বদলে গেলে আগের সেই মানুষটি আর খুঁজে পাওয়া যায় না। এই বদলে যাওয়াটা বেশ কষ্টকর। চোখের সামনে দিনের পর দিন দেখেও চুপচাপ দেখা ছাড়া কিছুই করার থাকে না। সব থেকে কষ্ট তখন হয় যখন চোখের সামনে প্রিয় মানুষটিকে এক্টিভ দেখেও এড়িয়ে চলতে হয়।

একটি ঘরে চারটি মোমবাতি জ্বলছিল, প্রথম মোমবাতিটি বলল, "আমি শান্তি বেশিক্ষন থাকি না"। এই বলে মোমবাতিটি নিভে গেল। তখন দ্বিতীয় মোমবাতিটি বলে উঠল,”আমি বিশ্বাস । যেখানে শান্তি নেই আমিও সেখানে থাকতে পারবো না"। এই বলে দ্বিতীয়টিও নিভে গেল। এবার তৃতীয় মোমবাতিটি বলল, “আমি ভালোবাসা. যেখানে শান্তি আর বিশ্বাস নেই সেখানে আমার থাকা অসম্ভব"। এই বলে সেও নিভে গেল। এবার একটি বাচ্চা ছেলে ঘরটিতে প্রবেশ করল... দেখল চারটি মোমবাতির মধ্যে তিনটি নিভে গেছে আর একটি মিটমিট করে জ্বলছে...। তখন বাচ্চা ছেলেটা চতুর্থ মোমবাতির কাছে কাঁদতে কাঁদতে জিজ্ঞেস করল,.. "তুমি কেন জ্বলছ....... তুমিও তো নিভে যেতে পারতে",.. চতুর্থ মোমবাতি তখন বললে, "আমি আশা আমি সব সময় থাকি। এখন তুমি চাইলে আমাকে দিয়ে এই তিনটিকেও জ্বালিয়ে তুলতে পারো অর্থাৎ শান্তি, বিশ্বাস আর ভালোবাসা কে ফিরিয়ে আনতে পারো। আশাই তো মানুষ কে বাঁচিয়ে রাখে"।

তোমার আগামী দিনগুলো যদি আলোকিত হতে দেখতে চাও , বিকশিত হয়ে উঠতে চাও তবে নিজের মনের মধ্যে একটা আশার প্রদীপ জ্বালিয়ে রেখো । সেই প্রদীপে ইচ্ছেশক্তি , ধৈর্য্য সহ্য , সংযম ও আত্মবিশ্বাসের তেল ঢেলে যেও । একসময় তোমার মধ্যে আলোক বিচ্ছুরণ ঘটবে এবং তুমি আলোকিত হয়ে উঠবে । দেখবে সেই আলো তোমার অন্তঃকরণকে শোধন করে প্রকৃত মানুষ হয়ে উঠার দিশা দেখাবে ।যতক্ষণ না তুমি আলোকিত হতে পারছো ততক্ষণ তুমি তোমার চারিদিকে আলোকরশ্মি ছড়িয়ে দিতে পারবে না । মহাপুরুষদের বাণী শুধু বইয়ের পাতায় সীমাবদ্ধ করে রেখো না । ওনাদের আদর্শ , ওনাদের দেখানো পথ অনুসরণ করে চলতে পারলে সকল অন্ধকার ঘুচে যাবে ।সৎ পথে চললে অনেক বাধা বিপত্তির সম্মুখীন হতে হয় ঠিকই কিন্তু জয়টা সততারই হয় । তাই সৎ পথে এগিয়ে যাও নিজে আলোকিত হও এবং তোমার চারপাশটা আলোকিত করে তোলো, এটাই মহৎ উদ্দেশ্য হয়ে উঠুক।

গুরুকে শিষ্য বলল: গুরুদেব ! এক ব্যক্তি আশ্রমের জন্য একটি গাভী দান করে গেছে। গুরু বললেন- ভালোই হলো, দুধ খেতে পাওয়া যাবে। এক সপ্তাহ পরে শিষ্য গুরুকে বলল: গুরুদেব ! যে ব্যক্তিটি গাই দিয়েছিলো সে তার গাই আজ ফেরত নিয়ে গেছে। গুরু বললেন- ভালোই হলো ! গোবর ফেলার ঝঞ্ঝাট আর রইলো না। 'পরিস্থিতি' বদলালে 'মনঃস্থিতি'ও বদলানো উচিত্।

আর তাতেই দুঃখ সুখে পরিবর্তিত হবে। সুখ দুঃখ দুটোই তো মনের সমীকরণ। এক অন্ধব্যক্তিকে মন্দিরে আসতে দেখে সবাই হাসাহাসি করে বলল,"মন্দিরে দর্শনের জন্য এসেছো, কিন্তু ভগবানকে কি দেখতে পারবে ?" অন্ধটি বলল.. "তাতে কি হয়েছে? আমার ভগবান আমাকে তো দেখতে পাচ্ছে!" দৃষ্টি নয় দৃষ্টিকোণ সাকারাত্মক হওয়া চাই....।

শূন্য নম্বর ছাত্রদের মোটিভেশন কমায়, তাদেরকে শেষ করে দেয়, তারা আর লেখাপড়াকে পছন্দ করতে পারে না। গ্রেড বুকে শূন্য নম্বর লেখা হলে, ছাত্ররা ঐ বিষয়ের প্রতি আর আগ্রহ বোধ করে না। এইটা শিক্ষকদের উদ্দেশ্যে বলা; তারা যেন নিজ নিজ দেশের শূন্য দেবার বাতিল-জবুথবু শিক্ষা-ব্যবস্থাটাকে বদলাতে চেষ্টা করে। রাশিয়ায় অধ্যয়নরত এক ছাত্র লিখেছেঃ "রাশিয়ায় পরীক্ষায় সর্বোচ্চ নম্বর দেয়া হয় ৫ আর কেউ কোন উত্তর না লিখে সাদা খাতা জমা দিলে তাকে দেয়া হয় ২। মস্কো বিশ্ববিদ্যালয়ের প্রথম দিনটিতে আমি পরীক্ষার এই নম্বর পদ্ধতি সম্পর্কে জানতাম না। জেনে অবাক হয়ে ড: থিওদর মেদ্রায়েভকে জিজ্ঞেস করি, একজন ছাত্র কিছুই না লিখে ২ পাবে এটা কী যৌক্তিক! তার তো শূন্য পাওয়াটাই সঠিক।" ড: মেদ্রায়েভ উত্তর দেন, "একজন মানুষ এতো শীতের মধ্যে সকাল সাতটার ক্লাসগুলো ধরতে আরো আগে ঘুম থেকে উঠেছে, গণপরিবহনে চড়ে নির্দিষ্ট সময়ের মধ্যে ক্লাসরুমে পৌছেছে; প্রশ্নগুলোর উত্তর দিতে চেষ্টা করেছে, তাকে কী করে শূন্য দিই! যে তার রাতগুলোতে পড়ালেখা করেছে, কলম-নোটবুক-কম্পিউটার কিনেছে পড়ালেখার জন্য; জীবন-ধারায় এতো ত্যাগ সাধন করেছে পড়ালেখার জন্য তাকে কী করে শূন্য দিই!" একজন ছাত্র উত্তর লিখতে পারেনি বলেই তাকে আমরা শূন্য দিতে পারি না । আমরা মানুষ হিসেবে তাকে শ্রদ্ধা জানাতে চাই; তার মেধা আছে, সে কমপক্ষে চেষ্টা করেছে। যে ফলাফল আমরা দিই এটা শুধু উত্তরপত্রে লেখা উত্তরের ওপর ভিত্তি করে হতে পারে না। এই ফলাফল দেয়া হয় তার প্রশংসা করতে আর সে যেহেতু মানুষ সে ন্যূনতম একটা নম্বর পাবার যোগ্য।

এক পর্যটক, এমন একটি শহরে বেড়াতে এল, যেখানে পুরো শহর ধারে (LOAN) ডুবে ছিল !পর্যটক 500 টাকার নোট হোটেলের কাউন্টারে দিয়ে বলল :- আমি আপনার হোটেলের ভেতরে যাচ্ছি কামরা দেখে পছন্দ করার জন্য ! হোটেল মালিক সঙ্গে সঙ্গে ঘী ওয়ালার কাছে দৌড়োল আর তাকে 500 টাকা দিয়ে পুরোনো হিসাব মিটিয়ে দিল। ঘী ওয়ালা দৌড়াল দুধ ওয়ালার কাছে আর পৌঁছে 500 টাকা দিয়ে তার হিসাব চুকিয়ে দিল ! দুধ ওয়ালা গেল গাই ওয়ালার কাছে আর 500 টাকা দিয়ে তার ধার শোধ করে দিল ! গাই ওয়ালা দৌড়ে গেল ঘাস ওয়ালার কাছে আর 500 টাকা দিয়ে তার হিসাব মিটিয়ে দিল ! ঘাস ওয়ালা ঐ হোটেলে দৌড়ে এল। ওখানে সে মাঝে মাঝেই রেস্টোরেন্টে ধারে খাবার খেত। 500 টাকা দিয়ে সে হাঁফ ছাড়ল ! পর্যটক কিছুক্ষণ পর ফেরত এল আর 500 টাকার নোট ফেরত নিয়ে বলল, কোনো রুম পছন্দ হল না ! না কেউ কিছু নিল , না কেউ কিছু দিল কিন্তু সবারই হিসাব চুকে গেল ! তাহলে বলুন গোলমালটা কোথায় ? কোথাও কোনো গোলমাল নেই , আসলে সবারই ভুল ধারনা হল টাকা আমার। পৃথিবীতে খালি হাতে এসেছি , খালি হাতেই যেতে হবে। এই একটু ভাব আর জীবনের আনন্দ উপভোগ করি । সবসময় খুশি থাকার চেষ্টা করি , নির্বিকার থাকার চেষ্টা করি ।

রাজস্থানের একটি গ্রামে এক ব্যক্তির কাছে ১৯ টি উট ছিলো । একদিন সেই ব্যক্তির মৃত্যু হলো । মৃত্যুর পূর্বে তিনি উইল করে গিয়েছিলেন, তার মৃত্যুর পর সেই উইলটি পড়া হলো । সেই উইলে লেখা ছিলো ---"তার মৃত্যুর পরে তার উনিশটি উটের মধ্যে অর্ধেক তার ছেলেকে, তার

একের চতুর্থাংশ তার মেয়েকে, উনিশটি উটের মধ্যে পঞ্চম ভাগ তার চাকরকে দেওয়া হবে। আত্মীয়স্বজনরা খুব চিন্তায় পড়ে গেলো যে, এই ভাগ কি করে করা যাবে ? উনিশটি উটের অর্ধেক অর্থাৎ একটি উটকে দু ভাগ করতে হবে, তাহলে তো উটই মরে যাবে। আচ্ছা, একটা উট না হয় মারাই গেলো, এরপর আঠারোটি উটের এক চতুর্থাংশ -----সাড়ে চার ---সাড়ে চার ----তারপর ? সকলেই খুব চিন্তার মধ্যে ছিলো। তখন সকলে মিলে সিদ্ধান্ত নিয়ে পাশের গ্রাম থেকে এক বুদ্ধিমান ব্যক্তিকে ডাকিয়ে আনলেন। সেই বুদ্ধিমান ব্যক্তি নিজের উটে চড়ে এসেছিলেন। তিনি সব কথা শুনে নিজের বুদ্ধি প্রয়োগ করলেন এবং বললেন, এই উনিশটি উটের সঙ্গে আমার উট মিলিয়ে ভাগ করে দাও।সবাই ভাবতে লাগলো --- যিনি মারা গেছেন, তিনি এক পাগল যিনি এমন উইল করে চলে গেছেন, এখন এই দ্বিতীয় পাগল এসেছেন, যিনি বলছেন -- তার উটটি মিলিয়ে ভাগ করে দিতে। তবুও সবাই চিন্তা করে দেখলো, কোনো উপায় যখন নেই, এনার কথা শুনেই দেখা যাক। ১৯ + ১ = ২০। ২০ র অর্ধেক ১০টি উট ছেলেকে দেওয়া হলো। ২০ র ১/৪ = ৫টি উট মেয়েকে দেওয়া হলো। ২০ র ১/৫ -- ৪টি উট চাকরকে দেওয়া হলো। ১০ + ৫ + ৪ = ১৯। যে একটি উট বেঁচে গেলো, সেই উটটি বুদ্ধিমান ব্যক্তির ছিলো। সে সেই উটটি নিয়ে নিজের গ্রামে ফিরে গেলো। এইপ্রকারে একটি উট যোগ করাতে ১৯ টি উটের ভাগ সুখ, শান্তি এবং আনন্দের সঙ্গে হয়ে গেলো। এমনই আমাদের জীবনেও উনিশটি উট আছে। ৫ জ্ঞানেন্দ্রিয় (চোখ, নাক, জিভ, কান, ত্বক), ৫ কর্মেন্দ্রিয় (হাত, পা, জিভ, মূত্রদ্বার, মলদ্বার), ৫ প্রাণ (প্রাণ, অপান, সমান, ব্যান, উদান) , আর ৪ অন্তঃকরণ (মন, বুদ্ধি, চিত্ত, অহংকার) -সবমিলিয়ে এই উনিশটি উট। সারাজীবন মানুষ এই উনিশটি উটের ভাগ করতেই বিভ্রান্ত হয়। যতক্ষণ না তাতে "মানবিকতা" উটটিকে মেলানো হয় ততক্ষণ প্রকৃত সুখ, শান্তি, সন্তুষ্টি আর আনন্দের প্রাপ্তিও হয় না।

একজন লোকের মৃত্যুর পর, সে দেখলো স্বয়ং ভগবান হাতে একটি ব্যাগ নিয়ে তার কাছে আসছেন। এসেই ভগবান বলছেন -" পুত্র , চলো এখন সময় হয়ে গেছে। আশ্চর্য হয়ে লোকটি বললো -" এখন ! এতো তাড়াতাড়ি ?? এখনো তো আমাকে অনেক কর্ম করতে হবে , আমি ক্ষমা চাইছি ভগবান এখনো আমার যাওয়ার সময় হয়নি। তবে আপনার এই ব্যাগ এ কি আছে ? ভগবান বললেন -" তোমার জিনিস।লোকটি বললো-" আমার জিনিস !! তারমানে আমার বস্ত , আমার কাপড় , আমার ধনদৌলত তাই তো ভগবান। ভগবান বললেন -" এই বস্তু গুলো তোমার নয় ,, এগুলো তো পৃথিবীর সম্বন্ধীয় জিনিস। লোকটি বললো -" তাহলে কি এই ব্যাগ এ আমার স্মৃতি আছে ?? ভগবান বললেন -" এটা তো কখনোই তোমার ছিলো না ,,এটা তো শুধুমাত্র সময়েরই ছিলো। লোকটি বললো -" তাহলে এতে আমার পরিবার আর বন্ধুদের স্মৃতিই থাকবে ? ভগবান বললেন -" ক্ষমা করো পুত্র , এরা তো কখনোই তোমার ছিলো না। তারা হলো তোমার জীবনের চলার রাস্তায় দেখা হওয়া পথিকের মতো।লোকটি বললো -" তাহলে তো আমি নিশ্চিত এই ব্যাগ এ আমার শরীর থাকবে। "" ভগবান বললেন -" এটা তো তোমার হতেই পারে না , কারণ, এই শরীর হলো চিতার ভস্ম মাত্র। লোকটি বললো -" ভগবান , তাহলে কি এটাতে আমার আত্মা আছে ?" ভগবান বললেন -" না এটা তো আমার। এবার লোকটি ভয়ে ভীত হয়ে ভগবানের হাত থেকে ব্যাগ টি নিয়ে নিল এবং খুলে দেখলো সেই ব্যাগটি খালি। তখন লোকটির চোখে জল এসে গেল এবং বললো - " হে ভগবান , আমার কাছে কি কখনো কিছু ছিল না?" তখন ভগবান বললো - " হ্যাঁ , এটাই সত্য , প্রত্যেক মুহূর্ত যেটা তুমি বেঁচে ছিলে , আর জীবিত ছিলে , নিজের জীবন নিজের মতো করে বেঁচে ছিলে , জীবন টা হচ্ছে ক্ষণিকের এবং সেই ক্ষন বা মুহূর্ত টাই

শুধু তোমার ছিলো । এছাড়া এই জগতে ' তোমার বলতে কিছুই নেই "। ভৌতিক বস্তু আর যেই জিনিসের জন্য আপনি দিন রাত লড়াই করছেন , পরিশ্রম করছেন , আপনি এখান থেকে কিছুই নিয়ে যেতে পারবেন না এটাই সত্যি এটাই বাস্তব ।

সংসারে দুরকম স্বভাবের লোক দেখতে পাওয়া যায় -কতকগুলো কুলোর ন্যায় স্বভাব বিশিষ্ট আর কতকগুলো চালুনির ন্যায়। কুলো যেমন ভূষি প্রভৃতি অসার বস্ত পরিত্যাগ করে সার বস্তু যে শস্য সেই গুলি আপনার ভেতর রাখে, সেইরকম কতকগুলি লোক সংসারের অসার বস্তুপরিত্যাগ করে সার বস্তু ভগবানকে গ্রহণ করে। চালুনি যেমন সার বস্তু পরিত্যাগ করে অসার বস্তুগুলি নিজের ভেতর রাখে ।

একটা হাতি আর একটা কুকুর একই সাথে প্রেগনেন্ট হলো। ৩ মাসের ব্যবধানে কুকুরটি ৩টি ছানা প্রসব করলো। ৬ মাস পরে কুকুরটি আবার প্রেগনেন্ট হলো আর নয় মাস পরে এক ডজন বাচ্চা প্রসব করলো। এই ভাবে পালাক্রমে চলতেই থাকলো। ১৮ তম মাসে, কুকুরটি হাতিটিকে বললো, "তুমি কি নিশ্চিত যে তুমি প্রেগনেন্ট? আমরা একই সাথে প্রেগনেন্ট হয়ে ছিলাম, এর মাঝে আমি ৩ বারে ডজন খানেক বাচ্চা প্রসব করেছি, আর সেগুলো এখন প্রাপ্ত বয়স্কও হয়ে গেছে, কিন্তু তুমি এখনও প্রেগন্যান্ট" মা হাতিটি উত্তর দিলো, আমার পেটে কুকুর ছানা না, হাতি ছানা বেড়ে উঠছে, আমি দুই বছর পর পর বাচ্চা প্রসব করি, যখন বাচ্চাটা পৃথিবীর মাটি স্পর্শ করে, পৃথিবীর মাটি বুঝতে পারে, যখন বাচ্চাটা বড় হয়ে রাস্তা পার হয়, লোকজন দাঁড়িয়ে অবাক হয়ে দেখে, যে বাচ্চাটা আমি পেটে ধারন করি, সেটা মানুষের আকর্ষণের কেন্দ্রবিন্দু হয়ে যায়। গল্পটা এইজন্য বলা, যখন আসে পাশের মানুষের আশা পূরণ হতে দেখবেন, তাদের সফলতা দেখবেন, হতাশ হবেন না। নিশ্চয় সৃষ্টিকর্তা আপনার জন্য উপযুক্ত সময়ে উপযুক্ত সফলতা নির্ধারণ করে রেখেছেন, যখন আপনার জন্য বরাদ্দ সেই মুহূর্ত আসবে, পৃথিবী আপনার কাজের দিকে মুগ্ধ হয়ে থাকবে। অপেক্ষা করুন, পরিশ্রম করুন আর প্রার্থনা করুন।

পৃথিবীতে ভালোবাসা থেকে সৃষ্টি নিচের তিনটি শব্দ... 1. Boyfriend2. Girlfriend 3. Family, কিন্তু একটা ব্যাপার লক্ষ্য করুন Boyfriend এবং Girlfriend এই শব্দ দুটির শেষের অংশ হলো 'End'। এইজন্য সম্পর্কগুলো একদিন শেষ হয়ে যায়! আর শেষ শব্দটি হলো Family, যার প্রথম তিনটি অক্ষর Father and Mother এবং শেষের তিনটি অক্ষর Ily= I love you -যার শুরু বাবা মা নিয়ে আর শেষ তাদের ভালোবেসে।

মা ফোন করে কান্নাজড়িত কণ্ঠে যখন বলে তুই নাই বাড়িতে, আমার খেতে ইচ্ছে করছে না। | তুই খেয়েছিস বাবা? তখন ভাবি এটাই হয়তো ভালোবাসা..! মাস শেষে বিশ হাজার টাকা বেতন পেয়ে, আট হাজার টাকা পাঠানোর পরেও বাবা যখন বলে আমাদের আর খরচ কি? তোর টাকা লাগলে বলিস। অথচ আমি জানি, আমি ছাড়াও ফ্যামিলিতে আরো পাঁচজন সদস্য আছে। তখন ভাবি বাবার এই মিথ্যা কথাটাই হয়তো ভালোবাসা..! বাড়ি থেকে আসার সময় দাদু যখন বলে , আজকে না গেলে হয় না? তার ছলছলে চোখ দেখে মনে হয় এই মায়াকেই হয়তো ভালোবাসা বলে...! বৌদি ফোন করে যখন বলে, পনেরো দিন হয়ে গেলো অথচ তুমি আমার বাড়ি একবারো এলে না, যাও আজকে থেকে কথা বন্ধ। তখন মনে হয় এইতো ভালোবাসা ! বন্ধুর থেকে ধার করা টাকায়, ছোটভাইকে কিনে দেওয়া জামা পরে যখন ও নাচানাচি করে, নিস্পাপ মুখের ওই হাসিটুকু দেখলে মনে হয় এই হচ্ছে ভালোবাসা..! বোনের বাড়িতে একটু দেরি করে গেলেই যখন বলে, কেন এসেছিস? আমার কোনো ভাই নাই, আবার পরক্ষণেই জড়িয়ে ধরে ভ্যাঁ করে কেঁদে দেয়, তখন মনে

হয় এই হচ্ছে শুদ্ধতম ভালোবাসা...! ভালোবাসা ছড়িয়ে আছে জীবনের নানা জায়গায় ,শুধু খুঁজে নিতে হয়, বুঝে নিতে হয়...!!

কি অদ্ভুত না ? 'ভাগ্য' সাথী নয় তবুও 'মুখ ফিরিয়ে নেয়। 'বুদ্ধি' লোহা নয় তবুও 'জং' লেগে যায়! 'আত্মসম্মান' শরীর নয় তবুও 'আঘাত' লাগে! 'মানুষ' আবহাওয়া নয় তবুও বদলে যায়! সম্পর্ক একটা পাখির মতো যদি তুমি তাকে, খুব শক্ত করে ধরো তবে সে চাপে মরে যাবে! আর যদি খুব হালকা করে ধরো, তাহলে সে উড়ে যাবে! কিন্তু যদি তাকে খুব যত্নের সাথে ধরো, তবে সে থেকে যাবে । সম্পর্ক কখনো দূরত্বের মাধ্যমে শেষ হয় না, সম্পর্ক শেষ হয় অহংকার, অসম্মান, স্বার্থপরতা, আর বিশ্বাসঘাতকতার মাধ্যমে। যতদিন চুপচাপ সহ্য করে যাবেন ততদিন আপনি খুব ভালো। যেদিন আর সহ্য করতে না পেরে ফেটে পড়বেন রাগে , সেদিন হয়ে যাবেন অভদ্র মানুষ! আর আপনাকে নাম দিয়ে দেবে, "ভালো মানুষ ভাবতাম" !

এই পৃথিবীতে সব কিছুর জন্য ট্রেনিং নিতে হলেও কষ্ট সহ্য করার জন্য কোন ট্রেনিং নিতে হয় না। মানুষ অদ্ভুত ভাবে কষ্ট সহ্য করার ট্রেনিং প্রাপ্ত থাকে। কারো শশুর বাড়ি নেই, কারো বাবার বাড়ি নেই, কারো নিজের বাড়িও নেই, অনেকেরই সবই আছে। সব থেকেও কেউ কেউ ভালো নেই। না থেকেও অনেকেই ভালো আছে। ভালো থাকাটা নির্ভর করে মনের উপর। চাইলেই যে কোনো পরিস্থিতিতে ভালো থাকা সম্ভব।

B.B.C.WORLD এর একটা Program এ বিশ্বের তাবড় তাবড় অতিথিদের একটা প্রশ্ন করা হয়েছিল , What is BIRTHDAY? সবার উত্তরের মধ্যে সবচেয়ে সুন্দর উত্তর দিয়েছিলেন আমাদের আবদুল কালাম। " জন্মদিন। আপনার জীবনে একমাত্র দিন যেদিন আপনার কান্নার আওয়াজ শুনে আপনার মা হেসেছিলেন। এরপর এমন একটা দিনও আসেনি যেখানে সন্তানের কান্না শুনে মা। হেসেছেন।"

আজকের দিনে ভদ্র মানে তুমি নিরীহ, মানে তুমি দুর্বল ! সৎ মানে তুমি বোকা! আর স্পষ্ট বক্তা মানে তুমি - শত্রু! হাতের নখ বড় হলে নখ কাটতে হয়, আঙ্গুল নয়। তেমনি মস্পর্কের মাঝে ভুল হলে, ভুল ভাঙ্গতে হয় সম্পর্ক নয়। জীবন তার কাছেই অসহ্য যে অসম্ভব প্রত্যাশা করে। জীবন যা দিতে পারে, তা সহজে গ্রহণ করার মতো বিনয় যার আছে, তার কাছে জীবন ভালো - তার কাছে জীবন সুন্দর। সফলতা তোমার থেকে ৬টি জিনিস চায় - পরিশ্রম, ত্যাগ, সংঘর্ষ, জেদ, ধৈর্য্য, বিশ্বাস।

মানুষের জীবনে.. বিশ বছর পর্যন্ত ইচ্ছার রাজত্ব চলে, তিরিশ বছর পর্যন্ত চলে বুদ্ধির বাজত্ব এবং চল্লিশ বছর পর্যন্ত বিচার-বিবেচনার রাজত্ব। অতীত আর ভবিষ্যৎ দুটো অদ্ভুত! অতীত ফিরে পাবে না! ভবিষ্যৎ জানতে পারবে না! অথচ মানুষ অতীত নিয়ে কষ্ট পায়। ভবিষ্যৎ নিয়ে চিন্তা করে আর বর্তমানে হাসিখুশি থাকতে ভুলে যায়! কি অদ্ভুত না?

পৃথিবীর সবচেয়ে বড় কর্মজীবী নারী হচ্ছেন 'মা।' মজুরি নেই, ওভার টাইম নেই, দাবি নেই, ছুটি নেই, শর্ত নেই, স্বার্থ নেই, নিঃস্বার্থভাবে খেটে যাচ্ছেন সারাটা জীবন। লোহাকে কেউ কষ্ট দিতে পারে না কিন্তু তার নিজের মরিচা তাকে নষ্ট করে দেয়। একইভাবে আপনাকেও কেউ কষ্ট দিতে পারবে না , কিন্তু আপনার চিন্তা আপনাকে হারাতে পারে।"

আমেরিকায় এক বরফ শীতল রাতে একজন কোটিপতি তার ঘরের সামনে এক বৃদ্ধ দরিদ্র মানুষকে দেখতে পেলেন। তিনি বৃদ্ধ মানুষটিকে জিজ্ঞাসা করলেন ; বাইরে এত ঠাণ্ডা আর আপনার গায়ে কোনো উষ্ণ কাপড় নেই, আপনার কি ঠাণ্ডা লাগেনা? বৃদ্ধ লোকটি উত্তর দিল, 'আমার

কাছে উষ্ণ কাপড় নেই কিন্তু আমি মানিয়ে নিয়েছি।' কোটিপতি উত্তর দিয়েছিলেন, 'আমার জন্য অপেক্ষা করুন। এখন আমি আমার ঘরে ঢুকে আপনার জন্য একটা উষ্ণ কাপড় নিয়ে আসবো।' দরিদ্র বৃদ্ধ খুব খুশি হয়ে বলল, সে তার জন্য অপেক্ষা করবে। কোটিপতি তার বাড়িতে ঢুকলেন এবং সেখানে ব্যস্ত হয়ে গেলেন এবং দরিদ্র মানুষটার কথা ভুলে গেলেন। সকালে তার মনে হলো সেই দরিদ্র বৃদ্ধের কথা। তিনি সাথে সাথে ঘর থেকে বেরিয়ে গেলেন বৃদ্ধকে খুঁজে বের করার জন্য। কিন্তু তিনি বৃদ্ধ মানুষটাকে ঠান্ডার কারণে মৃত অবস্থায় দেখতে পান, আর বৃদ্ধ মানুষটার হাতে একটা চিরকুট দেখতে পেলেন। চিরকুটে লিখা ছিলো - 'যখন আমার কোন উষ্ণ কাপড় ছিল না, তখন ঠান্ডার সাথে লড়াই করার ক্ষমতা আমার ছিল, কারণ আমি মানিয়ে নিয়েছিলাম। কিন্তু যখন আপনি আমাকে সাহায্য করার প্রতিশ্রুতি দিয়েছিলেন, তখন আমি আপনার প্রতিশ্রুতির সাথে আসক্ত হয়ে গিয়েছিলাম এবং আমি আমার তীব্র ঠাণ্ডা প্রতিরোধ করার ক্ষমতা হারিয়ে ফেলি।' কাউকে প্রতিশ্রুতি দেয়ার আগে ভাবুন এবং অহেতুক মিথ্যা প্রতিশ্রুতি থেকে বিরত থাকুন। প্রতিশ্রুতি দিয়ে রক্ষা না করার চেয়ে মারাত্মক আর কিছুই হতে পারে না। এটা এতটাই মারাত্মক হতে পারে কখনো কখনো এরচেয়ে যাকে প্রতিশ্রুতি দিয়েছিলেন তাকে বিষপানে হত্যা করার সমান।

বেশ কিছু দিন আগের কথা , আমি তখন পুড়শুড়া শাখায় চাকুরীরত। রাস্তার ধারে দাঁড়িয়ে ছিলাম বাস ধারার জন্য , পাশে কেউ জামা ধরে টানলো। ঘুরে দেখলাম ৭-৮ বছরের একটা মেয়ে। -কাকা ৫ টাকা দাও না। -৫ টাকায় কি হবে ? -ভাত খাবো। -৫ টাকায় ভাত হয় ?-অল্প করে খাবো।-(speechless !!) কত টাকা হলে বেশি করে খাওয়া হবে? -৫০ টাকা। ভাত ১০ আর তরকারি ৪০, দেবে ? -হুম দিতে পারবো। -এত টাকা দেবে ! (চোখে মুখে বিস্ময়) তাহলে ভাত কিনে দিতে হবে না, একটা অন্য জিনিস দেবে ? -কি জিনিস ? -ঐ টাকার চাল কিনে দাও। ঘরে নিয়ে যাবো। মা এর সাথে খাবো। -বাড়িতে কে কে আছে তোমার ? -মা বোন আর দাদা । মা হাঁটতে পারে না। বোন বাড়ি বাড়ি কাজ করে। দাদা চা এর দোকানে থাকে। আমি ভিক্ষা করি। - তোমার বাবা ? -চলে গেছে অনেক আগে, মনে নাই। -হুম। পড়াশোনা কর না ? -পড়লে ভিক্ষা করতাম কখন ? খাওয়া জুটবে না। ৫ কেজি চাল, ৩ কেজি আলু আর কিছু ডিম কিনে দিয়ে বিদায় নিলাম। ৪ জনের সংসার দু-তিন দিন চলে যাবে। খুব অদ্ভুত ভাবে বেড়ে ওঠে ওরা। খুব অল্প বয়সেই জীবনকে বুঝে নিতে শেখে। ৭ বছরে যথাসম্ভব আমি ক্লাশ "টু" এ পড়তাম। খাবার জুটবে কোথা থেকে এই চিন্তা অন্তঃত ছিলনা। "পড়লে খাওয়া জুটবে কোথা থেকে" এই ধরণের প্রশ্নও মাথায় আসেনি । এগুলো ভাবার জন্য বাবা-মা ছিল। ৫ টাকায় আমি তো ইউজ এন্ড থ্রো কলম কিনি । আমার শিক্ষার উপকরণ। সে ৫ টাকায় ভাত খোঁজে। তার বেঁচে থাকার উপকরণ। আর একটু আগে রাস্তায় বাসের জন্য অপেক্ষা করার সময় যে আইসক্রিমটা খাচ্ছিলাম তার দাম ২৫ টাকা।

পথের ধুলোয় অদ্ভুত ভাবে বেড়ে ওঠার মাঝেও তাদের মধ্যে বিবেকবোধ তৈরী হয়েছে। ৫০ টাকায় হোটেল থেকে ভাত-তরকারি কিনে খাওয়ার থেকে বাড়িতে পঙ্গু মা আর ভাই বোন কে নিয়ে খাওয়া বেশি তৃপ্তিদায়ক, সেই বোধও এই ৭-৮ বছরের অশিক্ষিত মেয়ের মাঝে তৈরী হয়েছে। এর বয়সে রোজ সকালে আমি ভাবতাম আজ স্কুলে গিয়ে টিফিনে কি খেলব, কার পাশে বসবো, স্যারের কোন হোমওয়ার্ক আছে কিনা। আর এই মেয়েটা ভাবে রোজ সকালে "কোন রাস্তায় ভিক্ষা করলে বেশি টাকা পাবে" আর ৫০ টাকাতে আমাদের একদিন মোবাইলে খরচ হয়ে যায় আর ওদের

সবাই মিলে এক বেলার খাওয়া হয়ে যায়। একই স্রষ্টার সৃষ্টি আমরা দুজনই। দুজনই দুজনের বাবা-মা এর সন্তান। স্রষ্টা চাইলে আমার আর ওর স্থানটাও উল্টো হতে পারতো, আমার জায়গায় ও আর ওর জায়গায় আমি হতে পারতাম । আমরা ভুলে যাই সব। অনেক অহংকার আমাদের।

কি অদ্ভুত তাই না? ওরা চাঁদে গিয়ে দেখতে পারে ওখানে অক্সিজেন নেই, কিন্তু ওই যে মেয়েটা খালি পেটে ওদের আশে পাশে ঘুরে বেড়াচ্ছে, অথচ দেখতে পাচ্ছে না ওর পেটে খাবার নেই। ওরা বুঝেও বোঝে না ঐ মেয়েটা খাবার চায়, চাঁদে যেতে চায় না। কি অদ্ভুত তাই না? ওরা মেশিন দিয়ে মানুষের পেটের ভেতরের ছোট পাথরটাকে দেখতে পারে, দেখতে পারে পেটের ভিতর বাচ্চা আছে কি না? সেটা ছেলে না মেয়ে? অথচ ওই যে মেয়েটা খালি পেটে তাদের সামনে ঘোরাঘুরি করছে কিন্তু তারা ওর পেটের অবস্থা দেখতে পায় না। কিন্তু ওর মুখ দেখলেই বোঝা যায় যে ও দুদিন ধরে খায় নি । কি অদ্ভুত তাই না! ওরা পৃথিবীতে কখন কোথায় বৃষ্টি হবে তা দুদিন আগেই যন্ত্র দিয়ে দেখতে পারে। অথচ তাদের সামনেই পেটের ক্ষুধায় ঐ মেয়েটার চোখ দিয়ে অনবরত বৃষ্টি ঝরছে ,কিন্তু তারা তা দেখতে পায় না। ওদের যন্ত্র গুলো সব দেখে, শুধু দেখে না ও দুদিন ধরে খায় নি । কি অদ্ভুত তাই না? ওরা বাড়ির সামনে বাঁধা পোষা গরু, ছাগল, কুকুরের পেট দেখে বুঝতে পারে যে ওরা ক্ষুধার্ত। অথচ ঐ মেয়েটা বাড়ির আঙিনায় দাঁড়িয়ে চিৎকার করে বলছে "মাগো কিছু খেতে দেবেন’ আমি ক্ষুধার্ত ।ওরা "মাফ করো" বলে এড়িয়ে যায় , ওর পেটের অবস্থা বুঝতে পারে না। জন্তুগুলো না চেয়েও পায় ,ও চেয়েও পায় না ,কি অদ্ভুত তাই না। ওরা মন্দির , মসজিদ, গির্জা ,প্যাগোডার কোথায় একটু রং নষ্ট হয়ে গেছে তা দেখতে পায় অথচ ওই যে মেয়েটা ক্ষুধায় কাতর, বিবর্ণ চেহারা নিয়ে উপাসনালয়ের সামনে দাঁড়িয়ে আছে , ওরা ওর কালো মুখ দেখতে পায় না। ইট পাথরের স্থাপনা গুলো মানুষের সেবা পায়, কিন্তু ও মানুষ হয়েও পায় না, কি অদ্ভুত তাই না?

আমি একটি ঘটনার কথা বলছি। আমি তখন হুগলি জেলার একটি শাখার ব্রাঞ্চ ম্যানেজার হিসাবের কর্মরত। মাঝে মাঝেই আমাকে ব্রাঞ্চের ভল্টে টাকা এবং সোনার পরিমান চেকিং করতে হত। একদিন ব্যাঙ্কিং আওয়ারের শেষে ভল্টে সারপ্রাইজ চেকিং এ গেলাম। ক্যাশ অফিসার ও একাউন্টেন্ট চেকিং এর জন্য ভল্ট খুলে দিলেন। আমি কাজ করতে শুরু করলাম। একাউন্টেন্ট আমার সাথে ছিলেন। হঠাৎ কাজের জন্য তিনি ভল্টের বাইরে যান। আমি আমার কাজ করে যাচ্ছিলম একমনে। এরপর যখন কাজ শেষ হলো তখন দেখি রাত আটটা। দরজার কাছে গিয়ে দেখি দরজা বন্ধ এবং অনেক চেষ্টা করলেও দরজা খোলা সম্ভব হয় নি। সম্ভবতঃ বাইরে থেকে দরজাটি লক হয়ে যায় বা আনমনে একাউন্টেন্ট সাহেব ভল্টে আমার উপস্থিতির কথা ভুলে গিয়ে লক করে দেন। অনেক চিৎকার করেও লাভ হয় নি। কারন ততক্ষণে বেশিরভাগ কর্মী কাজ শেষ করে বেরিয়ে গেছে। অনেক চেষ্টা করলেও দরজা খোলা সম্ভব হয় নি। মোবাইলের টাওয়ারও পাওয়া যাচ্ছে না। হঠাৎ বেশ অপ্রত্যাশিতভাবে একাউন্টেন্ট সাহেব ও ক্যাশ অফিসার কালু ডোমের সাথে এসে দরজা খুললেন এবং আমাকে মুক্ত করলেন। আমি তখন একাউন্টেন্ট সাহেবকে কে জিজ্ঞাসা করলাম কি ব্যাপার ? দরজা বন্ধ করলেন, আমার কথা কি ভুলে গিয়ে ছিলেন? এখন তো এখানে আসার কথা নয়। এখানে আসলেন কেন? কালু ডোম উত্তর দিলেন, আমি একটা দীর্ঘ সময় এখানে কাজ করছি। প্রায় ৩৫ বছর। কিন্তু আমি এমন মানুষ খুব কম দেখেছি যারা প্রতি সকালে আমাকে নমস্কার দিয়ে ঢুকেছে এবং সন্ধ্যায় বের হবার সময় নমস্কার দিয়ে বেরিয়েছে। বেশিরভাগ মানুষ এমন আচরণ করত যেন তারা আমায় দেখতেই পায় নি কিন্তু

আপনি ছিলেন সেই মানুষ যে প্রতিদিন আমাকে দেখে একটা মিষ্টি হাসি দিয়ে নমস্কার করতেন। আজ সকালেও করেছেন। কিন্তু সন্ধ্যায় আমি আপনার কাছ থেকে নমস্কার শব্দটি শুনতে পাইনি, তার মানে আপনি এখনো বের হন নি। আর তাই আমি আপনাকে খুঁজতে শুরু করি । একাউন্টেন্ট সাহেবকে জিজ্ঞাসা করতেই উনি বললেন অরে আমি তো ভুলেই গেছি যে বড় সাহেব ভল্টের ভিতর চেকিং করছিলেন , ভ্যাগিস তুই বড় সাহেবের কথা জিজ্ঞাসা করলি! আমাদের জীবন খুব ছোট। তাই অধঃস্তন কর্মীদের সকলের সাথে সব সময় ভালো ব্যবহার করার চেষ্টা করিছি তা সে অফিসারই হোক বা জমাদারই হোক ।

সাদ্দাম হোসেনকে ফাঁসি দেওয়ার পর যখন তাঁর মরদেহ বাহিরে রাখা হল, তখন একদল মানুষ সেখানে এসে এই মানুষটার মৃতদেহের ওপরে থুতু ছিটিয়েছিল, যারা প্রত্যেকেই ইরাকের নাগরিক; পক্ষান্তরে তার নিরাপত্তায় নিয়োজিত সেই ১২ জন আমেরিকান সেনা সদস্যের প্রত্যেকেই কেঁদেছিল। ইন্দিরা গান্ধীর পরিণতি হয়েছিল আরও করুণ। শত্রুর গুলিতে না, তার মৃত্যু হয়েছিল নিজেরই দেহরক্ষীর গুলিতে।বঙ্গবন্ধুর পিতা শেখ লুৎফর রহমানের দেহ নামাতে যে লোকটি কবরে নেমেছিল, বঙ্গবন্ধুর মাতার মৃত্যুতে যে লোকটি মাটিতে শুয়ে কান্নায় গড়াগড়ি করেছিলো, শেখ কামালের বিয়ের উকিল বাপ যে মানুষটি ছিলো, ১৯৭৫ সালের ১৪ই আগস্ট দুপুরে যে লোকটি বাসা থেকে তরকারী রান্না করে নিয়ে গিয়ে বঙ্গবন্ধুকে খাইয়েছিলো তারপরের দিন ১৫ই আগষ্ট বঙ্গবন্ধুকে স্বপরিবারে সেই লোকই খুন করেছিল যার নাম খন্দকার মোশতাক... । সৌদি আরবের বাদশা ফয়সাল যখন তার ভাইপোকে আলিঙ্গন করার উদ্দেশ্যে দু হাত বাড়িয়ে দিলেন, প্রতি উত্তরে হঠাৎই পকেট থেকে পিস্তল বের করে পরপর তিনটা গুলি করে বসলেন। ইতিহাসের পৃষ্ঠায় পৃষ্ঠায়, এক একটা সাম্রাজ্যের পতন হয়েছে তাদের সব চাইতে কাছের মানুষদের হাত ধরে।

গোয়েন্দারা আসামী সনাক্ত করার জন্য অনেক গুলো পদ্ধতি অবলম্বন করে থাকে, তার একটি হল প্রত্যেককেই সন্দেহের দৃষ্টিতে দেখা। সব চাইতে বেশি সন্দেহ তাকে করা যাকে মনে হবে সব চাইতে কম সন্দেহজনক। ইতিহাস আমাদের বার বার শিখিয়ে গেছে, মানুষের জীবনের সব চাইতে বড় যে শত্রু তাকে কখনোই চেনা যায় না, সে থাকে সব থেকে কাছের বন্ধুর মত করে। আমার এবং আপনার ব্যক্তিগত জীবনেও তাই...আপনি সব চাইতে বেশি প্রতারিত হবেন আপনার কাছের মানুষদের কাছ থেকে। আপনাকে সব চাইতে বেশি কষ্ট দেয়া মানুষের তালিকা করলে সেখানে শত্রু না,আপন মানুষদের নাম দেখতে পাবেন। শত্রু কখনো বিশ্বাস ঘাতক হয় না,বিশ্বাস ঘাতকতা করে কেবল আপন মানুষরাই।এই পৃথিবী বড়ই কঠিন এবং নির্মম!!

টমাস আলভা এডিসন কে জিজ্ঞেস করা হয়েছিলো, আপনি জীবনে ভুল করেছেন? তিনি বলছিলেন, 'অসংখ্যবার!' তা শুনে প্রশ্নকর্তা বলেছিলেন, 'তাহলে তো আপনার মাথায় বুদ্ধি কম?' উত্তরে এডিসন যে উত্তর করেছিলেন তা এমন, 'মাথায় বুদ্ধি কম ছিলো কিন্তু অসংখ্যবার ভুল করার কারণে তা বেড়ে অসংখ্য গুণ হয়ে গিয়েছে!' ব্যাপারটা এমন, প্রতিবার ভুলের পর এডিসন নতুন নতুন পদ্ধতি আবিষ্কার করতেন । এভাবে সৃষ্ট সফল আবিষ্কারের মধ্য দিয়ে পৃথিবী অনেক এগিয়ে গেছে।

বিজ্ঞানী অ্যালবার্ট আইনস্টাইন বলেছিলেন, 'কেউ যদি বলে সে কখনো ভুল করেনি, তার মানে সে কখনো চেষ্টাই করেনি।' 'How to change a life' বইটি একবার দ্বিতীয় সংস্করণে নামের ভুলে 'How to change a wife' হয়ে বের হয়েছিলো, তারপর তা বেস্ট সেলার ! কথায় আছে, মাঝে মাঝে ভুল বলো নাহলে তুমি বুঝতে পারবে না লোকে তোমার কথা শুনছে কি না !

মাঝে মাঝে ভুল লিখো তাহলে যে তোমাকে জিন্দেগীতে কমেন্ট করবে না বলে পণ করেছে সে ও কমেন্ট করবে। হেনরি ফোর্ড বলেছিলেন, ‘ভুল হলো একমাত্র সুযোগ যার মাধ্যমে নতুন করে শুরু করার আরো সুযোগ পাবেন।’

কথায় আছে, সত্যিকার মানুষ কখনো নির্ভুল হতে পারে না! যদি সবকিছু নির্ভুল থাকে তাহলে তুমি কখনো কিছু শিখতে পারবে না! পেন্সিল মানসিকতা হওয়ার চেষ্টা করো, যাতে ভুল হলে পিছন দিয়ে ঘষে মুছে নতুন করে চেষ্টা করার সুযোগ থাকবে! মুছা না গেলে চিত্র হয় না! কলম মানসিকতার মানুষগুলো নিজেকে নির্ভুল ভাবে ! তাই কলম দিয়ে সুন্দর চিত্র হয় না! তাই ভুল করলে ভেঙে না পড়ে নতুন অভিজ্ঞতা সঞ্চয় করে এগিয়ে চলো....।

এক মহিলা তার পরিবারের জন্য প্রতিদিন রুটি বানাত এবং একটা অতিরিক্ত রুটি এক কুঁজোর জন্য বানিয়ে জানালায় রেখে দিত। কুঁজো প্রতিদিন রুটিটা নিয়ে যেত। সে কৃতজ্ঞতা জানানোর বদলে বিরবির করে বলত – “খারাপ কাজ নিজের কাছে রয়ে যায়, কিন্তু ভাল কাজ উপহার হয়ে ফিরে আসে।” মহিলা তার উপর বিরক্ত হত কারন সে কোনো দিন কৃতজ্ঞতা জানাত না। কিন্তু তারপরও মহিলাটি কুঁজোর জন্য রুটি রাখত। আর কুঁজোও সব সময় বিড়বিড় করে একই কথা বলত। এভাবে চলতে চলতে মহিলাটি একসময় কুঁজোর উপর বিরক্ত হয়ে উঠে। ঠিক করল পরের দিন রুটির সাথে বিষ মিশিয়ে দিবে। ভাবনামত পরের দিন রুটির সাথে বিশ মিশিয়ে জানালায় রেখে দিল।কিন্তু তার মনে বারবার অনুশোচনা হতে থাকল। তাই সে বিষ মিশানো রুটিটা ফেলে দিয়ে নতুন একটা রুটি রাখল জানালায়। কুঁজো এসে রুটি নিয়ে চলে গেল। যাওয়ার সময় বিড়বিড় করে বলল – “খারাপ কাজ নিজের কাছে থেকে যায় কিন্তু ভাল কাজ উপহার হয়ে ফিরে আসে।”

অপর দিকে মহিলার ছেলে অন্য শহরে গিয়েছিল কাজের খোঁজে। ৪-৫ মাস ধরে তার কোনো খোঁজ নেই। ছেলের জন্য মহিলাটি প্রতিদিন দোয়া করত। ওইদিন হঠাৎ মহিলা তার দরজায় নক শুনতে পেল। দরজা খুলে দেখল তার ছেলে দরজায় দাঁড়িয়ে আছে। তার ছেলের অবস্থা ছিল খুব করুন। সে ছিল খুব ক্ষুধার্ত আর রুগ্ণ। তার পরনের কাপড় ছিল ছেঁড়া। সে তার মাকে জড়িয়ে ধরে কেদে উঠল এবং বলতে লাগল – “আমি হয়তো আজ ফিরতে পারতাম না। আমার শরীরে এক বিন্দু শক্তি ছিল না। এক কুঁজোকে অনুরোধ করায় সে আমাকে একটু রুটি দিয়ে বলল – প্রতিদিন এই একটা রুটি খেয়ে আমার দিন কাটে। কিন্তু আজকে তোমার আমার চেয়ে বেশি দরকার। এইটা তুমি নাও।” সেই রুটি খেয়ে আজ আমি বাড়ি ফিরলাম।”

মহিলাটির বুঝতে বাকি রইল না যে রুটিটা তার হাতের বানানো এবং ঐ কুঁজোটাই রুটিটা তার ছেলেকে দিয়েছিল। তখন মহিলার মনে পড়ল বিষ মিশানো রুটির কথা। যদি সে সেটা ফেলে না দিত তাহলে তার ছেলে আজ মারা যেত। মোরাল: খারাপ কাজ নিজের কাছে থেকে যায়, কিন্তু ভাল কাজ উপহার হয়ে ফিরে আসে।

এক রাজা একদিন তার উজিরকে জিজ্ঞেস করলেন,"আচ্ছা বলুনতো অধিকাংশ মানুষ অসুখী কেন?" উজির কিছুক্ষণ নীরব থেকে রাজাকে বললেন, "এই প্রশ্নের উত্তরের জন্য আপনাকে একটি ছোট কাজ করতে হবে।" রাজা বললেন,"কি কাজ?" উজির বললেন,"আপনাকে একটি থলেতে নিরানব্বইটি স্বর্ণমুদ্রা রাখতে হবে। সাথে একটি কাগজে লিখে রাখতে হবে, যাতে লেখা থাকে থলেতে ১০০টি স্বর্ণমুদ্রা রয়েছে। তারপর থলিটি রাতে আপনার কোন কর্মচারীর ঘরের সামনে রেখে আসুন।" রাজা উজিরের কথা মত তাই করলেন। মুদ্রা ভরা থলেটি একজন রাজকর্মচারীর

ঘরে সামনে রেখে এলেন।

কর্মচারী রাতে প্রকৃতির ডাকে ঘর থেকে বের হলে দেখতে পেলেন ঘরের সামনে একটি থলে পড়ে আছে। থলেটা ঘরে নিয়ে খোলার পর স্বর্ণমুদ্রা গোনা শুরু করলো। গুনে নিরানব্বইটি স্বর্ণমুদ্রা পেল। কিন্তু কাগজে লেখা ১০০টি স্বর্ণমুদ্রা। আরো কয়েকবার গুনেও স্বর্ণমুদ্রা ৯৯টিই পেল। একটি মুদ্রা না পেয়ে সেই কর্মচারী ঘরের সবাইকে ঘুম থেকে উঠিয়ে স্বর্ণমুদ্রা খোঁজার কাজে লাগিয়ে দিল। সবাই মিলে সারারাত খোঁজাখুঁজি করেও স্বর্ণমুদ্রাটি আর পেলেন না।

এদিকে রাজা আর উজির আড়ালে দাঁড়িয়ে সবকিছু লক্ষ করছিলেন। সকালে ওই কর্মচারী যখন রাজবাড়ি আসলেন,রাজা দেখতে পেলেন কর্মচারীর মুখ মলিন। তার মন যেন অতিমূল্যবান কিছু হারিয়ে যাওয়ার ব্যাথায় জর্জরিত।

এবার উজির রাজাকে বললেন,"রাজা মশাই ওই একের জন্যই আমরা এত অসুখী! সৃষ্টিকর্তা আমাদের যত কিছুই দেন না কেন,সবই হচ্ছে নিরানব্বইটি স্বর্ণমুদ্রার মত। আমরা সেগুলো নিয়ে তুষ্ট থাকি না। ধন্যবাদ জ্ঞাপন করি না। সৃষ্টিকর্তা আমাদেরকে কি দিয়েছেন, সেই হিসাব না করে আমরা শুধু অপ্রাপ্তি হিসেব করি। এক সময় অপূর্ণতা এত বেশি থাকে যে, কি পেয়েছি তা একেবারে মনেই থাকে না। তখন সবদিকে শুধু অপ্রাপ্তিই আমাদের চোখে পড়ে, আর মনে শুধু অপূর্ণতার হাহাকার।"

আমরা যদি সৃষ্টিকর্তার দেয়া অসংখ্য প্রাপ্তির কথা মনে রাখি, তাহলে মনে অশান্তি থাকবে না। হতাশা আমাদেরকে স্পর্শও করতে পারবে না। তখন শুধু মনে হবে সৃষ্টিকর্তা তো আমি না চাইতেই আমাকে অনেক কিছু দিয়েছেন। বিশ্বাস করুন আপনি অনেক ভালো আছেন, সত্যিই অনেক সুখে আছেন।

আমাদের সাফল্য কি ?একটি শিশু চিন্তা করে আমি যদি একটা খেলনা পাই , সেটাই সাফল্য । তারপর বিদ্যালয়ে প্রথম হওয়াই হল তার সাফল্য , এস এস সি ও এইচ এস সিতে Golden A + পাওয়াটাই সাফল্য , স্বনামধন্য বিশ্ববিদ্যালয়ে ভর্তি হতে পারাটাই তার জন্য সাফল্য ।তারপর সরকারি চাকরি পাওয়াকে সে সাফল্য মনে করে , ফ্ল্যাট কিনতে পারা ও সুন্দর নারীকে বিয়ে করতে পারা সেটা তার কাছে সাফল্য , বিবাহের পর ছেলে মেয়েদের লন্ডনে পড়ানোর জন্য পাঠাতে পারাটাই সাফল্য , অতঃপর ছেলে - মেয়েদের সম্ভ্রান্ত পরিবারে বিয়ে দিতে পারাটাই সাফল্য । কিন্তু সে দেখে জীবনের শেষ পর্যায়ে বা বৃদ্ধ বয়সে সে যেগুলোকে সাফল্য বলে মনে করে এসেছে সেগুলো সব ছেড়ে তাকে পরপারে চলে যেতে হয় । তাই এর একটিও সাফল্য নয় । ঠিক তেমনভাবে আমরা সবাই জীবনে সফল হতে চাই অথবা সাফল্য পেতে চাই কিন্তু আমরা জানিই না আসলে সাফল্য কি ? ডাক্তারি ভাষায় একটা কথা আছে যে , ‘ অপারেশন সফল হয়েছে কিন্তু রোগী মারা গেছে । এখন প্রশ্ন হল অপারেশন যদি সফল হয় তাহলে রোগী কেন মারা গেল ? তাহলে কিভাবে অপারেশন সফল হল ? আসল সফলতা মানে অপারেশনও সফল হবে এবং রোগীকেও বাঁচতে হবে ।

জয়ী হওয়াটাই সাফল্য নয় ,কেউ মনে করে যে আমি জয়ী হয়েছি কিন্তু জয়ী হওয়াটা সবসময় সাফল্য নয় । যেমন : বৈদিক শাস্ত্রে বর্ণিত কিছু দৃষ্টান্ত নিম্নে তুলে ধরা হল :

১ . দূর্যোধন পাশা খেলায় জয়ী হয়েছিল পাণ্ডবদের সাথে কিন্তু ভগবানের চোখে সে হেরে গেছে , ইতিহাসে । তার নামটা খারাপ লোকদের খাতায় লেখা হয়ে গেছে ।

২ . ভীষ্মদেব কুরুক্ষেত্রের যুদ্ধে হেরে গেছেন কিন্তু কৃষ্ণ ও যুধিষ্ঠির সহ পঞ্চপাণ্ডব তাঁর কাছে গিয়েছেন উপদেশ নেয়ার জন্য । যদিও তিনি হেরে গেছেন তবুও তিনি জীবন যুদ্ধে জয়ী।

৩ . অভিমন্যুকে কর্ণ এবং সপ্তরথীরা অন্যায়ভাবে হত্যা করে জয়ী হয়েছিলেন কিন্তু মানবতার ইতিহাসে । তারা কাপুরুষ হিসেবে রয়ে গেল । তারা যদিও জয়ী হয়েছিল কিন্তু এটাকে সাফল্য বলা যায় না ।

৪ . রাবণের সাথে যুদ্ধ করেছিল জটায়ু সীতা মাতাকে উদ্ধার করার জন্য । জটায়ু রাবণের সাথে যুদ্ধে হেরে গেছে কিন্তু জটায়ু চিরকাল বেঁচে রইল ভক্তদের হৃদয়ে ।

এভাবে আমরা দেখি যে , শুধুমাত্র জয়ী হওয়াটা সাফল্য নয় । সেইজন্য কুন্তী মাতা বলছেন, “হে কৃষ্ণ আমরা যখন দুঃখ - কষ্টে ছিলাম তুমি আমাদের সাথে ছিলে কিন্তু এখন আমরা সুখে আছি কিন্তু তুমি আমাদের ছেড়ে চলে যাচ্ছ , তাহলে এই সাফল্যের কি মূল্য”?

ভারতের একসময়ের জাঁদরেল আইসিএস অফিসার পরবর্তীতে প্রধান নির্বাচন কমিশনার (1990-96) টি এন শেষন এক ছুটির দিনে উত্তর প্রদেশের এক এলাকায় পিকনিকে যোগ দেওয়ার জন্য সস্ত্রীক রওনা হয়েছেন। একটি আমবাগান অতিক্রম করার সময় চোখে পড়ল আমগাছে অজস্র বাবুইপাখির বাসা ঝুলছে। এ ধরণের দৃশ্য তিনি আগে কখনো দেখেন নি। তার স্ত্রী আগ্রহ প্রকাশ করলেন, দুটি বাসা তিনি বাড়িতে নিয়ে যাবেন। এসকর্টের লোকেরা ওখানে দাঁড়িয়ে থাকা এক রাখাল তরুন কে দুটি পাখির বাসা পেড়ে দেওয়ার জন্য অনুরোধ করল । সে রাজি হল না। শেষন কত বড় অফিসার, কি তার ক্ষমতা, সব কথা বলা সত্বেও তরুনটির কোন ভাবান্তর নেই। শেষ পর্যন্ত শেষন নিজে এগিয়ে গিয়ে তাকে ১০ টাকা বকশিস দিয়ে প্রলুব্ধ করতে চাইলেন কিন্তু কাজ হলো না । এর পর ৫০ টাকা পর্যন্ত দিতে চাইলেন তবুও সে অনড়।

সে বলল, সাহেব এই বাসা গুলোতে একটি করে পাখির বাচ্চা রয়েছে, মা পাখিটা যখন বিকেলে খাবার নিয়ে এসে তার বাচ্চাটিকে পাবে না তখন তার কান্না আমি সহ্য করতে পারব না। আপনি যত কিছুই আমাকে দিতে চান কোন কিছুর বিনিময়েই আমি এ কাজ করতে পারব না। টি এন শেষন তার আত্মজীবনী তে লিখেছেন, মুহূর্তে মনে হল আমার সমস্ত বিদ্যাবুদ্ধি উচ্চ পদমর্যাদা সবকিছুই এই রাখাল তরুনটির কাছে একদানা শস্যেরও সমতুল্য নয়। শেষন বলেছেন, এই অভিজ্ঞতা তিনি সারা জীবন বয়ে বেড়িয়েছেন। যে বিদ্যা জ্ঞানচক্ষু উন্মীলিত করে না, বিবেক জাগ্রত করে না তা-অন্তঃসারশূন্য বোঝামাত্র।

4
চতুর্থ অধ্যায়

জীবনের বিভিন্ন অভিজ্ঞতা থেকে শিক্ষা নিয়ে আমাদের নিজেদেরকে উন্নত করা উচিত; যদি আমরা নিজেদেরকে উন্নত করা বন্ধ করে ফেলি তাহলে আমরা একই জায়গায় আটকে থাকবো, তাই যে যত নিজেকে উন্নত করবে সে ততই জীবনে এগিয়েও যাবে। নিজের মন এবং আত্মাকে শুদ্ধ রাখার চেষ্টা করি । লোভ থেকে বিরত থাকত চেষ্টা করি । ?চিন্তাভাবনা আরও বেশি বড় করার চেষ্টা করি । আমার নিজের যা জ্ঞান রয়েছে ,সেটির মাধ্যমেই নিজেকে প্রতিষ্ঠিত করার চেষ্টা করি । অন্যের দ্বারা প্রভাবিত হই না । বিরোধিতা শক্তির প্রমাণ হয় না। শক্তিমান সেই যে সহনশীল, সহ্য করতে পারে। যখন হৃদয় থেকে ক্রোধ আর বিরোধিতা দূর হয়ে যায়, তখন সহনশক্তি ধর্মের শক্তিতে পরিণত হয়। ক্রোধ থেকে প্রতিশোধের জন্ম হয় আর ধর্ম থেকে ন্যায় জন্মায়। আপনার জীবনেও যদি এমন সময় আসে, যখন আমার উপর কোন অন্যায় হয়, তখন ন্যায় করার পূর্বে নিজের ক্রোধের উপর অঙ্কুশ অবশ্যই রাখব ।

আজ গলা ধাক্কা খেয়েছি ? কোন ব্যাপার না , একদিন সেই গলায় ফুল দেওয়ার জন্য সেই লোকগুলোই লাইন ধরে দাঁড়িয়ে থাকবে। আজ বাঁশ খেয়েছি? কোন ব্যাপার না , একদিন সে আপশোস করে বলবে আপনাকে বাঁশ দিয়ে সে উল্টে নিজেরই সর্বনাশ করেছে। আজ আমাকে দেখে দূরে সরে যাচ্ছে, কোনো ব্যাপার না ,একদিন আমাকে একটু ছুঁয়ে দেখার জন্য সে আমার কাছে আসবে। আজ গরীব বলে কেউ অবজ্ঞা করেছে? এসব পিছুগল্পের দিকে তাকিয়ে থাকলে আমি চিরকাল অপমান লাথি, গুঁতো ,বাঁশ , ক্রাশ ইত্যাদি খেয়ে যাবো । কে কি করছে, ভাবছে, সেসব বাদ দিয়ে নিজের লক্ষ্যে এগিয়ে গেলে একদিন আমি উদাহরণ কিংবা দৃষ্টান্ত হতে পারবো । জীবনে ছোট খাটো বিষয় নিয়ে পড়ে থাকার কোন মানে হয় না, জীবনে বেঁচে থাকার জন্য অনেক কিছু করতে হয়, মেনে নিতে হয়। সময় যখন পক্ষে থাকে না তখন অনেক কিছু সহ্য করেও মুখ বন্ধ রেখে কাজ করে যেতে হয়। মাথায় শুধু একটি কথা গেঁথে রাখতে হবে,"সময় এখন আমার পক্ষে নয় ‘, একদিন সময় আমার হবে । গর্ব, অভিমান আর অহংকার এই তিনটি শব্দ শুনতে একই রকম কিন্তু তিনটি শব্দের অর্থ ভিন্ন প্রকার আর পরিণামও। তিনটি শব্দের আরম্ভই প্রেম থেকে হয়, নিজের প্রতি প্রেম। পরিশ্রম আমাদের মনে গর্বের জন্ম দেয়। আর সফলতা অভিমানকে জাগ্রত করে। এই পর্যন্ত ঠিক আছে। কিন্তু যখন এই ভাবনা গুলো অহংকার হয়ে যায়, তখন তারা সমস্যা হয়ে যায়। কারণ সব থেকে খারাপ অন্ত তো অহংকারীরই হয়, তাই নয় কি? কিন্তু মানুষের জন্য

ধাঁধা বা সমস্যা এটাই যে কিভাবে বোঝা যাবে যে ভেতরে অহংকার জাগ্রত হয়েছে এবং তার দমন অবশ্যম্ভাবী। এর উত্তরও স্বয়ং আমার মনই দেয় । যতক্ষণ আমি নিজের উপর প্রসন্ন ,যতক্ষণ আমি সবথেকে উঁচুতে উঠবার প্রচেষ্টা করছি , ততক্ষণ ঠিক আছে। কিন্তু যখন আমার মনে অন্যকে নিচু দেখানোর ভাব চলে আসে, তখন আমি সাবধান হয়ে যাই । কারণ এটাই অহংকার যা বাস্তবে আমাকে হীন করে দিচ্ছে। বন্ধুদের এবং শত্রুদের কখনো বিশ্বাস জাগানোর প্রয়োজন হয়না, কারণ শত্রুরা কখনই আমাকে বিশ্বাস করবে না আর বন্ধুরা আমাকে কখনোই সন্দেহ করবে না। জীবনে সমস্যা আসা একটি সাধারণ ব্যাপার যেখানে আমার মনোভাবই (Attitude) সমস্ত পার্থক্যের সৃষ্টি করতে পারে। পরিচয় দ্বারা পাওয়া কাজ কিছু সময়ের জন্যই থাকে, কিন্তু কাজ থেকে প্রাপ্ত পরিচয় সারাজীবন থাকে। ভীড় সাহস তো যোগায় কিন্তু পরিচয় কেড়ে নেয়।

আমি নিজেই আমাকে নির্নয় করেছি । নিজে নিজেকে সম্মান করি । কেউ আমার জন্য অপেক্ষা করে না, এটা মন থেকে মুছে ফেলেছি । মনে করি , এসব আমার দরকারই নাই। নিজের সাথে সময় কাটাই । লাইফস্টাইল চেঞ্জ করে ফেলি । মনে রাখি , এই পৃথিবীতে কেউ কারও নয়। সময়ের স্রোতে বাবা মাও আমা র জীবন থেকে দূরে পাড়ি দিয়েছে । কখনো পথ চলতে চলতে কোনো অচেনা লোকের দিকে হাসিমুখে তাকাই , দেখি আমার হাসির ছোঁয়া তার মুখেও লেগে আছে l

আমিও হেঁটেছি এ পথে। আমিও এঁকেছি পায়ের চিহ্ন আর সবার মত, সদর্পে হয়ত নয়। দৌড় দিয়ে গন্তব্যে পৌঁছালে মনে একটু অতৃপ্তি থেকে যেতে পারে, পথের পাশের সবটুকু সৌন্দর্য দেখা হলনা যে , তাই হয়ত আমার স্থান জুটেছিল সবার পিছনে ! তবু পথ থাকবে, পথিকও থাকবে। এ পথ থাকবে, সে পথ থাকবে। নানান পথে নানান রকমের পথিক হাঁটবে, ছুটবে, জিরোবে, গল্প করবে, আমোদ করবে। যাত্রা বিরতি দেবে পথিক। কিন্তু, যাত্রাভঙ্গ যেন না হয়। যখন দুঃখ আমাকে গ্রাস করবে, জীবন যখন কষ্টের গভীর সাগরে নিমজ্জিত হবে , তখন আমি এমন কিছুকে আঁকড়ে ধরবো, যা আমাকে তীরে পৌছতে সাহায্য করবে। আমার কর্মই আমার দায়, ফলাফল নয়। কখনোই আমার কর্মের ফলকে আমার উদ্দেশ্য হতে দিই না। অকর্মকেও দিই না। নিজের মধ্যে স্থির থাকি , নিজের কর্ম সম্পাদন করি , কিছুর প্রতিই আসক্ত থাকি না। সাফল্যে স্থির থাকি এবং থাকি ব্যর্থতায়ও। স্থিরমনস্ক হওয়াই প্রকৃত যোগ।

জীবন অনেকটা বই এর পাতার মতো প্রতিটি পাতায় কিছু না কিছু লেখা আছে, খুশীও হতে পারে আবার বেদনাও হতে পারে। কিন্তু আমি যদি পাতা পরিবর্তন নাই করি তাহলে জানতেই পারবো না যে পরের পাতায় কি লেখা আছে ,তাই এগিয়ে চলি ......। নিজের রাস্তা নিজে খুঁজে বার করি , কারণ আমাকে আমি নিজে ছাড়া আর অত ভালোভাবে কেউ চেনে না। দরকার ছাড়া যে পাশে সর্বদা থাকে, সেই হচ্ছে আপনজন। যতক্ষণ নিজের সমস্যা এবং কঠিন পরিস্থিতির জন্য নিজেকে দায়ী বলে মনে করব ন ততক্ষণ আমি আমার সমস্যা এবং কঠিন পরিস্থিতি গুলিকে দূর করতে একদমই পারবো না। নিজের জীবনের মূল্যবান সিদ্ধান্ত নিজেই নিতে শিখেছি ,তা না হলে আমার জীবনের সেই সিদ্ধান্ত অন্য কেউ নিতে সামান্য সময়ও নষ্ট করবে না।

যদি আমি চাই কোনো কাজ ভালো ভাবে হোক, তাহলে সেটি নিজে করি । এটা কোনো ব্যাপারই না যে আমি কতটা ভুল করছি বা আমি কত ধীর গতিতে প্রগতি করছি , কারন আমি এখনো ওইসব মানুষগুলির থেকে এগিয়ে যারা কোনদিন কিছু করার চেষ্টাও করে না ।ক্ষমতার লালসা সবারই হৃদয়কে ঘিরে রাখে। প্রত্যেক ব্যক্তিই নিজের এক রাজত্ব নির্মাণ করার চেষ্টা করে। সে রাষ্ট বৃহৎ হোক অথবা নিজের পরিবারই হোক, সে ক্ষমতা লাভ করার প্রয়াস অবশ্যই করে।

কিন্তু ক্ষমতার বাস্তবিক রুপ কি? একটি মানুষ যত অধিক ব্যক্তির জীবনকে প্রভাবিত করতে পারে, যত অধিক ব্যক্তির স্বতন্ত্রতার উপর অঙ্কুশ টানতে পারে, ততই অধিক ক্ষমতা অনুভব করে সে। ক্ষমতার প্রকৃত রুপ হলো অন্যের জীবনের উপর স্বয়ং এর প্রভাব। কিন্তু বাস্তবে প্রভাব প্রেম,করুণা,দয়া ও ধর্ম থেকে উৎপন্ন হয় নাকি ? যখন মানুষ কঠোরতা ও অধর্মের মাধ্যমে ক্ষমতা প্রাপ্তির প্রয়াস করে, তখনই সে অন্যের হৃদয়ে বিরোধিতা বা বিদ্রোহের জন্ম দেয়। আর পরিনাম অনেকটা ভাঙা কাঁচের মতো। কিছু সময়ের জন্য সে প্রভাব ও শক্তির বিকাশ অবশ্যই অনুভব করে। কিন্তু তা বাস্তবিক ক্ষমতা নয় সে কারণেই ভৃগু আর বশিষ্ঠের মতো ঋষিদের আজও পুজা করা হয়, রাবন বা হিরণ্যকশিপুদের নয়।

আমি অতীতে যা করেছি , বর্তমানে যা করছি , ভবিষ্যৎ তার চেয়েও ভয়ঙ্কর রুপে আমার কাছে ফিরে আসবেই । সুতরাং সময় থাকতেই সাবধানী হয়ে যাই এবং সৎ পথে চলার অভ্যাস করি । কাউকে ছোট করতে বা হারাতে হলে তাকে স্পর্শ না করেও পারা যায়"! নিজেকে বড় করো, গড়ে তুলতে হবে , তাহলে অন্যের সমালোচনা/ দুর্নাম করে তাকে ছোট করতে হবে না, আমি বড় হলে এমনিতেই সে ছোট হয়ে যাবে! দৃষ্টিভঙ্গি বদলালে , জীবন বদলে যাবে। জীবনে সবচেয়ে কঠিন কাজ হচ্ছে - নিজেকে সংশোধন করা এবং সবচেয়ে সহজ কাজ হচ্ছে - অন্যের সমালোচনা করা । জীবনে ' সময় 'থেকে বেশী আপন বা পর কেউ হয় না । কারন , সময় আপন হলে সব আপন হয়ে যায় । আর , সময় পর হলে আপনও পর হয়ে যায় । যখন মানুষ , আমার নকল করা শুরু করে - বুঝে নেওয়া উচিৎ আমি আমার জীবনে সফল হচ্ছি । যদি আমি বাস্তবে সত্যিই কিছু করতে চাই তাহলে কোনো না কোনো রাস্তা ঠিকই খুঁজে পাবো , আর না যদি কিছু করতে চাই তাহলে আমি অজুহাতও ঠিকই খুঁজে পাবো । যতক্ষণ আমি অন্যদের নিজের সমস্যা এবং কঠিন পরিস্থিতির জন্য দায়ী বলে মনে করি ততক্ষণ আমি আমা র সমস্যা এবং কঠিন পরিস্থিতি গুলিকে দূর করতে একদমই পারবো না।

জীবনে চলার পথে আমরা অর্থনৈতিক, আবেগিক,পারিবারিক, সামাজিক ক্ষেত্রে নানা ধরণের ঝড়ের মুখোমুখি হই এবং ভয় পেয়ে থেমে যাই। থেমে থাকার ফলে সেই ঝড়ে আমাদের জীবনগাড়ি নানাভাবে ক্ষতিগ্রস্থ হয় যা আত্মবিশ্বাসে ঘাটতি এনে দেয়। জীবনের রাস্তা রেসিং ড্রাইভের মত মসৃণ নয়। জীবনের পথ বড় বন্ধুর। চলার পথে নানা ধরণের বাধা-বিপত্তি আসবেই, কিন্তু থেমে থাকলে ক্ষতির পরিমাণই শুধু বাড়বে। কঠিন পরিস্থিতিতে পড়ে আশেপাশের মানুষগুলো কিংবা সবচেয়ে কঠিন লোকটিও হালছেড়ে দিয়েছে বলেই যে আমাকেও হাল ছাড়তে হবে এমন নয়। পরিস্থিতি যত কঠিনই হোক না কেন।

অন্য জনের কাছ থেকে অতিরিক্ত ভালোবাসা পাওয়ার আকাঙ্খা ত্যাগ করেছি । কেননা, অনিত্য এই জগতে প্রকৃত কোন ভালোবাসা নেই, এটা স্বার্থের দুনিয়া, তাই একটু স্বার্থের কমতি পড়লে যে কেউ যেকোন সময় আমাকে দুঃখ দেবে। এটা অনিত্য জগৎ। প্রকৃত অর্থে, এখানে কেউ আমার নিত্য সঙ্গী নয়, এ জগতের কেউ পূর্বে সবসময় আমার সাথে ছিল না, ভবিষ্যতেও থাকবে না, পৃথিবী নামক এই রঙ্গমঞ্চে আমরা অভিনয় করার জন্য সাময়িক সময়ের জন্য একত্রিত হয়েছি, তাই এই সরল সত্যটি মেনে নিয়ে এ জগতের কাউকে নিয়ে নিত্যকাল বাঁচার ইচ্ছা করি না, যে কেউই যেকোন সময় আমাকে একা ফেলে রেখে চলে যেতে পারে। আমি মেনে নিয়েছি যে এটা দুঃখের জগৎ। আর এটা মেনে নিয়ে দুঃখ থেকে মুক্ত হওয়ার জন্য অপরের সেবায় নিজেকে নিয়োজিত করার চেষ্টায় রত ,আমার কাছ থেকেও মানুষের আশার কোন অন্ত নেই , যেখানেই

আমার সামান্যতম ভুল হল কি না হল, সেখানেই মানুষ আমার দোষ বের করে নেবে আর বিগত সকল ভালোগুলোকে ভুলে যাবে ! এইজন্য নিজের কর্ম করে চলি , মানুষ কখনো সন্তুষ্ট হবে না।

যদি করেন ভাই চালাকি, পরে বুঝবেন এর জ্বালা কী! ১. মিষ্টি বিক্রেতা মনে করে, আমি তো মিষ্টি খাই না। তাই এতে ভেজাল করলে আমার কোন সমস্যা নাই। ২. বেকারির মালিক মনে করে, আমিতো বিস্কুট খাই না। তাই পঁচা ডিম-ময়দা দিয়ে বানালে আমার কোন সমস্যা নাই। ৩. ফল বিক্রেতা মনে করে, আমিতো ফল খাই না। তাই কেমিকেল মিশালে আমার কোন সমস্যা নাই। ৪.মাছ বিক্রেতা মনে করে, আমিতো ফরমালিনযুক্ত মাছ খাই না। তাই ফরমালিন মিশালে আমার কোন সমস্যা নাই। দিনের শেষে- ১. মিষ্টি বিক্রেতা মিষ্টি বিক্রি করে বিস্কুট, ফল, মাছ কিনে নিয়ে বাসায় যায়। ২. বেকারির মালিক বিস্কুট বিক্রি করে মিষ্টি, ফল, মাছ কিনে নিয়ে বাসায় যায়। ৩. ফল বিক্রেতা ফল বিক্রি করে মিষ্টি, বিস্কুট, মাছ কিনে নিয়ে বাসায় যায়। ৪. মাছ বিক্রেতা মাছ বিক্রি করে ফল, বিস্কুট, মিষ্টি কিনে নিয়ে বাসায় যায়। সবাই মনে মনে নিজেকে অনেক চালাক ভাবে; অনেক লাভ করেছে ভেবে আত্মতৃপ্তির ঢেঁকুর তোলে। আসলে তারা যে নিজেরাই নিজেদের ঠকাচ্ছে, ক্ষতি করছে তা ভাবতেও পারেনা। "পরের অনিষ্ট চিন্তা করে যেইজন, নিজের অনিষ্ট বীজ সে করে বপন।।"

তুমি যখন নতুন ফোনের জন্য মায়ের সাথে উঁচু গলায় কথা বলছো... তখন অন্য কোন ‘‘মা’’ সন্তানের ছিঁড়ে যাওয়া জামা সেলাই করার টাকার কথা চিন্তা করছে। ‘‘অথচ তোমার চকচকে পোষাক’’! বাইকের জন্য বাবাকে যখন ‘‘ছোট লোক’’ বলে মনে-মনে গালি দিচ্ছো... তখন নজিরউদ্দীন ‘পা’ বিহীন শরীরে নিয়ে মানুষের কাছে বেঁচে থাকার জন্য হাত পেতে যাচ্ছে। ‘‘তুমি যে হাঁটতে পারো এতে তোমার সন্তুষ্টি নেই’’ ....! রান্নায় ডাল কিংবা সবজি দেখলে তোমার মাথায় যখন রক্ত উঠে যায়... তখন রাস্তায় ফেলে যাওয়া জলের বোতল কুঁড়িয়ে এক প্লেট ভাত আর ডালে’র বন্দোবস্ত করছে—বস্তির ছেলেটা । তোমার সামনে খাবার পড়ে আছে বলে অভাব বুঝছো না। ব্র্যান্ডেড শোয়েটার গায়ে দিয়েও যখন তোমার শীত মানছে না... তখন স্টেশনের বারান্দায় সদ্য সন্তান জন্ম দেওয়া ‘‘মা’’ ছেঁড়া কাপড়ে শীত নিবারণের আ-প্রাণ চেষ্টা করছে... ‘‘তবুও তোমার মনে শান্তি নেই’’। বন্ধুর বাইকের পেছনে বসে তোমার বাবাকে যখন অপারগ ভাবছো... তখন অন্য কোনো ‘‘বাবা’’ ইঁট ভাটার উত্তপ্ত আগুনের পাশে বসে আছে, সন্তানদের মুখে ডাল-ভাত তুলে দেওয়ার জন্য। ভাত খেতে পাও বলে অভাব চিনতে পারোনি। কমদামী ফোন ব্যবহার করো বলে- বন্ধুদের সামনে নিজেকে যখন ছোট ভাবতে থাকো... তখন দু'হাত বিহীন মানুষটি ভাবছে কারো সাহায্য পেলে বাথরুমে যাবে... ‘‘তোমার দু'হাত আছে; ফোন আছে; ব্যবহার করতে পারছো, তবুও তুমি ভালো নেই’’...! তুমি যখন কী–র্বোড তুলোধনা করে ডিপ্রেশনের এক’শ একটি কারণ খুঁজে বের করছো... তখন কলেজ পড়ুয়া কোন ভাই- রাতের শেষ প্রহরে টোটো নিয়ে বেরিয়ে পড়েছে, সংসার খরচ আর মেস ভাড়া মেটানোর জন্যে। অথচ ‘‘তোমার হাতে- স্মার্ট ফোন’’ !! ‘‘বিশ্বাস করো.... ভালো না থাকার জন্য সহস্রটা কারণ তুমি বের করতে পারবে, কিন্তু ভালো থাকার জন্য একটি কারণ বের করে ভালো থাকার সাহস তোমার নেই’’— তুমি ভীতু মহা ভীতু... তোমার থেকে নিচে তাকাও; ভালো থাকতে শিখে যাবে।

এক রাজা তার পোষা কুকুরটিকে নিয়ে নৌ-বিহারে বেরিয়েছিলেন। নৌকার অন্য যাত্রীদের মধ্যে ছিলেন একজন তান্ত্রিক। কুকুরটি জীবনে কখনো নৌকায় চড়েনি। তাই সে কেবলই ছটফট করছিল। আর তিড়িং বিড়িং করে লাফালাফি করে বাকি যাত্রীদের জীবন অতিষ্ঠ করে তুলছিল।

কুকুরের লাফালাফি নিয়ে যাত্রীদের আতঙ্ক লক্ষ্য করে মাঝিরাও ভয় পেয়ে গেলেন যে এই বুঝি নৌকো ডুবল। কুকুরটা যদি লম্ফঝম্প বন্ধ না করে তাহলে নিজেও ডুববে আর বাকিদেরও ডোবাবে। কিন্তু কুকুরের স্বভাবই যদি অশান্ত হয়, তবে তাকে শান্ত করবে কে? পরিস্থিতি দেখে রাজাও চিন্তায় পড়ে গেলেন। তবে এই অবস্থার কোন সমাধান তাঁরও মাথায় এল না। তান্ত্রিকটি দূর থেকে গোটা ব্যাপারটা লক্ষ্য করছিলেন এবং একটা কুকুরকে নিয়ে এতজনের দূরবস্থা দেখে সাহায্য করতে এগিয়ে এলেন। তিনি রাজাকে বললেন- "মহারাজ, যদি আজ্ঞা দেন, এই অস্থির কুকুরটিকে আমি ভিজে বেড়ালের মত শান্ত করে দেব।" রাজাও সঙ্গে সঙ্গে অনুমতি দিয়ে দিলেন। এরপরে তান্ত্রিক এবং মাঝিরা মিলে কুকুরটিকে ধরে তুললেন এবং সোজা নদীর জলে ছুঁড়ে ফেলে দিলেন। জলে ভেসে থাকার জন্য কুকুরটি পাগলের মতন হাত-পা নেড়ে সাঁতার কাটতে লাগল। সত্যিকারের মৃত্যুর মুখোমুখি হয়ে বাঁচার জন্য আপ্রাণ সংগ্রাম করতে হচ্ছিল তাকে। এভাবে কিছুক্ষন চলার পর তান্ত্রিক আবার কুকুরটিকে জল থেকে টেনে তুলে নৌকোর উপর বসিয়ে দিলেন। কুকুরটি গা থেকে জল ঝেড়ে চুপচাপ এক কোনায় গিয়ে বসে রইল। নৌকোর দুলুনি, যাত্রীদের কোলাহল, কোন কিছুতেই আর কুকুরটির মধ্যে কোন রকম ছটফটানি দেখা গেল না। যাত্রীরা অবাক, মাঝি অবাক, এমনকি রাজা নিজেও অবাক।

রাজা তখন তান্ত্রিককে প্রশ্ন করলেন- "মাত্র কয়েক মুহূর্তের মধ্যে কুকুরের স্বভাবে আমূল পরিবর্তন! এটা কিভাবে সম্ভব?" তান্ত্রিক জানালেন- "প্রতিটি প্রাণীই একরকম। যতক্ষণ না কেউ নিজে বিপদে পড়ছে, ততক্ষণ সে বিপদের গুরুত্বটা বোঝে না। যেই আমি কুকুরটাকে জলে ফেলে দিলাম, অমনি সে উপলব্ধি করল আসল বিপদ জলে আর নৌকোটা হল বাঁচার উপায়।" ওই কুকুরটার মতই যারা ভাবছেন, করোনা হয়েছে সামান্য কয়েকজনের। এতে আমার কী! ওদেরকে একবার চিন_ইতালি_ইরানের মতো দেশে ফেলে দেওয়া হোক। তাহলেই লক_ডাউন কেন পালন করা উচিৎ বুঝতে পারবে। ঘরের মধ্যে ভেজা কুকুর হয়ে বসে থাকবে।

এতো মানুষ থাকার পরও কেউ একজন তোমার উপর রাগ অভিমান করে আর এটা যদি তুমি বুঝতে না পারো কিংবা বুঝেও যদি না বুঝার ভান করে থাকো তাহলে দেখবে কোনো একদিন মানুষটা তোমার উপর রাগ অভিমান করছে না... মানুষটা বদলে গেছে !! মানুষ তখনই বদলে যায় যখন সে তার রাগ অভিমানের মূল্য পায় না... প্রতিবার নিজেই নিজের রাগ অভিমান ভাঙাতে হয়, তখন সে ধীরে ধীরে রাগ অভিমান করা ভুলে যায়... মানুষটা ভিতর থেকে তখন একটু একটু করে মরে যায় !! এতো মানুষের ভিড়ে কেউ তোমার উপর অধিকার খাটাচ্ছে... তোমাকে চোখে চোখে রাখছে... তোমার ভুলত্রুটি বলে দিচ্ছে... আর এসব যদি তোমার বিরক্ত লাগে তাহলে তুমি তার ভালোবাসা পাওয়ার যোগ্যতা অর্জন করতে পারোনি !! তাই নিজের কাছের মানুষটাকে মূল্য দাও... নয়তো দেখবে কোনো একদিন এই বিরক্তিগুলো খুব মিস করবে... যখন কেউ রাগ অভিমান করবে না কিংবা অধিকার দেখাবে না সেদিন বুঝবে তুমি কি পেয়ে কি হারালে... সেদিন সব ঠিক থাকবে শুধু সেই মানুষটা আর তোমার থাকবে না !!"

৮ বছরের একটা বাচ্চা ছেলে ১ টাকার একটা কয়েন হাতে নিয়ে দোকানে গিয়ে বললো, -- আপনার দোকানে কি ভগবানকে পাওয়া যাবে? দোকানদার একথা শুনে কয়েনটি ছুঁড়ে ফেলে দিয়ে তাড়িয়ে দিলো ছেলেটিকে। ছেলেটি পাশের দোকানে গিয়ে ১ টাকা দিয়ে চুপচাপ দাঁড়িয়ে রইলো! -- এই ছেলে.. ১ টাকা দিয়ে কি চাও তুমি? -- আমি ভগবানকে চাই। আপনার দোকানে আছে?দ্বিতীয় দোকানদারও তাড়িয়ে দিলো। কিন্তু, অবুঝ ছেলেটি হাল ছাড়লো না। একটার পর একটা দোকানে

ঘুরতে লাগলো। ঘুরতে ঘুরতে চল্লিশটা দোকান ঘোরার পর এক বয়স্ক দোকানদার জিজ্ঞাসা করলো, -- তুমি ভগবানকে কিনতে চাও কেন? কি করবে ভগবানকে দিয়ে? এই প্রথম কোন দোকানদারের মুখে এরকম প্রশ্ন শুনে ছেলেটির চোখেমুখে আশার আলো ফুটে উঠলো। নিশ্চয়ই এই দোকানে ভগবানকে পাওয়া যাবে! হতচকিত কণ্ঠে উত্তর দিলো, --আমার তো বাবা নাই, এই দুনিয়াতে আমার মা ছাড়া আর কেউ নাই। আমার মা সারাদিন কাজ করে আমার জন্য খাবার নিয়ে আসে। আমার মা এখন হাসপাতালে। মা মরে গেলে আমি খাবো কি? ডাক্তার বলেছে, একমাত্র ভগবানই পারে আমার মাকে বাঁচাতে। আপনার দোকানে কি ভগবানকে পাওয়া যাবে?

--হ্যাঁ পাওয়া যাবে...! কত টাকা আছে তোমার কাছে? --মাত্র এক টাকা। --সমস্যা নেই। এক টাকাতেই ভগবানকে পাওয়া যাবে। দোকানদার বাচ্চাটির কাছ থেকে এক টাকা নিয়ে খুঁজে দেখলো এক টাকায় এক গ্লাস জল ছাড়া বিক্রি করার মতো কিছুই নেই। তাই ছেলেটিকে ফিল্টার থেকে এক গ্লাস জল ধরিয়ে দিয়ে বললো, এই জলটা খাওয়ালেই তোমার মা সুস্থ হয়ে যাবে। পরের দিন একদল মেডিকেল স্পেশালিষ্ট ঢুকলো সেই হাসপাতালে। ছেলেটির মায়ের অপারেশন হলো। খুব দ্রুতই তিনি সুস্থ হয়ে উঠলেন। ডিসচার্জ এর কাগজে হাসপাতালের বিল দেখে মহিলার অজ্ঞান হবার মতো অবস্থা। ডাক্তার উনাকে আশ্বস্ত করে বললো, "টেনশনের কিছু নেই। একজন বয়স্ক ভদ্রলোক আপনার সব বিল পরিশোধ করে দিয়েছেন। সাথে একটা চিঠি দিয়েছেন"। মহিলাটি চিঠি খুলে পড়ে দেখলো তাতে লেখা- "আমাকে ধন্যবাদ দেওয়ার কোন প্রয়োজন নেই। আপনাকে তো বাঁচিয়েছেন স্বয়ং ভগবান ... আমি তো শুধু উসিলা মাত্র। বরং ধন্যবাদ দিলে দিন আপনার অবুঝ বাচ্চাটিকে। যে একটাকা হাতে নিয়ে অবুঝের মতো ভগবানকে খুঁজে বেড়িয়েছে। তার বুকভরা বিশ্বাস ছিলো, একমাত্র ভগবানই পারে আপনাকে বাঁচাতে। এর নামই বিশ্বাস... এর নামই ভক্তি। ভগবানকে খুঁজে পেতে কোটি টাকা দান দক্ষিণা করতে হয়না, বিশ্বাস নিয়ে মন থেকে খুঁজলে এক টাকাতেও পাওয়া যায়।" আসুন না, সবাই এই করোণার মহামারি থেকে বাঁচতে মন থেকে ভগবানকে খুঁজি...তাঁর কাছে প্রার্থনা করি... তাঁর কাছে ক্ষমা চাই..!!!নিশ্চয়ই ভগবানই আমাদের এই বিপদ থেকে রক্ষা করতে পারেন .

আমরা তো জড়াতেই ভালোবাসি। মায়ায়, আদরে, স্নেহে আর সম্পর্কে! বাবার এনে দেওয়া প্রথম আঁকার খাতা, মায়ের কিনে দেওয়া প্রথম খেলনা, প্রথম স্কুল ব্যাগ, তার ভেতরের খাপের সংখ্যা, প্রথম টিফিন বক্স, প্রথম স্কুল, প্রথম বন্ধু, আরও কত 'প্রথম' আজ অতীত। তবুও তো আমরা জড়িয়েই থাকি, খুঁজে বেড়াই সেসব 'প্রথম' এর 'দ্বিতীয়-তৃতীয়-চতুর্থ' কোনো সংস্করণ। কেউ মা-বাবাকে হারিয়ে ছুটির দিন ঘন্টার পর ঘন্টা বৃদ্ধাশ্রমে কাটিয়ে দেয় 'দ্বিতীয়বার' প্রথম মা-বাবাকে খুঁজে পেতে, কেউ সন্তানহীন হয়ে প্রথম সন্তানকে খুঁজে বেড়ায় অরফানেজে, আর কোনো মাঝ রাতের বৃষ্টিভেজা ব্যর্থ প্রেমী, গাছের নীচে যুগলকে একে অপরকে আশ্রয় দিতে দেখে নিজের প্রেম খুঁজে পায়; সেটা তার তৃপ্তির হাসি আর একটা দীর্ঘশ্বাস বুঝিয়ে দেয়। আমরা এভাবেই তো বেঁচে থাকি হারিয়ে যাওয়া, হেরে যাওয়া সবকিছুকে নতুন করে খুঁজে পেতে। হয়তো জীবনহারা মানুষ জীবনের আনন্দ খোঁজে অন্যের জীবনকে উপভোগ করতে দেখেই!

পুরুষ মানুষ হলো খেজুর গাছের মতো। আদর পায় না, যত্ন পায় না, কেউ জল দেয় না, সার দেয় না, গোঁড়ায় কেউ মাটি দেয় না, উল্টে আরো বলে নিজের পায়ের তলার মাটি নিজে শক্ত করো! অযত্নে অবহেলায় বেড়ে ওঠে! বেড়ে ওঠার পর কিন্তু তার কাছে প্রত্যাশা অনেক! তার ফল খুব মিষ্টি, তার রসের জন্য হাহাকার, তার রসের গুড় চিনির চেয়ে কয়েকগুন বেশি উপকারী।

তাকে বছরের পর বছর ক্ষতবিক্ষত করা হয়! যতদিন বেঁচে থাকে তাকে কাটা হয়, তার রস এক ফোঁটা এক ফোঁটা করে নিগড়ে নেওয়া হয়! রস নেওয়া শেষ হয়ে গেলে আর তার কোন কদর থাকে না, পথের ধারে একাকী অযত্নে অবহেলায় পড়ে থাকে! তারপরও খেজুর গাছ কিন্তু কোন অভিযোগ করে না, কিছু প্রত্যাশা করে না, ভালোবাসা চায় না। শুধু ফল দিয়ে যায়, রস দিয়ে যায়, আর মাথা উঁচু করে বেঁচে থাকে নিঃস্বার্থভাবে, পরিবারের পুরুষ মানুষটির মতো!

5

পঞ্চম অধ্যায়

খরগোশ ও কচ্ছপের গল্পের বাকি অংশ

সেই আদি আমল থেকে খরগোশ আর কচ্ছপের গল্প আমরা সবাই জানি। কিন্তু মজার বিষয় হল আমরা ১ম অধ্যায় টা বেশি শুনেছি। গল্পের আরো ৩ টি অধ্যায় আছে। হয়তো কেও শুনেছি, কেও শুনিনি।

১ম অধ্যায়ঃ

এই অধ্যায়ে খরগোশ ঘুমিয়ে যায়, আর কচ্ছপ জিতে যায়। প্রথমবার খরগোশ হেরে যাওয়ার পর বিশ্লেষণ করে দেখল হারার মূল কারণ- 'খরগোশ এর অতিরিক্ত আত্মবিশ্বাস।'

সারাংশঃ খরগোশ থেকে পেলাম- অতি আত্মবিশ্বাস যে কারো জন্য ই ক্ষতিকর। কচ্ছপ থেকে পেলাম -লেগে থাকলে সাফল্য আসবেই।

২য় অধ্যায়ঃ

হেরে যাওয়ার পর খরগোশ আবারো কচ্ছপকে দৌড় প্রতিযোগিতা করতে বলে। কচ্ছপ এতে রাজী ও হয়। এবার খরগোশ না ঘুমিয়ে দৌড় শেষ করল। কচ্ছপ ও আস্তে আস্তে দৌড় শেষ করল।

সারাংশঃ খরগোশ থেকে পেলাম - দ্রুত এবং অবিচল ভাবে নিজের কাজে মন থাকলে দ্রুত সফল হওয়া যায়। কচ্ছপ থেকে পেলাম -ধীর স্থির ভাবে চলাফেরা ভালো, তবে গতি ও নির্ভরতা বেশী ভালো।

৩য় অধ্যায়ঃ

কচ্ছপ এবার হেরে যাওয়ার তার একটু মন খারাপ হল। সে আবারো খরগোশ কে আরেকটি দৌড় প্রতিযোগিতার আমন্ত্রন জানালো। খরগোশ ও নির্দিধায় রাজী হয়ে গেল। তখন কচ্ছপ বলল, "একই রাস্তায় আমারা ২ বার দৌড় দিয়েছি, এবার অন্য রাস্তায় হোক।"খরগোশ বলল, "তাই হোক।" নতুন রাস্তায় দৌড় প্রতিযোগিতা শুরু। যথারীতি খরগোশ জোরে দৌড় শুরু করে দিল। কচ্ছপ ও তার পিছন পিছন আসতে শুরু করল। কচ্ছপ যখন খরগোশ এর কাছে পৌছাল, দেখল খরগোশ দাঁড়িয়ে আছে, কিন্তু দৌড়ের শেষ সীমানায় যেতে পারে নি। কারন দৌড়ের শেষ সীমানার আগে একটি জলপূর্ন খাল আছে। কচ্ছপ খরগোশ এর দিকে একবার তাকালো, তারপর তার সামনে দিয়ে জলেতে নেমে খাল পার হয়ে দৌড়ের শেষ সীমানায় পৌছে প্রতিযোগিতা জিতে গেল। আর খরগোশ তাকিয়ে তাকিয়ে দেখল ।

সারাংশঃখরগোশ থেকে পেলামঃ শুধু নিজের শক্তির উপর নির্ভর করলেই হবে না, বুদ্বিদীপ্ত আচরণ ও প্রয়োজন। কচ্ছপ থেকে পেলাম-প্রথমে প্রতিযোগীর দুর্বলতা খুজে বের করতে হবে, সেই অনুযায়ী পরিকল্পনা করতে হবে।

গল্পের এখানে শেষ নয়-

চতুর্থ অধ্যায়ঃ

এবার খরগোশ কচ্ছপকে আরেকটি দৌড় প্রতিযোগিতার জন্য আহবান জানালো এই একই রাস্তায়। কচ্ছপ ও রাজী। কিন্তু এবার তারা ২ জন ঠিক করল, এবার দৌড় তারা ২ জন প্রতিযোগী হিসেবে দিবে না। এবার তারা দৌড়াবে সহযোগী হিসেবে। শুরু হল প্রতিযোগিতা। খরগোশ কচ্ছপকে পিঠে তুলে দৌড়ে চলে গিয়ে খালের সামনে থামলো। কচ্ছপ খরগোশ এর পিঠ থেকে নেমে গেল। এবার খরগোশ কচ্ছপের পিঠে উঠে খাল পার হল। তারপর আবার কচ্ছপ খরগোশ এর পিঠে উঠে বাকী দৌড় শেষ করল। এবার ২ জনেরই জয় হল।

সারাংশঃস্বতন্ত্র দক্ষতা থাকা খুবই ভালো। কিন্তু দলবদ্ব হয়ে একে অপরের মূল দক্ষতাকে কাজে লাগাতে পারলেই সার্বিক সফলতা নিশ্চিত করা যায়।

পরিনাম না জেনে অহংকার করা কি উচিৎ ? ধূপকাঠি ও মোমবাতি ঠাকুরের পূজায় সবচেয়ে বেশী ব্যবহৃত হয় । একদিন এক মন্দিরে মোমবাতি হঠাৎ ধূপকাঠিকে বলতে লাগলো - " হে ধূপ , তুমিতো শুধু সুগন্ধ ছড়াও , কিন্তু আমি নিজের আলোতে এই মন্দিরকে প্রকাশিত করি , আমাকে ছাড়া তোমার কোনো অস্তিত্বই থাকতে পারেনা , তাই আমি তোমার থেকে অনেক মূল্যবান। এইসময় হঠাৎ মন্দিরের পূজারীজী এসে পূজার জন্য মোমবাতি এবং ধূপকাঠি জ্বালিয়ে পূজার আয়োজন করতে লাগলেন । কিছুক্ষণ পর পূজারীজী কোনো এক কাজে মন্দিরের বাইরে বেরিয়ে আসলেন । ঠিক সেই সময় একটা দমকা হওয়া এসে মোমবাতিটাকে নিভিয়ে দিল । তখন ধূপকাঠি একটু বিনম্রভাবে বলতে লাগলো - " আমি বাতাসের সঙ্গে সঙ্গে মন্দিরের ভিতরই নয় , মন্দিরের বাইরেও সুগন্ধ ছড়াতে পারি , কিন্তু আমিতো কখনো গর্ব করিনা , তাহলে তুমি কেন নিজেকে নিয়ে গর্ব করো ? দেখলে তো তার পরিনাম । " আশা এমন হওয়া দরকার , যা গন্তব্যে নিয়ে যায়। গন্তব্য এমন হওয়া দরকার , যা জীবনে বাঁচা শিখিয়ে দেয় । জীবন এমন হওয়া দরকার , যা সম্পর্ককে কদর করতে শিখিয়ে দেয় । সম্পর্ক এমন হওয়া দরকার , যা স্মরন করতে বাধ্য করে দেয় ।

যখন টাইটানিক ডুবছিল তখন কাছাকাছি তিনটে জাহাজ ছিল। একটির নাম ছিল " স্যাম্পসন "। মাত্র সাত মাইল দুরে ছিল সেই জাহাজ। ওরা দেখতে পেয়েছিল টাইটানিকের বিপদ সংকেত , কিন্তু বেআইনি শীল মাছ ধরছিল তারা। পাছে ধরা পড়ে যায় তাই তারা উল্টোদিকে জাহাজের মুখ ঘুরিয়ে বহুদুরে চলে যায়। এই জাহাজটার কথা ভাবুন। দেখবেন আমাদের অনেকের সাথে মিল আছে এর। আমরা যাঁরা শুধু নিজেদের কথাই ভাবি। অন্যের জীবন কি এল কি গেল তা নিয়ে বিন্দুমাত্র মাথাব্যাথা নেই আমাদের। তাঁরাই ছিলেন ঐ জাহাজটিতে।

দ্বিতীয় জাহাজটির নাম " ক্যালিফোর্নিয়ান "। মাত্র চোদ্দ মাইল দুরে ছিল টাইটানিকের থেকে সেই সময়। ঐ জাহাজের চারপাশে জমাট বরফ ছিল। ক্যাপ্টেন দেখেছিলেন টাইটানিকের বাঁচতে চাওয়ার আকুতি। কিন্তু পরিস্থিতি অনুকুল ছিল না এবং ঘন অন্ধকার ছিল চারপাশ, তাই তিনি সিদ্ধান্ত নেন ঘুমোতে যাবেন। সকালে দেখবেন কিছু করা যায় কিনা। জাহাজটির অন্য সব ক্রিউএরা নিজেদের মনকে প্রবোধ দিয়েছিল এই বলে যে ব্যাপারটা এত গুরুতর নয়। এই জাহাজটাও আমাদের অনেকের মনের কথা বলে। আমাদের মধ্যে যারা মনে করেন একটা ঘটনার

পর , যে ঠিক সেই মুহূর্তে আমাদের কিছুই করার নেই। পরিস্থিতি অনুকূল হলে ঝাঁপিয়ে পড়বো।

শেষ জাহাজটির নাম ছিল " কারপাথিয়ান্স "। এই জাহাজটি আসলে যাচ্ছিল উল্টোদিকে। ছিল প্রায় আটান্ন মাইল দূরে যখন ওরা রেডিওতে শুনতে পায় টাইটানিকের যাত্রীদের আর্ত চিৎকার। জাহাজের ক্যাপ্টেন হাঁটুমুড়ে বসে পড়েন ডেকের ওপর। ঈশ্বরের কাছে প্রার্থনা করেন যাতে তিনি সঠিক পথ দেখান তাঁদের। তারপর পুর্ণশক্তিতে বরফ ভেঙ্গে এগিয়ে চলেন টাইটানিকের দিকে। ঠিক এই জাহাজটির এই সিদ্ধান্তের জন্যেই টাইটানিকের সাতশো পাঁচজন যাত্রী প্রাণে বেঁচে যান। মনে রাখা ভাল এক হাজার কারণ থাকবে আপনার কাছে দায়িত্ব এড়াবার কিন্তু তাঁরাই মানুষের মনে চিরস্থায়ী জায়গা করে নেবেন যাঁরা অন্যের বিপদের সময় কিছু না ভেবেই ঝাঁপিয়ে পড়েবেন । ইতিহাস হয়তো মনে রাখবে না তাঁদের,কিন্তু যুগে যুগে তাঁরাই বন্দিত হবেন মানুষের মুখে মুখে গাওয়া লোকগাথায়।

একজন বুদ্ধিমান শিক্ষিকা একবার তার স্কুলে অনেকগুলো বেলুন এনেছিলেন, তার ছাত্র ছাত্রীদের তিনি সেসব বেলুনে নিজেদের নাম লিখে তা ওপরে নিক্ষেপ করতে বললেন। বাচ্চারা হলের মধ্যে তাদের বেলুনগুলি ছুঁড়ে ফেলার পরে, শিক্ষিকা সমস্ত বেলুন এলোমেলো করে মিশ্রিত করে হলের মাঝে ফেলে রাখলেন। বাচ্চাদের তাদের নাম সহ বেলুনটি খুঁজে পেতে পাঁচ মিনিট সময় দেওয়া হয়েছিল, তবে তারা নিখুঁতভাবে অনুসন্ধান করলেও তাদের নিজস্ব বেলুনটি কেউ খুঁজে পায়নি।

তারপরে শিক্ষিকা তাদের বলেছিলেন যে বেলুনটি তাদের নিকটতম সেটিই হাতে নিতে এবং যার নাম সেখানে লেখা রয়েছে তার কাছে এটি দিতে । দুই মিনিটেরও কম সময়ে, প্রত্যেকেই নিজের নামের বেলুনটি হাতে পেয়ে গেল। শিক্ষিকা শিশুদের বললেন, “এই বেলুনগুলি সুখের মতো। যখন আমরা কেবল আমাদের নিজস্ব সুখ অনুসন্ধান করি তখন আমরা এটি খুঁজে পাই না। তবে আমরা যদি অন্য কারও সুখের বিষয়ে চিন্তা করি ... এটি শেষ পর্যন্ত আমাদের নিজের সুখটাই আবিষ্কার করতে সহায়তা করবে। " ভালোবাসা না খুঁজে সবাইকে ভালোবাসুন। সবার জন্য ভাল করার চেষ্টা করুন। আপনার ভালোটা নিজেই আপনাকে খুঁজে নেবে।

একদিন সক্রেটিসের কাছে তার এক পরিচিত লোক এসে বলল, আপনি কি জানেন আপনার বন্ধু সম্পর্কে আমি কি শুনেছি? সক্রেটিস তেমন আগ্রহী না হয়ে বললেন, এক মিনিট থামেন। আমাকে কিছু বলার আগে আপনাকে ছোট্ট একটা পরীক্ষা পার হতে হবে; এই পরীক্ষার নাম ‘ট্রিপল ফিল্টার টেস্ট’। লোকটা অবাক হয়ে প্রশ্ন করল, ট্রিপল ফিল্টার! এইটা আবার কি জিনিস? সক্রেটিস বললেন, আমার বন্ধু সম্পর্কে আমাকে কিছু বলার আগে আপনি যা বলবেন তা ফিল্টার করে নেওয়া ভালো। তিন ধাপে ফিল্টার হবে বলে আমি এটাকে ‘ট্রিপল ফিল্টার টেস্ট’ বলি।

প্রথম ফিল্টার হলো ‘সত্যবাদিতা/Truthfulness. আপনি কি নিশ্চিত যে আপনি যা বলবেন তা সত্য? লোকটা বলল, না, আমি শুধু শুনেছি জাস্ট এতটুকুই। পুরোপুরি সত্য কিনা, তা নিশ্চিত নই। সক্রেটিস বললেন, ঠিক আছে। তাহলে আপনি জানেন না এটা সত্য কিনা? এবার দ্বিতীয় ফিল্টার। এই ফিল্টারের নাম হল ‘ভালোত্ব/Goodness. আমার বন্ধু সম্পর্কে আপনি যা বলবেন তা কি ভালো কোনো বিষয়?লোকটা একটু আমতা আমতা করে বলল, না, ভালো নয়, খারাপ কিছু। সক্রেটিস বললেন, তার মানে আপনি আমার বন্ধু সম্পর্কে এমন একটা খারাপ কথা বলতে এসেছেন যা আদৌ সত্য কিনা সে ব্যাপারে আপনি নিশ্চিত নন। আচ্ছা, আপনি হয়ত এখনো পরীক্ষায় পাস করতে পারেন। কারণ তিন নাম্বার ফিল্টার বাকি আছে। এটা হল ‘উপকারিতা/

Usefulness.আমার বন্ধু সম্পর্কে আপনি যা বলবেন তা কি আমার বা আপনার কোনো উপকারে লাগবে? লোকটি বলল,না, সেরকম না। এতে আমার বা আপনার কারোই উপকৃত হওয়ার সম্ভাবনা নেই।

সক্রেটিস তখন শান্তভাবে বললেন বেশ, আপনি যা বলতে চান তা- সত্য না, ভালো কিছুও না, আবার আমার বা আপনার কোনো উপকারেও আসবে না। তাহলে কেনইবা আমরা এসব অহেতুক কাজে সময় নষ্ট করব? We shall try to use our time truthfulness, goodness and usefulness. চলুন, সময়টাকে একটা ভালো কাজে ব্যয় করি। লোকটা তাই আর কিছু না বলে চলে গেল।

শিক্ষক ক্লাসে ঢুকে ব্লাক বোর্ডে একটা লম্বা দাগ টানলেন।এবার সবাইকে উদ্দেশ্য করে জানতে চাইলেন,আচ্ছা তোমাদের মধ্যে কে আছো? যে দাগটিকে ছোট করতে পারবে? কিন্তু শর্ত হচ্ছে তোমরা একে মুছতে পারবে না!!না মুছেই ছোট করতে হবে। তারপর ছাত্র/ছাত্রী সবাই অপারগতা প্রকাশ করলো।কারন মোছা ছাড়া দাগটিকে ছোট করার আর কোনো পদ্ধতি তাদের মাথায় আসছে না!!এবার শিক্ষক দাগটির নীচে আরেকটি দাগ টানলেন,যা আগের টির চেয়ে একটু বড়। ব্যস আগের দাগটি মোছা ছাড়া ছোট হয়ে গেলো। শিক্ষক বুঝতে পারলে তোমরা? কাউকে ছোট করতে বা হারাতে তাকে স্পর্শ না করেও পারা যায়! নিজেকে বড় করে গড়ে তুলো,তাহলে অন্যের সমালোচনা/দুর্নাম করে তাকে ছোট করতে হবে না,তুমি বড় হলে এমনিতেই সে ছোট হয়ে যাবে।

এক স্বর্ণকারের মৃত্যুর পর তার পরিবার বেশ সংকটে পড়ে গেল। খাদ্য-বস্ত্রে দেখা দিল চরম অভাব। স্বর্ণকারের বিধবা স্ত্রী তার বড় ছেলেকে একটা হীরের হার দিয়ে বললো-এটা তোর কাকুর দোকানে নিয়ে যা, বলবি যে এটা বেচে কিছু টাকা দিতে। ছেলেটা হারটি নিয়ে কাকুর দোকানে গেল। কাকু হারটা ভালো করে পরীক্ষা করে বললো-বেটা, তোমার মাকে গিয়ে বলবে যে এখন বাজার খুবই মন্দা, কয়েকদিন পর বিক্রি করলে ভাল দাম পাওয়া যাবে। কাকু কিছু টাকা ছেলেটিকে দিয়ে বললেন-আপাতত এটা নিয়ে যাও আর কাল থেকে তুমি প্রতিদিন দোকানে আসবে আমি কোন ১দিন ভাল খদ্দোর পেলেই যেন তুমি দৌড়ে হার নিয়ে আসতে পারো তাই সারাদিন দোকানে থাকবে। পরের দিন থেকে ছেলেটা রোজ দোকানে যেতে লাগলো। সময়ের সাথে সাথে সেখানে সোনা-রুপা-হীরে কাজ শিখতে আরম্ভ করলো। ভাল শিক্ষার ফলে অল্প দিনেই খুব নামি জহুরত বনে গেল। দূর দূরান্ত থেকে লোক তার কাছে সোনাদানা বানাতে ও পরীক্ষা করাতে আসত। খুবই প্রসংশীত হচ্ছিল তার কাজ। একদিন ছেলেটির কাকু বললো- তোমার মাকে গিয়ে বলবে যে এখন বাজারের অবস্থা বেশ ভালো, তাই সেই হারটা যেন তোমার হাতে দিয়ে দেন। এখন এটা বিক্রি করলে ভালো দাম পাওয়া যাবে। ছেলেটি ঘরে গিয়ে মায়ের কাছ থেকে হারটি নিয়ে পরীক্ষা করে দেখলো যে এটা একটা নকল হীরের হার। তাই সে হারটা আর কাকুর কাছে নিয়ে যায় নি। কাকু জিজ্ঞেস করলো- হারটি আনো নি ? ছেলেটি বললো না কাকু, পরীক্ষা করে দেখলাম এটা একটা নকল হার। তখন কাকু বললো- তুমি যেদিন আমার কাছে হারটি প্রথম নিয়ে এসেছিলে সেদিন আমি দেখেই বুঝে নিয়েছিলাম যে এটা নকল, কিন্তু তখন যদি আমি তোমাকে এই কথাটা বলে দিতাম, তাহলে তোমরা হয়তো ভাবতে যে আজ আমাদের মন্দ সময় বলেই কাকু আমাদের আসল জিনিষকে নকল বলছে। আজ যখন এ ব্যাপারে তোমার পুরো জ্ঞান হয়ে গেছে, তখন তুমি নিজেই বলছো এটা নকল হার। এর থেকে আমরা এই শিক্ষা পেলাম যে দুনিয়াতে প্রকৃত জ্ঞান ছাড়া তুমি যা কিছু দেখছো...যা কিছু ভাবছো সবটাই এই হারের মতই নকল, মিথ্যে। জ্ঞান ছাড়া কোন

জিনিসের বিচার সম্ভব নয়। আর এই ভ্রমের শিকার হয়েই অনেক সম্পর্ক শেষ হয়ে যায়।

এক তরুণী তার বাবাকে সাথে নিয়ে গাড়ি ড্রাইভ করছিলো। কিছুক্ষণ পর আকাশ কালো মেঘে ছেয়ে গেলো এবং তুমুল ঝড় এবং বৃষ্টি শুরু হলো। তরুণী টি ভয় পেয়ে বাবাকে জিজ্ঞাসা করলো,বাবা কি করবো!পাশের সিট থেকে বাবা মেয়েকে সাহস যোগালেন,''তুমি ড্রাইভ করতে থাকো। থেমো না"। তরুণীটি গাড়ি ড্রাইভ করতে লাগলো,কিন্তু ঝড়ের প্রচন্ডতা আরো বেড়ে যাওয়াতে গাড়ি ড্রাইভ করা কঠিন হয়ে পড়ছিলো। কিছুক্ষণ পর গাড়ি নিয়ন্ত্রণ করা প্রায় অসম্ভব হয়ে উঠলো। তরুণীটি আবারো তার বাবার কাছে জানতে চাইলো থামবে কিনা।বাবা আগের মতই ড্রাইভ করতে বললেন। কিছুদুর ড্রাইভ করার পরে তরুণী লক্ষ্য করলো তার পথের কিছুসামনে ষোলো চাকার একটা লরি রাস্তার পাশে সাইড করে থেমে যাচ্ছে। তারসামনে আরো কিছু গাড়ি রাস্তার একপাশে পার্ক করে থেমে আছে। দৃশ্যটি দেখে তরুণী টি বাবাকে বললো,"বাবা এবার আমাদের থামতেই হবে। আশেপাশের সবাই দেখো গাড়ি ড্রাইভ করা বন্ধ করে পথের পাশে থেমে যাচ্ছে"।কিন্তু বাবা সেই আগের মতই তার সিদ্ধান্তে অটল। হাল ছেড়োনা। তুমি আস্তে আস্তে ড্রাইভ করতে থাকো। বাবারকথা শুনে মেয়েটি সাহস পেলো এবং প্রচন্ড ঝড়ের মধ্যেও আস্তে আস্তে সামনের দিকে আগাতে লাগলো। এভাবে কয়েক মাইল যাবার পরে তরুণীটি আবিস্কার করলো, ঝড় থেমে গেছে এবং সূর্য্য উঠে গেছে। এবার বাবা বললেন,'এবার গাড়ি থামিয়ে বাইরে বেরোতে পারো।' তরুণী টি অবাক হয়ে বাবাকে জিজ্ঞাসা করলো, এখন কেন বলছো? বাবা বললেনঃ "এখন এজন্যই বের হতে বলছি যাতে তুমি পেছনের দিকে তাকাতে পারো এবং সেই সব মানুষদের দেখতে পারো যারা হাল ছেড়ে দিয়েছিলো এবং থেমে গিয়েছিলো।ওঁরা এখনো ঝড়ের মধ্যেই আছে। কিন্তু তুমি হাল ছাড়োনি এবং থেমে যাওনি,তাই তোমার ঝড় এখন শেষ!..."জীবনের ক্ষেত্রেও একই ব্যাপার প্রযোজ্য। জীবনে চলার পথে আমরা অর্থনৈতিক, আবেগিক,পারিবারিক, সামাজিক ক্ষেত্রে নানা ধরণের ঝড়ের মুখোমুখি হই এবং ভয় পেয়ে থেমে যাই। থেমে থাকার ফলে সেই ঝড়ে আমাদের জীবনগাড়ি নানাভাবে ক্ষতিগ্রস্থ হয় যা আত্নবিশ্বাসে ঘাটতি এনে দেয়। জীবনের রাস্তা রেসিং ড্রাইভের মত মসৃণ নয়। জীবনের পথ বড়বন্ধুর। চলার পথে নানা ধরণের বাধা-বিপত্তিই আসবেই, কিন্তুথেমে থাকলে ক্ষতির পরিমাণ ই শুধু বাড়বে। কঠিন পরিস্থিতিতে পড়ে আশেপাশের মানুষগুলো কিংবা সবচেয়ে কঠিন লোকটিও হালছেড়ে দিয়েছে বলেই যে আপনাকেও হাল ছাড়তে হবে এমন নয়। পরিস্থিতি যত কঠিনই হোক না কেন,ধীরে-ধীরে সামনের দিকে অগ্রসর হতে থাকুন। ধৈর্য ধরুন,পূর্ণতা আসবেই জীবনে দেখবেন সাফল্যের ঝলমলে সূর্য্যটা আবারো আপনার মাথার উপর হেসে উঠবে।

৪টি শিক্ষামূলক গল্প ও ঘটনা

ঘটনা - ১

ইন্টারভিউ টেবিলের স্যার কিছুক্ষণ চুপ করে রইলেন । তারপর, ভারী গলায় বললেন - বাহ ! তোমার সার্টিফিকেট তো বেশ ভালো ! তোমাকে আর প্রশ্ন করতে চাচ্ছি না ! ধরে নাও তুমি চাকরিটি পেয়ে গেছো ! কিন্তু সমস্যা হচ্ছে বড় স্যারকে উপহার হিসেবে ৫ লাখ টাকা দিতে হবে ! এক সপ্তাহের মধ্যে টাকাটা জমা করে দাও ! তারপর তোমার নিয়োগ হবে ! ছেলেটি ইন্টারভিউ রুম থেকে বের হয়ে বাড়িতে এসে তার বাবাকে জানালো, ৫ লাখ টাকা না হলে তার চাকরিটা হবে না ! গ্রামের সহজ সরল বাবা নিজের ছেলের চাকরির জন্য ভিটা বাড়ি বিক্রি করে ৫ লাখ টাকা জোগাড় করলেন ! তারপর বড় স্যারকে উপহার হিসেবে ৫ লাখ টাকা দিয়ে ছেলেটি চাকরি পেয়ে

গেলো !

ঘটনা - ২

আজ বড় স্যারের ছেলের জন্মদিন ! বাড়িতে বিশাল পার্টির আয়োজন করা হয়েছে ! তিনি বাড়িতে ঢুকেই তার ছেলের নাম ধরে ডাকতে শুরু করলেন ! ছেলে কাছে আসতেই বড় স্যার “হ্যাপি বার্থডে মাই সান” বলতে বলতে ছেলের হাতে ৫ লাখ টাকার বাইকের চাবি তুলে দিলেন ! বাইক পেয়ে ছেলেটি খুশিতে আত্মহারা হয়ে বাবাকে জড়িয়ে ধরে চিৎকার দিয়ে বললো - আমার বাবা পৃথিবীর শ্রেষ্ঠ বাবা !

ঘটনা - ৩

বড় স্যারের ছেলে আজ বাইক নিয়ে ঘুরতে বেরিয়েছে ঘন্টায় ৮০ কিলোমিটার বেগে রাজপথে ছুটে চলেছে বাইক ! হঠাৎ ট্রাকের সাথে ধাক্কা সবকিছু থেমে গেলো ! বড় স্যারের ছেলেকে হাসপাতালে ভর্তি করানো হলো হাসপাতালের বড় ডাক্তার সাহেব জানালেন আপনার ছেলের অবস্থা ভালো না, খুব জটিল একটা অপারেশন করাতে হবে, কাউন্টারে ১০ লাখ টাকা জমা করে দিন ! বড় স্যার কোনও উপায় না দেখে মেয়ের বিয়ের জন্যে ব্যাংকে জমিয়ে রাখা টাকাটা কাউন্টারে জমা করে দিলেন !

ঘটনা - ৪

বড় ডাক্তার সাহেব আজ খুব খুশি ! ৩-৪ লাখ টাকার অপারেশনের জন্য ১০ লাখ টাকা নিয়েছেন, পুরোটাই লাভ ! খুশিতে তিনি তার একমাত্র মেয়ের জন্য স্বর্ণের নেকলেস কিনে বাড়ি ফিরলেন ! বাড়িতে ঢুকেই তিনি তার কলেজ পড়ুয়া মেয়েকে মামুনি মামুনি বলে ডাকতে শুরু করলেন ! ডাক্তার সাহেবের বউ কাঁদতে কাঁদতে বললেন, তাদের মেয়ে এখনও বাড়ি ফেরেনি ! বড় ডাক্তার সাহেব তার মেয়েকে অনেক খোঁজাখুঁজি করলেন, কোথাও কোনও খোঁজ না পেয়ে তিনি যখন দিশেহারা হয়ে পড়লেন, ঠিক তখনই অপরিচিত এক নাম্বার থেকে ফোন এলো ! ফোনেও ঐ প্রান্ত থেকে জানালো, আপনার মেয়ে আমাদের কাছে, মেয়েকে ফেরত পেতে হলে মুক্তিপণ হিসেবে ২০ লক্ষ টাকা দিতে হবে ! কথাটা শুনে বড় ডাক্তার সাহেবের স্ত্রী স্ট্রোক করলেন !

শিক্ষাঃ আপনি অতীতে যা করেছেন, বর্তমানে যা করছেন, ভবিষ্যৎ তার চেয়েও ভয়ঙ্কর রূপে আপনার কাছে ফিরে আসবেই !প্রত্যেক ক্রিয়ার-ই একটা সমান ও বিপরীতমূখী প্রতিক্রিয়া আছে! (নিউটনের গতিবিষয়ক তৃতীয় সূত্র)! সুতরাং সময় থাকতেই সাবধান হোন !সৎ পথে চলার অভ্যাস করুন!

ক্লাসের এক ছাত্র দুষ্টুমি করে কাগজে "I'm stupid" লিখে একজন ছাত্রের পেছন লাগিয়ে দিয়ে অন্যান্যকে নিষেধ করলো-আর কাউকে না বলতে। সবাই ছেলেটিকে নিয়ে হাসাহাসি করছে। কিছুক্ষণের মাঝে অংক স্যার ক্লাসে এসে নির্দেশ দিলেন- জটিল একটা অংকের সমাধান করতে। একটা ছেলে হাত ওঠালো। স্যার বললেন- বোর্ডে এসো। ছেলেটি যখন বোর্ডের দিকে হেঁটে যাচ্ছে। তখন হাসাহাসি আরো বাড়ে। কিন্তু সে বুঝতে পারছেনা। এতো হাসির কারণ কি। সে বোর্ডে গিয়ে অংকটির সমাধান করলো। স্যার এবার তার পেছন থেকে স্টুপিড লেখা লেভেলটি তোলে নিয়ে বললেন- তুমি হয়তো জানোনা- তোমার কোনো বন্ধু তোমার শার্টের পেছনে স্টুপিড লিখে দিয়েছে। আর, এ জন্যই তোমাকে নিয়ে সবাই এতো হাসিতামাশা করছে। যাও, তুমি আসনে গিয়ে বসো। আমি তোমাদের কাউকে শাস্তি দেবোনা। বরং তোমাদের সাথে দুটি জিনিস শেয়ার করবো।

এক) বইয়ের কভার দেখে যেমন বই বোঝা যায়না। ঠিক তেমনি লেভেল দেখেই আসল জিনিস চেনা যায়না। জীবনের নানা ক্ষেত্রে একে অন্যকে দমিয়ে রাখার জন্য নানা রকমের লেভেল সেঁটে দেয়। ওরা তোমার পেছনে স্টুপিড লিখে রেখেছে -সেটা যদি তুমি বুঝতে পারতে আর বুঝে তার গুরুত্ব দিয়ে-হীনমন্যতায় ভুগতে- তবে তুমি সবার সামনে বোর্ডে এসে অংকের সমাধান করতে পারতে না। তাই, মানুষের দেয়া এইসব লেভেল সব সময় প্রত্যাখ্যান করেই চলতে হয়। মনে রেখো- মধুর শিশিতে বিষের লেভেল লাগিয়ে দিলে মানুষ বিভ্রান্ত হয়। কিন্তু মধুর গুনাবলীর তাতে কোনো পরিবর্তন হয়না। ওরা তোমাকে নিয়ে হাসি তামাশা করছে। আমি তোমাকে দাঁড়িয়ে শ্রদ্ধা জানাচ্ছি।

দুই) জীবনে অনেক রয়েল ফ্রেন্ড পাবে, কিন্তু লয়েল ফ্রেন্ড খুবই বিরল। তোমার যদি লয়েল ফ্রেন্ড থাকতো তবে তোমাকে এসে বলতো। অথবা না বলেই- তোমার পেছন থেকে স্টুপিড লেখা লেভেলটি তুলে নিতো। তাই, জীবনে তোমার কতজন রয়েল বন্ধু থাকবে সেটা ম্যাটার না। বরং, তোমার কয়জন লয়েল বন্ধু থাকবে সেটাই সবচেয়ে বড় ম্যাটার।

কোলকাতা সম্প্রতি একটা শো-রুম চালু হয়েছে, যেটার নাম হলো "Husband for Sale"। এখানে বিভিন্ন ধরনের পুরুষরা রয়েছেন, মেয়েরা এখান থেকে নিজের পছন্দ অনুযায়ী স্বামী পছন্দ করতে পারবে। সেখানের নিয়ম হলো--(১) যেকোনো মহিলা সেখানে একবারই মাত্র প্রবেশাধিকার পাবেন। (২) এখানে ৬টি ফ্লোর আছে এবং মহিলারা যেকোনো ফ্লোর থেকে নিজের স্বামী নির্বাচন করতে পারবেন।

এক মহিলা নিজের জন্য স্বামী পছন্দ করতে গিয়ে দেখলেন...১ম ফ্লোরে লেখা আছে- এখানের পুরুষরা চাকুরীজীবী ও তারা ঈশ্বরে বিশ্বাসী। মহিলাটি তারপর দ্বিতীয় ফ্লোরে গেলেন...২য় ফ্লোরে লেখা আছে- এখানের পুরুষরা চাকুরিজীবী, ঈশ্বর বিশ্বাসী ও শিশু প্রেমিক। মহিলাটি ধীরে ধীরে ৩য় ফ্লোরের দিকে অগ্রসর হলেন...৩য় ফ্লোরে লেখা আছে- এখানের পুরুষরা চাকুরিজীবী, ঈশ্বর বিশ্বাসী, শিশু প্রেমিক ও খুব রুপবান। মহিলাটি আরেকটু ভালো স্বামী নির্বাচনের আশায় ৪র্থ ফ্লোরে গেলেন...সেখানে লেখা রয়েছে- এখানের পুরুষরা চাকুরিজীবী, ঈশ্বর বিশ্বাসী, শিশু প্রেমিক, রুপবান এবং তারা স্ত্রীকে গৃহ কর্মে সাহায্য করতেও আগ্রহী। যতই উপরের দিকে যাচ্ছেন গুণধর স্বামীদের সন্ধান মিলছে দেখে উচ্ছ্বসিত হয়ে মহিলা ৫ম ফ্লোরের দিকে পা বাড়ালেন... সেখানে লেখা রয়ছে-এখানের পুরুষরা চাকুরিজীবী, ঈশ্বর বিশ্বাসী, শিশু প্রেমিক, রুপবান, তারা স্ত্রীকে গৃহ কর্মে সাহায্য করতেও আগ্রহী আর তারা খুব রোমান্টিক ভাবনার পুরুষ। এখানেই মহিলাটির শেষ গন্তব্য হওয়া উচিত ছিল, কিন্তু তবু তিনি ৬নং ফ্লোরে গেলেন আরো গুণধর স্বামীর সন্ধানের আশায়। সেখানে লেখা রয়েছে- দুঃখিত এখানে কোনো স্বামী পাওয়া যায় না। এখানে নির্বাচন করার মতো কোনো পুরুষ নেই। এই ফ্লোরটা আমাদের শো-রুমের কোনো অঙ্গ নয়। এই ফ্লোরটা রাখা হয়েছে শুধু এটা প্রমাণ করার জন্য যে মেয়েদের সন্তুষ্ট করাটা কতো বড় একটা অসম্ভব ব্যাপার ! মনে রাখবেন,,,জীবনের চাহিদাকে যতো সীমিত রাখবেন....জীবন ততোই শান্তিময় হবে....!

৫টি গল্প যা আপনার দৃষ্টিভঙ্গি পাল্টে দেবে

গল্প -১

বাবা বাথরুমে , মা রান্না ঘরে আর ছেলে টিভি দেখছিল। এমন সময় দরজায় ঘণ্টা বাজল। ছেলে দৌড়ে গিয়ে দরজা খুলে দেখল, পাশের বাড়ির দাসবাবু দাঁড়িয়ে। ছেলে কিছু বলার আগেই

দাসবাবু বললেন, 'আমি তোমাকে ৫০০ টাকা দেব, যদি তুমি ১০ বার কান ধরে উঠবস কর।'বুদ্ধিমান ছেলে অল্প কিছুক্ষণ চিন্তা করেই কান ধরে উঠবস শুরু করল, প্রতিবার উঠবসে ৫০ টাকা বলে কথা। শেষ হতেই দাসবাবু ৫০০ টাকার নোট ছেলের হাতে ধরিয়ে দিয়ে চলে গেলেন। বাবা বাথরুম থেকে বের হয়ে জিজ্ঞেস করলেন, 'কে ছিল দরজায়?''পাশের বাড়ির দাসবাবু', উত্তর দিল ছেলে। 'বাবা বললেন ছেলেকে... 'আমার ৫০০ টাকা কি উনি দিয়ে গেছেন?'

শিক্ষা: আপনার ধারদেনার তথ্য শেয়ারহোল্ডারদের থেকে গোপন করবেন না। এতে অনেক অনাকাঙ্ক্ষিত ঘটনা থেকে রক্ষা পাবেন।

গল্প -২

সেলসম্যান, অফিস ক্লার্ক ও ম্যানেজার দুপুরে খেতে যাচ্ছিলেন। পথে তাঁরা একটি পুরোনো প্রদীপ পেলেন। তাঁরা ওটাতে ঘষা দিতেই দৈত্য বের হয়ে এল। দৈত্য বলল, 'আমি তোমাদের একটি করে ইচ্ছা পূরণ করব।''আমি আগে! আমি আগে!' বললেন অফিস ক্লার্ক, 'আমি বাহামা সমুদ্রপারে যেতে চাই, যেখানে অন্য কোনো ভাবনা থাকবে না, কাজ থাকবে না।''ফুঃ...!!' তিনি চলে গেলেন...'এরপর আমি! এরপর আমি!' বললেন সেলসম্যান, 'আমি মায়ামি বিচে যেতে চাই, যেখানে শুধু আরাম করব।''ফুঃ...!!' তিনিও চলে গেলেন....'এখন তোমার পালা',....দৈত্য ম্যানেজারকে বলল। ম্যানেজার বললেন, 'আমি ওই দুজনকে আমার অফিসে দেখতে চাই।'

শিক্ষা:সব সময় বসকে আগে কথা বলতে দেবেন। তা না হলে নিজের কথার কোন মূল্য থাকবে না।

গল্প -৩

একটি ইগল গাছের ডালে বসে আরাম করছিল। এমন সময় একটি ছোট খরগোশ ইগলটিকে দেখে জিজ্ঞেস করল, 'আমিও কি তোমার মতো কিছু না করে এভাবে বসে আরাম করতে পারি?' ইগল উত্তর দিল, 'অবশ্যই, কেন পারবে না।' তারপর খরগোশটি মাটিতে এক জায়গায় বসে আরাম করতে থাকল। হঠাৎ একটি শিয়াল এসে হাজির, আর লাফ দিয়ে খরগোশকে ধরে খেয়ে ফেলল।

শিক্ষা:যদি কোনো কাজ না করে বসে বসে আরাম করতে চান, তাহলে আপনাকে অনেক ওপরে থাকতে হবে..!

গল্প -৪

একটি মুরগি ও একটি ষাঁড় গল্প করছিল। 'আমার খুব শখ ওই গাছের আগায় উঠব, কিন্তু আমার এত শক্তি নেই', মুরগিটি আফসোস করল। উত্তরে ষাঁড়টি বলল, 'আচ্ছা, তুমি আমার গোবর খেয়ে দেখতে পার, এতে অনেক পুষ্টি আছে।' কথামতো মুরগি পেট পুরে গোবর খেয়ে নিল এবং তারপরই দেখল সে বেশ শক্তি পাচ্ছে। চেষ্টা করে সে গাছের নিচের শাখায় উঠে পড়ল। দ্বিতীয় দিন আবার খেল, সে তখন এর ওপরের শাখায় উঠে গেল। অবশেষে চার দিন পর মুরগিটি গাছের আগায় উঠতে সক্ষম হলো। কিন্তু খামারের মালিক যখন দেখলেন, মুরগি গাছের আগায়, সঙ্গে সঙ্গে তিনি গুলি করে তাকে গাছ থেকে নামালেন।

শিক্ষা:ফাঁকা বুলি (বুল শিট) হয়তো আপনাকে অনেক ওপরে নিয়ে যেতে পারে, কিন্তু আপনি বেশিক্ষণ ওখানে টিকে থাকতে পারবেন না।

গল্প -৫

একটি পাখি শীতের জন্য দক্ষিণ দিকে যাচ্ছিল। কিন্তু এত ঠান্ডা ছিল যে পাখিটি শীতে জমে যাচ্ছিল এবং সে একটি বড় মাঠে এসে পড়ল। যখন সে মাঠে পড়ে ছিল, একটি গরু তার অবস্থা দেখে তাকে গোবর দিয়ে ঢেকে দিল। কিছুক্ষণ পর পাখিটি বেশ উষ্ণ অনুভব করল। যখন গোবরের গরমে সে খুব ঝরঝরে হয়ে উঠল, আনন্দে গান গেয়ে উঠল। এমন সময় একটি বিড়াল পাশ দিয়ে যাচ্ছিল, পাখির গান শুনে খুঁজতে লাগল.... কোথা থেকে শব্দ আসছে !! একটু পরই সে গোবরের কাছে আসে এবং সঙ্গে সঙ্গে গোবর খুঁড়ে পাখিটিকে বের করে তার আহার সারে।

শিক্ষা:১. যারা আপনার ওপর কাঁদা ছোড়ে, তারা সবাই-ই আপনার শত্রু নয়। ২. যারা আপনাকে পঙ্কিলতা থেকে বের করে আনে, তারা সবাই-ই আপনার বন্ধু নয়। ৩. এবং যখন আপনি গভীর পঙ্কিলতায় নিমজ্জিত, তখন মুখ বেশি না খোলাই শ্রেয়।

প্রাচীন গ্রিসের এথেন্স শহর। সক্রেটিস তাঁর ছাত্রদের নিয়ে বসে কথা বলছেন এক বাগানে। এক ছাত্র জিজ্ঞাসা করলেন,- সত্য কীভাবে বুঝবো ? সক্রেটিস কোনো উত্তর না দিয়ে বললেন,- বোসো সবাই, একটু আসছি। একটু পরে তিনি ফিরেও এলেন। হাতে একটি আপেল। ছাত্রদের দেখালেন। জিজ্ঞাস করলেন,- এটা কী ? সবাই বললেন,- আপেল। ফলটি হাতে সক্রেটিস ছাত্রদের চারপাশে একটু ঘুরে নিয়ে জিজ্ঞাসা করলেন,- তোমরা কি কোনো কিছুর গন্ধ পেলে ? কেউ কোনো উত্তর দিচ্ছেন না। সবাই চুপ। দেখতে আপেল মনে হলেও গন্ধ তো তাঁরা পাননি। তবু একজন শুধু উঠে দাঁড়িয়ে বললেন,- আপেলের গন্ধ পেয়েছি !বলেই ছাত্রটি দাঁড়িয়ে সবার দিকে সমর্থনের আশায় তাকাচ্ছেন, কিন্তু কেউ তাঁর সমর্থনে সাড়া দিলেন না। সবাই নিশ্চুপ। সক্রেটিস আবার আপেলটি নিয়ে ছাত্রদের চারপাশে ঘুরে ঘুরে নাড়িয়ে নাড়িয়ে হেঁটে হেঁটে জিজ্ঞাসা করলেন,- এবার তোমরা কি কোনো কিছুর গন্ধ পেলে ? বেশির ভাগ ছাত্র হাত তুলে বললেন,- হুম, আমরা আপেলের গন্ধ পেয়েছি এবার ! একটু চুপ থেকে এবার সক্রেটিস আপেল হাতে সবার নাকের কাছে তুলে ধরলেন। ঘুরে ঘুরে শুঁকিয়ে শুঁকিয়ে জানতে চাইলেন,- এবার কেমন গন্ধ পেলে ? সব ছাত্রই হাত তুলে বললেন,- আপেলের মিষ্টি গন্ধ !সবাই হাত তুলে বলছেন, কিন্তু একজন ছাত্র এবারেও হাত তোলেননি। বাকিরা তাঁর দিকে অবাক হয়ে তাকিয়ে আছেন। সক্রেটিসও ওই ছাত্রের দিকে তাকিয়ে মুচকি মুচকি হাসছেন। লজ্জা পেয়ে তিনিও আর থাকতে না পেরে হাত তুললেন। বাকিরা সমস্বরে হেসে উঠলো। হাসি শেষ হলে সক্রেটিস ছাত্রটিকে জিজ্ঞাসা করলেন,- তুমিও কি আপেলের গন্ধ পেয়েছিলে ? ছাত্রটি মাথা নেড়ে বললেন,- হ্যাঁ ! সক্রেটিস একটু থামলেন। ফলটি নেড়েচেড়ে বললেন,- আপেলটি কিন্তু আসলে একটি নকল আপেল, যার কোনো গন্ধ নেই !কেউই শুরুতে আপেলের গন্ধ পায়নি। একজন পেয়েছে বলাতে বিভ্রান্ত হয়ে পরের বারে বেশিরভাগই বললো আপেলের গন্ধ। এবং এটাও ঠিক যে, একজন তখনও নিশ্চিত ছিল কোনো আপেলের গন্ধ সে পায়নি। কিন্তু সেও শেষে সামষ্টিকের নিশ্চিতের কাছে পরাস্ত হয়ে গেল। সবশেষে দেখা গেল আপেলটি নকল।

আসলে সত্য বিচারে মানুষ তার নিজের বিচারকে খুব কম অনুসরণ করে। সমষ্টির সমর্থনের আশায় সামষ্টিকের মিথ্যেকেই প্রতিদিন এমন করে বড় সত্য ভেবে অনুকরণ করে । আজকের সমাজ, বিশ্ব, এবং সামাজিক মিডিয়া তার বাস্তব উদাহরণ।

6

ষষ্ঠ অধ্যায়

আমরা ছোট ছোট খুশির জন্যে কি না করি, কখনও ঘরে বসে একমনে গান করি, কখনও ছবি আঁকি তো কখনও বই পড়ি। কেউ বেড়াতে গিয়ে আনন্দ পাই, তো কেউ সিনেমা দেখে আনন্দ পাই। কেউ খেলাধুলা করে, তো কেউ আবার বন্ধুদের সাথে আড্ডা দিয়ে খুব খুশিতে থাকেন।

বয়স বাড়ার সঙ্গে সঙ্গে জীবনে ভালবাসার চাহিদা ও বদলে যায়... ১৮-১৯ বছর বয়সে যে রকম ভালবাসা চাইতাম.. ২৭- ২৮ পার করে আর সে রকমটা চাইবো না... সারাদিন আমার সঙ্গে জুড়ে থাকতে হবে না।, মাঝে মধ্যে দু একটা মেসেজ করলেই চলবে... দীর্ঘক্ষণ খোঁজ না পাওয়া গেলে, এই হারিয়ে গেলে নাকি লিখলেও বোঝা যায় ভালবাসা বেঁচে আছে... । খুব একটা যত্নের দরকার নেই, ঠিক যেন পাহাড়ের গায়ে ফোটা কোনও বেনামি অর্কিড, অল্প জল-আলো-হাওয়া পেলেই যথেষ্ট। খানিক যত্নেই তা বেড়ে উঠবে... মাথাটা খুব ব্যথা করলে একটু টিপে দিলেই চলবে... শরীরের চাহিদা যতটা না তীব্র, তার চেয়ে মনের চাহিদা অনেক বেশি জোরালো.. হাতে হাত থাকুক কখনও কখনও.. ।একটা গল্পের পাতা উল্টে কিছু শোনাক বা না শোনাক আলতো করে মাথায় হাত বুলিয়ে দিলেই চলবে। ভালবাসা কখনও কমে না, সেটার বহিঃপ্রকাশ বদলে যায়... । দীর্ঘদিন ভালবাসতে না পারলে সেটা ভেতরে জমতে থাকে, সুযোগ পেলে ঠিকই বেরিয়ে আসে...। আমরা কেউই আসলে ভালোবাসা চাই না, একটা ভালো "বাসা" খুঁজি.. যেখানে একটা আশ্রয় পাওয়া যাবে, ক্লান্ত মনটা দু'দণ্ড জিরিয়ে নিতে পারবে, দু'টো মানুষ নিঃশর্তে শুধুই ভালো থাকতে পারবে...।

আমি এখন প্রায় ৬০ এবং মৃত্যুর মধ্যে অবস্থান করছি । আমার সঞ্চয় করা অর্থ ব্যবহার করার সময় এসেছে। এটি ব্যবহার করছি এবং এটি উপভোগ করছি । এটি কেবল তাদের জন্য রাখছি না যাদের কাছে এটি পাওয়ার জন্য আমি যে ত্যাগ স্বীকার করেছি তার কোনও ধারণা নেই। মনে রাখি আমার কষ্টার্জিত পুঁজির জন্য বড় আইডিয়া নিয়ে অনেক মানুষ আসবে কিন্তু জানি এর চেয়ে বিপজ্জনক আর কিছু নেই। তারা কেবল সমস্যা এবং উদ্বেগ নিয়ে আসে। এটি আমার জন্য কিছুটা শান্তি উপভোগ করার সময়। নিজের জন্য আমার উপার্জিত অর্থ ব্যয় করতে খারাপ বোধ করি না। একটি সুস্থ জীবন রাখার চেষ্টা করছি , মহান শারীরিক পরিশ্রম ছাড়া. পরিমিত ব্যায়াম করছি (যেমন প্রতিদিন হাঁটা), ভাল খাচ্ছি এবং ভালোভাবে ঘুমাচ্ছি। অসুস্থ হওয়া সহজ, এবং সুস্থ থাকা আরও কঠিন। সেজন্য আমাকে নিজেকে ভালো অবস্থায় থাকতে হবে

এবং আমার চিকিৎসা ও শারীরিক চাহিদা সম্পর্কে সচেতন হতে হবে। আমার ডাক্তারের সাথে যোগাযোগ রাখি , আমি সুস্থ বোধ করলেও বিভিন্ন ডাক্তারি পরীক্ষা নিয়মিত করাই । এখন মূল লক্ষ্য হল আমার সঙ্গীর সাথে আমার্ সৎ ভাবে উপার্জিত অর্থ উপভোগ করা। একদিন আমাদের মধ্যে একজন আরেকজনকে মিস করবে, আর টাকা তখন আর আরাম দেবে না, তাই একসাথে উপভোগ করছি । ছোট ছোট বিষয় নিয়ে চাপ নিই না। আমি ইতিমধ্যে আমার জীবনে অনেক সময় অতিক্রম করেছি,আমার ভাল এবং খারাপ স্মৃতি আছে, কিন্তু গুরুত্বপূর্ণ জিনিস হল বর্তমান। অতীতকে আমাকে টেনে নিয়ে যেতে দিই না এবং ভবিষ্যতকে ভয় দেখাতে দিই না। এখন ভালো লাগছে। ছোট সমস্যা শীঘ্রই ভুলে যাচ্ছি। বয়স যাই হোক না কেন, আমার সঙ্গীকে ভালবাসছি , জীবনকে ভালবাসছি, আমার পরিবারকে ভালবাসছি, আমার নিকট আত্মীয়কে ভালোবাসছি, আমার প্রতিবেশীকে ভালবাসছি এবং মনে রেখেছি : "একজন মানুষ ততক্ষণ বৃদ্ধ হয় না যতক্ষণ তার বুদ্ধি এবং স্নেহ থাকে।"

আমার কাছে কী ভাল দেখায় সে সম্পর্কে আমি আমার নিজস্ব বোধ তৈরি করেছি। সর্বদা আপ-টু-ডেট থাকি । খবরের কাগজ পড়ি , খবর দেখি । অনলাইনে যাই এবং লোকেরা কে কী বলছে তা পড়ি। তরুণ প্রজন্ম এবং তাদের মতামতকে সম্মান করি । তাদের আমার মত আদর্শ নাও থাকতে পারে, কিন্তু তারাই ভবিষ্যৎ, এবং বিশ্বকে তাদের দিকে নিয়ে যাবে। দরকারে পরামর্শ দিই , সমালোচনা করি না এবং তাদের মনে করিয়ে দেওয়ার চেষ্টা করি যে গতকালের জ্ঞান আজও প্রযোজ্য। আমার সন্তানের সাথে বসবাসের প্রলোভনের কাছে আত্মসমর্পণ করি না (যদি আপনার আর্থিক পছন্দ থাকে তবে)। অবশ্যই, পরিবার দ্বারা বেষ্টিত হওয়া দুর্দান্ত শোনাচ্ছে, তবে আমাদের সকলের গোপনীয়তা প্রয়োজন। তারা তাদের প্রয়োজন এবং আমি আমার প্রয়োজন নিয়ে বাঁচতে চাই। আমি আমার শখগুলি ত্যাগ করি নি। আমি দূরে এবং কাছে ভ্রমণ করি, বই পড়ি , বাগান করি, গান শুনি, পরিমিত টিভি দেখি , চাইলে শিক্ষা দান করি। এখন আমি নরম সুরে কথা বলার চেষ্টা করি এবং খুব বেশি অভিযোগ বা সমালোচনা না করার চেষ্টা করি। পরিস্থিতি যেমন আছে সেটা মেনে নেওয়ার চেষ্টা করি । বয়স বাড়ার সাথে সাথে ব্যথা এবং অস্বস্তি একসাথে চলে। তাদের জীবনের একটি অংশ হিসাবে গ্রহণ করে নিয়েছি । আমি যদি কারো দ্বারা অসন্তুষ্ট হয়ে থাকি - তাদের ক্ষমা করে দিই । আমি যদি কাউকে বিরক্ত করে থাকি তবে ক্ষমা প্রার্থনা করে নিই , এটা কোন ব্যাপার না যে কে সঠিক ছিল । কেউ একবার বলেছিলেন: "একটি ক্ষোভ রাখা মানে বিষ খাওয়া ।" ওই বিষ খাই না। ক্ষমা করি , ভুলে যাই এবং আমার জীবন নিয়ে এগিয়ে যাই । মনে রাখি , আমি ভাগ্যবানদের মধ্যে একজন।

দুঃখ-কষ্ট মানুষকে সঠিক পথ চেনায়। অন্ধকার আছে বলে আলোর গুরুত্ব বুঝতে পারি। ঠিক তেমনি, সুখের প্রবাহে ভাসতে ভাসতে আমরা পথের খেই হারিয়ে ফেলি। মাঝে মাঝে দুঃখ এসে আমাদের সঠিক পথ চিনিয়ে দেয়। মানুষ সামান্য দান করেই নিজেকে দাতা হিসেবে, সকলের সামনে তা তুলে ধরে! অথচ ঈশ্বর এই সমগ্র বিশ্ব-ব্রহ্মান্ড দান করেও নিজেকে সর্বদা লুকায়িত রেখেছেন । অনেকেই ভুলে যান তার যা আছে সমস্ত কিছু ঈশ্বরই দিয়েছেন । গরীবকে একটুখানি, চাল,সোয়াবিন, আর দুই টাকা দামের সাবান দিয়ে ছবি তুলছে, ফেসবুকে পোস্ট করবে বলে। আড়ালে যে দান করে সেই দাতা, বাকি সব বিজ্ঞাপনদাতা । দয়া করে কেউ কাউকে কিছু দিলে ছবি তুলবেনা না, এতে অন্যদের ছোট করা হয়।যাদেরকে আপনারা খাবার দিচ্ছেন তারা পরিস্থিতির শিকার, ভিখারি নয়! আমরা সবাই মানুষ, কাকে কখন কার কাছে যেতে হবে আমরা

কেউ জানিনা।

আপনার কোনো ধারণা আছে যে মধ্যবিত্ত বা নিম্ন মধ্যবিত্তদের অভাবটা কি হতে পারে? আচ্ছা , আপনি দারিদ্র বা অভাব কি জানেন ? অর্থনীতিতে বস্তুগত বা অবস্তুগত কোনো দ্রব্য পাওয়ার আকাঙ্খাকে অভাব বলে। এটা তো অর্থনীতির ভাষা, সাধারণত অভাব কাকে বলে? -আমি কলেজে যাবার সময় মা আমাকে ভাড়া দিতে গিয়ে তার ব্যাগ তন্ন তন্ন করে খুঁজে অনেক কষ্টে ৫ টাকা বের করে দেন, আর আমি বাড়ি থেকে বের হয়ে কিছুক্ষণ পর বাড়িতে ফিরে ভাড়ার টাকাটা মাকে দিয়ে বলি, মা! আজ কলেজে ক্লাস হবে না। মা তখন বলেন আগে খবর নিবি না কলেজ হবে কিনা? মায়ের সাথে এই যে লুকোচুরি , এটাই হচ্ছে আমার কাছে অভাব। বাবা যখন ভোর পাঁচটায় বেরিয়ে রাত করে বাড়ি আসেন মা তখন বাবাকে জিজ্ঞেস করেন এত রাত হলো কেন ফিরতে? বাবা বলেন তিন শিফটে কাজ করলাম । আর তা না করলে সংসার কিভাবে চলবে? বাবার এই অতিরিক্ত পরিশ্রমই হচ্ছে আমার কাছে অভাব। ছোট ভাই মাস শেষে প্রাইভেট টিচারের টাকা বাবার কাছে চাইতে যখন সংকোচবোধ করে সেটাই আমার কাছে অভাব। মাকে যখন দেখি ছেঁড়া কাপড়ে সেলাই দিতে দিতে বলে কাপড়টা অনেক ভাল আরো কিছুদিন পড়া যাবে , এটাই আমার কাছে অভাব। বাবার পায়ের চটিটা পেরেক পুঁতে সারিয়ে পড়েন , পা মাঝে মাঝে পেরেকের আঘাতে রক্তাক্ত হয় তবুও আবার সরিয়ে পড়েন আর জিজ্ঞাসা করলে বলেন যে "এই চটিটা খুব আরামদায়ক, তাই ফেলে দিতে পারছি না"। হ্যাঁ , এটাই আমার কাছে অভাব। মাস শেষে টিউশনির পুরো টাকাটা মায়ের হাতে দিয়ে বলি, মা এটা তুমি সংসারে খরচ করো, মা তখন একটা স্বস্তির হাসি হাসেন। এই স্বস্তির হাসিটাই হচ্ছে আমার কাছে অভাব। বন্ধুদের নামি দামী জামা কাপড়ের ভিড়ে নিজের কলার ফাটা জামার আর পিছন ছেঁড়া প্যান্টটা যখন লজ্জায় লুকিয়ে রাখি , এই লজ্জাই আমার কাছে অভাব। অভাবী হওয়ায় কাছের মানুষগুলো যখন আস্তে আস্তে দূরে সরে যায়, এই দূরে সরে পড়াটাই আমার কাছে অভাব। মানুষ অন্যের অর্জনে হিংসা করে, ঈর্ষা করে, লোভ করে, অথচ সে জানেই না, সে চাইলেই এগুলো অর্জন করতে পারে। মানুষ তার সমগ্র জীবনে সর্বদা ইহোকালেরই চিন্তা করে, আর তার জন্য ধন, দৌলত, ঐর্শয্য, যশ, খ্যাতি অর্জন করে! অথচ সে বুঝতেই চায়না, তার মৃত্যুর সময় কিছুই যাবে না! সে ভুলেই যায় তার পরকাল নিয়ে, আর ভোগ বিলাসে মত্ত হয়ে পড়ে। আর তার পরিনাম কেবল যন্ত্রণাময়। কিসের এত অহংকার? কিসের এত গর্ব? চারদিনের এই জীবনে একদিন শুন্য হাতে, খালি পায়ে পৌছে যাবেন মৃত্যুর কাছে। এইবার একটু ভাবুনতো...

১. আমরা কি Builder, Engineer, Designer, Decorator's দের জন্য রোজগার করে যাচ্ছি?

২. দামি বাড়ি, গাড়ি, বিলাসবহুল বিয়ে দেখিয়ে কাকে আমরা Impressed করছি?

৩. আপনার নিজের কি মনে আছে দুদিন আগে কারো বিয়েতে কি কি খেয়ে ছিলেন?

৪. জীবনের শুরু সময়ে কেন আমরা পশুর মত খেটে যাচ্ছি?

৫. আগামী কত Generation এর জন্য খাওয়া-দাওয়া, লালন পালনের ব্যবস্থা করে যাবো?

৬. আমাদের বেশিরভাগেরই ২ টো করে সন্তান, কারো আবার ১টা। আমাদের জীবনের প্রয়োজন কতটা ? আর কতটা পেতে চাই এটা কি ভেবেছেন?

৭. আপনার কি মনে হয় আপনার সন্তানেরা রোজগার করতে পারবে না, তাই তাদের জন্য অতিরিক্ত Savings করা কি এতই দরকার?

৮. আপনি কি সারা সপ্তাহে ১ দিনও নিজের পরিবার, বন্ধু বান্ধব, এমনকি নিজের জন্য খরচ করেন?

৯. আপনার মাসিক আয়ের ৫% ও নিজের খুশি ও আনন্দের জন্য ব্যয় করেন?

১০. আমরা অর্থ উপার্জনের সাথে সাথে জীবনের আসল আনন্দ কি পাচ্ছি? উত্তর ৯৯% হবে না, না এবং না!

পরিবার-ও কাছের মানুষকে সময় দিই । আমরা কেউই কোনো সম্পত্তির মালিক নই, কেবল কিছু কাগজপত্রে অস্থায়ীরূপে আমাদের নাম লেখা থাকে। যখন আমরা বলি "এই জায়গার মালিক আমি" ,সৃস্টিকর্তা তখন হয়তো ব্যাঙ্গ হাসি হাসেন। কারোর সুন্দর গাড়ী, বাহারী পোশাক দেখে তার উপর বিচার করি না, অহংকার থেকে দুরে থাকি , কেননা এই অহংকার একদিন আমাকে শেষ করে দিতে পারে । সোশ্যাল নেটওয়ার্কের প্রযুক্তিতে এসে আমরা কাছের মানুষগুলোকে অবহেলা করে অনলাইনে থাকা দুরের মানুষগুলোকেই প্রাধান্য দিয়ে যাচ্ছি।মানুষকে অমূল্যায়ন নয়, মূল্যায়ন করি , কেননা ---মানুষ মানুষের জন্য, জীবন জীবনের জন্য। ক্ষমা করা সৃষ্টির সেরা লক্ষণ, কারোর খারাপ দিকটা না দেখে আগে তার ভালো দিকটা দেখার দৃষ্টি ভঙ্গি রাখি , কারন খারাপ-এর পিছনে ভালো, আর ভালোর পিছনে খারাপও থাকে। ধনী হওয়া অপরাধ নয়, কিন্তু...কেবল শুধুমাত্র অর্থের জন্যই ধনী হওয়া অপরাধ। তাই আমি জীবনকে Control করি , নাহলে জীবন একদিন আমাকে Control করতে বাধ্য করবে।

জীবনে আতঙ্ক বলে কোনোকিছু থাকতে পারে না। যা থাকে; তা পুরোটাই শিক্ষা। আজ প্রায় গোটা পৃথিবী জুড়ে মহামারীর আতঙ্ক। প্রতিদিন একটু একটু করে আমাদের স্বাচ্ছন্দ কমে আসছে। সতস্ফুর্ত জীবনমুখী প্রকাশ কমে আসছে। সাবলীলভাবে যেখানে সেখানে যেতে পারছিনা। সাবলীল ভাবে মেলামেশা করতে পারছি না। নিজেদের মধ্যে মনের দূরত্ব তো ছিলই আগে থেকে, এখন সেটা আবার স্থানের দূরত্ব হয়ে গেল। নির্দিষ্ট দূরত্ব রেখে কথাবার্তা মেলামেশা করতে হবে। প্রায় গোটা মানব জাতি আজ বিপন্ন। বিরাট বিপদের সামনে আমরা। সবাই আজ এক নৌকায়। We all are in a same boat dear!!!! কিন্তু বিরাট কোনো বিপদ শুধুমাত্র আতঙ্ক, মৃত্যুই দিয়ে যায় না। এর মধ্যেই থাকে বিরাট কোন শিক্ষা। নবনির্মাণ এর হদিস। চেতনা জাগরণের উপায়। "আমরা সবাই একই নৌকায় আছি"!!!! গোটা মানবজাতির আসলে শ্রেণীহীন একটা ভিড়। Class less crowd!! এই সত্যটা স্বতঃস্ফূর্তভাবে অনুভব করার মতন পরিস্থিতি জীবনে বারবার আসে না। এই জীবনবোধকে আলিঙ্গন করার সুযোগ সমাজ এবং সংসার কেউ আমাদের দেয় না। বরং সারা জীবন ধরে শিখে আসি "আপনি বাঁচলে বাপের নাম।" যেভাবেই হোক নিজের বা নিজের ছোট্ট পরিবারের সাংসারিক শ্রীবৃদ্ধি করে ফেলতেই হবে। আমার পরিবার সেফ থাকলেই হবে। পাশের বাড়ির লোকজন বাঁচল কি মরলো আমার জানার দরকার নেই। আমার ছেলে প্রতিষ্ঠিত হলেই হল, পরের ছেলে যত উচ্ছন্নে যায় তত আনন্দ। আমার নিজের সাংসারিক স্বার্থের বাইরে কোন দিকে তাকানোর দরকার নেই। এই স্বার্থপর জীবনবোধের ই by-product হল ----- "যেভাবেই হোক আমার দলকে জিততে হবে। আমার ধর্ম , আমার সম্প্রদায়, আমার সংগঠন, আমার প্রতিষ্ঠান, আমার মতবাদ, আমার আদর্শ, আমার দেশ টিকে থাকলেই হল। বাকিদের কি হচ্ছে আমার জানার দরকার নেই"।

আজকের এই ভাইরাস টা শুধুমাত্র রোগ, মৃত্যু, আতঙ্ক নিয়েই আসেনি, এক মহাসত্য নিয়েও এসেছে। একটা চূড়ান্ত জাগরণ নিয়ে এসেছে ; সেটা হল-------আমরা সবাই তথা গোটা বিশ্ব

একসূত্রে গাঁথা। সবাই একটাই পরিবার। একজনের বিপদ হলে অন্য কেও বিপদগ্রস্ত হতে হয়। এই ধরনের ভাইরাস শ্রেণিবৈষম্য বোঝেনা। গরিব বড়লোক বুদ্ধিজীবী নিরক্ষর হিন্দু-মুসলমান বিজেপি সিপিএম তৃণমূল স্বদেশ-বিদেশ এসব কিছু বোঝেনা। গোটা মানব জাতি এক নৌকায়। We all are in a same boat dear!!! আমাদের ব্যক্তিস্বার্থ বোধ দিয়ে তৈরি সারা জীবনের সাংসারিক সমস্ত পরিকল্পনা, নিজের ঘর, আখের গোছানোর জন্য সারা জীবন ধরে পরিশ্রম করে যা যা করেছি তা এক ঝটকায় ছিন্নভিন্ন হয়ে যেতে পারে। যখন তখন আমার সুখের পরিবারের সমস্ত সুখ শেষ হয়ে যেতে পারে। জীবন চূড়ান্ত অনিশ্চিত। তাই শুধুমাত্র নিজের সুখের চিন্তা করাটাই, নিজের আখের গোছানোটাই জীবনের ধারা হতে পারে না।

আজ আমরা এতটাই আতঙ্কিত!!!! তা কারণ আমরা "একা"। আমরা গোটা পৃথিবী থেকে মুখ ঘুরিয়ে আমাদের ছোট্ট ঘরে বাস করি। ব্যক্তিগত সুখ ভোগের দিকে অতিরিক্ত তাকাতে গিয়ে আমাদের বড় পরিবার ভেঙে ফেলেছি। আমাদের জীবনবোধের পরিবর্তন প্রয়োজন। বেঁচে থাকার পদ্ধতির পরিবর্তন প্রয়োজন। আনন্দ কিভাবে পাওয়া যায়, কিভাবে সত্যি সত্যি সুখী হওয়া যায় ; আবার নতুন করে ভাবা প্রয়োজন। সফল হওয়া কাকে বলে, প্রতিষ্ঠিত হওয়া কাকে বলে এগুলোর নতুন করে বিচার করা প্রয়োজন। কিভাবে নিজেকে ও সকলকে রক্ষা করা যায় নতুনকরে ভাবা প্রয়োজন। আজ আমরা সবাই এক নৌকায়, এবং সেই নৌকায় ফুটো হয়ে জল ঢুকেছে একটু একটু করে। আজও আমরা শুধুমাত্র ব্যক্তিগত সুখ ভোগ ,নিজের সাংসারিক শ্রীবৃদ্ধি, সাম্প্রদায়িক ভেদাভেদ, রাজনৈতিক সংঘর্ষ ও ক্ষমতার লড়াই এই সবের মধ্যেই ডুবে থাকবো??? নাকি এক পরিবার হয়ে একে অন্যের হাত ধরবো।

7

সপ্তম অধ্যায়

জীবনে দুজনকে কখনো ভুলি না..যে নিজে সবকিছু হারিয়েছে আমাকে জেতানোর জন্যে - সে হলো আমার বাবা। যে আমার সব দুঃখে আমার সাথে আমার পাশে ছিল - সে হলো আমার মা। "মা" হল এমন একটা ব্যাঙ্ক, যেখানে আমরা আমাদের সব রাগ, অভিমান, কষ্ট জমা রাখতে পারি। আর "বাবা" হল এমন একটা ক্রেডিট কার্ড, যেটা দিয়ে আমরা পৃথিবীর সমস্ত সুখ কিনতে পারি।

১)আমার প্রথম আশ্রয় > মায়ের পেট,,

২)আমার প্রথম রেস্তরা > মায়ের স্তন,,

৩)আমার প্রথম টয়লেট > মায়ের কোল,,

৪)আমার প্রথম দেখা দৃশ্য > মায়ের মুখ,,

৫)আমার প্রথম বিছানা > মায়ের কোল,,

৫)আমার প্রথম রুপকার > আমার মা,,

৭)আমার প্রথম স্কুল > মায়ের রান্নাঘর,,

৮)আমার প্রথম শিক্ষক > আমার মা,,

৯)আমার প্রথম ডাক্তার > আমার মা,,

১০)আমার প্রথম থার্মোমিটার > মায়ের আঙ্গুল,,

১১)আমার প্রথম বন্ধু > আমার মা,,

১২)আমার প্রথম সাইকেল > মায়ের পিঠ,,

১৩)আমার প্রথম উকিল > আমার মা,,

১৪)আমার প্রথম শুভাকাংখি > আমার মা,,

১৫)আমার প্রথম চুম্বনকারী > আমার মা,,

১৬)আমার প্রথম ভালোবাসা > আমার মা,,

১৭)আমার প্রথম শাসনকর্তা > আমার মা,,

১৮)আমার প্রথম ভাষাদাত্রী > আমার মা,,

১৯)আমার প্রথম অস্ত্র > মায়ের আশির্বাদ,,

২০)আমার প্রথম ও শেষ ভরষা ও বিশ্বাস > আমার মা।

যে মানুষটার জন্য আমরা পৃথিবীর আলো দেখেছি, যার অক্লান্ত পরিশ্রমের ফলে আমাদের স্কুল, কলেজ, প্রতিষ্ঠা। যে মানুষটা মুখে বলে, এত বড়লোকি কিসের! তারপরেই জিজ্ঞেস করে, অ্যান্ড্রয়েড ফোনের দাম কত? নিজের জন্য সস্তার শার্ট কিনে সাধ্যের বাইরে গিয়েও পরিবারের জন্য খরচ করে হাসি মুখে। সকলকে দিয়েই তার আনন্দ। যে মানুষটা শীতের রাতে চুপিসারে ঘরে ঢুকে ঘুমন্ত সন্তানের গায়ে ঢাকা দিয়ে দেয় লুকিয়ে লুকিয়ে সেই সমস্ত বাবাদের জানাই প্রনাম।

বাবার দ্বিতীয় মৃত্যুবার্ষিকী ছিল। ভেবেছিলাম কিছু একটা লিখব বাবাকে নিয়ে ফেসবুকে। রাতে অফিস থেকে ফিরে খাওয়া সেরে মশারিটা টানিয়ে নিয়েছিলাম রোজের মত। আমার আটপৌরে মানসিকতায় মশারির সঙ্গে ঘুমের যোগাযোগ এখনও অবিচ্ছিন্ন। বালিশে শুয়ে মোবাইলে টাইপ করতে করতে কখন ঘুমিয়ে পড়েছি জানিনা। ছেলে তার মায়ের সাথে মামারবাড়ি। মাঝরাতে কোন এক সময়ে ঘুম ভাঙল। ঘুমচোখে পাশের দিকে তাকিয়ে দেখি বাবা মশারি তুলে মুখ ঢুকিয়ে তাকিয়ে আছে। ঠিক আগের মত ভঙ্গিতে। আমার বিয়ে হওয়ার আগে অবধি রাতে বাথরুমে উঠলে বাবা একবার আমার ঘরে ঢুকত। মশারি তুলে একটুক্ষণ তাকিয়ে দেখত আমি ঠিক ঘুমচ্ছি কিনা। রাতে হঠাৎ ঘুম ভেঙে বাবাকে এই অবস্থায় দেখলে আমার বিরক্ত লাগত। পরদিন সকালে উঠে মায়ের কাছে বকবক করতাম- আমি তো যথেষ্ট বড় হয়েছি মা। আমার প্রাইভেসি আছে। বাবা এরকম রাত্রি বেলায় মশারি তুলে মুখের দিকে তাকিয়ে থাকবে ? মা ও বিব্রত বোধ করত। কি বলি বল ? লোকটাকে তো বললে শোনে না। আজ বুঝি পিতা হওয়া এতো সহজ নয় ।

বাবা মানে ওদের কাছে শুধুই একজন কাজের লোক। সত্তরের কোটায় পৌঁছেও সংসারে বাজার করা থেকে রেশন তোলা, ইলেকট্রিক বিল জমা দেওয়া সবই একা হাতে করতে হয় । বুড়ো বাবাকে নিয়ে যাতে কোনো নাজেহাল হতে না হয় সেই চেষ্টাতেই ওরা সদাব্যস্ত। আসল কথা হলো বাবা পৃথিবী ছাড়লেই ওরা হাঁফ ছেড়ে বাঁচে। এই তো গেলো প্রতিদিনের রোজনামচা তবে ওদের অত্যাচার আরো বাড়ে বাবা অসুস্থ হলে। বাবা বলতেন শুধু ভালোটার ভাগ নিলে তো চলেনা রে বাবু । আমি তো হেড অফ দা ফ্যামিলি । বলে মুচকি হাসতেন । একদিন বাবা সত্যিই সত্যি পৃথিবীর মায়া ছেড়ে চলে গেলেন আমাকে হেড অফ দা ফ্যামিলি কোরে। প্রথম মৃত্যুবার্ষিকীর পরে প্রায়ই বাবাকে স্বপ্নে দেখতাম ।

আজ বাবা নিজেই ডাকল- বাবু ! উঠে বসলাম। বললাম- বোসো বাবা। বাবা পা দুটো বাইরে ঝুলিয়ে মশারির মধ্যে ঢুকে বসল। দুহাত দুপাশে বিছানার উপর সাপোর্ট দিয়ে। ঈষৎ ঝুঁকে। বললাম-কেমন আছো বাবা ? বাবা হেসে মাথা নাড়ল। বলল- কোনও কষ্ট হচ্ছে না তো বাবু ? বললাম-প্রথমে হচ্ছিল খুব, জানতো ? তুমি চলে যাওয়ার পর। রাতারাতি হেড অফ দি ফ্যামিলি হয়ে যাওয়াটা সহজ। কিন্তু কাজটা কঠিন। তুমি যাওয়ার পর বুঝেছি সব কিছু নিজের মতই হয়।যা হওয়ার তাই হয়। কিন্তু একজন হেড অফ দি ফ্যামিলি লাগে। একটা সংসারে...একটা প্রতিষ্ঠানে...রাজ্যে...দেশে সব জায়গায়। যাকে সব ব্যর্থতার সব ভুলের দায় নিতে হয়। একটা মানুষ লাগে আঙুল তোলার জন্য । সবার দায়িত্ব নেওয়ার জন্য। কত বড় হয়ে গেছিস বাবু! বাবার কথায় হাসলাম- বড় আমি অনেকদিনই হয়ে গেছি বাবা। বেঁচে থাকতে তুমিই কোনদিনই বুঝলে না। বাবা হাসল- বাবারা কোনোদিন বোঝে না। ছেলেমেয়েরা বড় হয়ে যায় এটা বাবারা মেনে নিতে পারে না। বললাম-বাবা আমার ছেলে হয়েছে...জানো তো ? বাবা দাঁত বের করে হাসল- জানি। বললাম- আমি মনে হয় পারব না বাবা। যে ভাবে তুমি আমাদের আগলে রেখেছিলে,

ঘিরে থেকেছিলে...আমার ধৈর্য কম। আমি মনে হয় পারব না আমার ছেলের জন্য অতটা করতে। পিতৃত্ব-মাতৃত্ব মানুষকে কি শিখতে হয় ? সময়ে সব আসে...সব হয়- বাবা কেমন ধরা গলায় বলল। বললাম – জানো বাবা ছেলেকে জড়িয়ে ধরে যখন শুয়ে থাকি...একটা মিষ্টি গন্ধ পাই ছেলের গায়ে। ডাক্তার এইটুকু বয়সে সাবান-পাউডার মাখাতে বারণ করেছে। তবু একটা কেমন মিষ্টি গন্ধ। কেন কে জানে। বাবা চুপ করে রইলো। একটু ইতস্তত করতে লাগল। বললাম- কি হল ? বাবা বলল- মায়া ! ছেলেমেয়ের গায়ের এই মিষ্টি গন্ধ শুধু বাবা মা-ই পায় বাবু ! সারাজীবন । তুই বড় হয়ে গেলেও রাতে ঘুমোবার ফাঁকে মশারি তুলে এসে আমি এই গন্ধই পেতে চেষ্টা করতাম। প্রথম তোকে কোলে নেওয়া থেকে শুরু করে যতবার বুকে জড়িয়েছি ...এই মিষ্টি গন্ধটাই প্রাণভরে নিতে চেয়েছি...এই তো মায়া বাবু ! মায়াই গন্ধ হয়ে কস্তূরীমৃগের মত বাবা মাকে তাড়িয়ে নিয়ে বেড়ায়।ছেলেমেয়ের জন্য বুকের মধ্যে জিইয়ে রাখে মোহ। কেমন একটা করে উঠল মনের ভিতরটা। আদিম পিতৃহৃদয় যেন ছুঁয়ে দিয়ে গেল সৃষ্টির আদিতে জন্ম নেওয়া বাৎসল্য রহস্যের মর্ম। বাবা উঠল যাওয়ার জন্য। বলল সাবধানে থাকিস। যেতে গিয়ে ফিরল একবার- ছেলেকে কি বলে ডাকছিস ? অস্ফুটে বললাম- বাবু । মহাকাল বোধহয় অদৃশ্যে শেষ হাসি হাসলেন ।

একদিন ৮০ বছর বয়সী এক বৃদ্ধ পিতা ও তারপুত্র তাদের বাগানের একটা বেঞ্চে বসেছিল । হঠাৎ একটি কাক এসে বসলো, তার পিতা জিজ্ঞেস করলেন, "এটা কি ?"পুত্র বলল - "এটি একটি কাক ।" কয়েক মিনিট পর, পিতা আবার জিজ্ঞেস করলেন , "এটা কি ? পুত্র বলল - "আমি তো কেবলি বললাম এটা একটা কাক ।" একটু পর আবার পিতা জিজ্ঞেস করলেন, "এটা কি ?" এবার পুত্র অনেকটা বিরক্ত হয়েই কর্কশগলায় বলল ,"এটা একটা কাক, এটা একটা কাক ।" এবার পিতা ৪র্থ বারের মত জিজ্ঞেস করলেন "এটা কি ?" এবার পুত্র প্রচণ্ড রেগে গেল, রাগের চোটে কাঁপতে কাঁপতে চিৎকারকরে পিতাকে ধমক দিয়ে বলল "তুমি কেন বার বার আমাকে একি কথা জিজ্ঞেস করছ ? আমি তো তোমাকেবহুবার বললাম এটা একটা কাক,এটা একটা কাক, চোখ নেই তোমার, বুঝতে পার না ?" বৃদ্ধ পিতা কোন কথা না বলে তিনি হেঁটে হেঁটে চলে গেলেন ।একটু পর ফিরে এলেন একটা ডায়রি সাথে নিয়ে । তিনি তার পুত্র কে বললেন "এটা পড়, মনোযোগ দিয়ে পড়বে ।" "আজ আমি আমার ৩ বছর বয়সী ছেলের সাথে বাগানের বেঞ্চিতে বসেছিলাম । হটাৎ একটা কাক এসে বসলো । আমার ছেলে আমাকে ২৩বার জিজ্ঞেস করল "এটা কি?" আর আমি ২৩ বারউত্তর দিলাম "এটা একটা কাক ।" তাকে প্রতিবার উত্তর দেবার সময় তাকে গভীর ভালবাসায় জড়িয়ে ধরেছিলাম । আমার পুত্র আমাকে একি প্রশ্ন ২৩ বার জিজ্ঞেস করেছে এবং আমি একটুও বিরক্ত বোধ দেখাইনি আমার নিস্পাপ ছেলেটার প্রতি ।" পুত্রের চোখের কোনে জল জমতেশুরু করল । পুত্র ডায়রিটা বন্ধ করে গভীর ভালবাসায় তার পিতাকে জড়িয়ে ধরল । আর ধরা গলায় বলল "Sorry Baba" অনেক সময়ই আমরা আমাদের বাবা – মায়ের সাথে খারাপ ব্যাবহারকরি, উচু গলায় কথা বলি । কখনো কি ভেবে দেখেছেন কি পরিমান ভালবাসা আর কষ্ট করেছেন তারা আমাদের বড় করার জন্য ? পৃথিবীর কোনকিছু দিয়ে কি তাদের এই ঋণ শোধ করা সম্ভব ?

একজন পিতা এমন এক রোবট, যিনি তার সন্তানদের থেকে সর্বদিক থেকে নিরাশ হওয়ার পরেও তাদের মনপ্রাণ উজাড় করে ভালোবাসে এবং সর্বদা তাদের মঙ্গলের জন্য আর্শীবাদ করে। একজন বাবা তো এমন এক মহাপুরুষ , যিনি স্বীয় সন্তানদের সকল কষ্ট সহ্য করে নেন। তখনও, যখন সন্তান বাবার পায়ের উপর পা রেখে চলতে শিখে এবং তখনও, যখন বড় হয়ে বাবার বুকের উপর পা রেখে চলে যায়। একজন বাবা পৃথিবীর এক এক মহাপুরুষ , যিনি সারাজীবনের

কষ্টার্জিত মহামূল্যবান সম্পদগুলো অকাতরে সন্তানদেরকে দিয়ে দেন। যদি মা সন্তানদেরকে ৯ মাস পেটে ধারণ করে থাকেন; তবে বাবা সারাজীবন স্বীয় ব্রেইনের মধ্যে ধারণ করে চলতে থাকেন। পৃথিবীটা ততক্ষণই সু্ন্দর ও উপভোগ্য মনে হয় যতক্ষণ 'বাবা' নামক সত্বার ছায়া মাথার উপর বিরাজমান থাকে।

আমরা সবাই তো এখন এক একজন এক একটা নাম্বার ,মোবাইলে সেভ করা থাকতে চিনতে পারি ,আর না থাকলে রেফারেন্স দিলেও চিনতে পারিনা ! কি করে চিনব বল ? হাতে লেখা চিঠিতে নিজের নাম লেখা না থাকলেও হাতের লেখা দেখে আগে মানুষ চিনতে পারত ,এটা কার চিঠি ।মনের ভেতর সেভ করা থাকত যে !কিন্তু মোবাইলের মেসেজে তো সবার হাতের লেখাই একরকম ।

আমরা বাবা মায়েরা এত কষ্ট করেছে সন্তানের সুখের জন্য। কিন্তু সত্যিই যখন তাদের জীবনে সুখ আসে, সাফল্য আসে, তখন কেনো ওদের কে টেনে ধরে ওদের সাফল্যের বিরুদ্ধে সব থেকে বড় বাঁধা হয়ে দাঁড়াই আমরা বৃদ্ধ বাবা মায়েরা? আমরাওতো একদিন বাবা মা কে ছেড়ে শহরে এসেছি চাকরির জন্য। বুকে হাত রেখে বলুনতো , আমাদের ছেলের অনেক উন্নতি হোক এটা আমরা চাইনি? বাবা মা সব সময় চায় তার ছেলে মেয়ে যেন অনেক বড় হয়, তাদের উড়ান যেন কখনো থেমে না যায়। যেই উচ্চতায় আমরা কখনো যেতে পারিনি, সেই উচ্চতা যেন আমাদের সন্তান ছুঁতে পারে। আমি জানি ওদের ব্যস্ত জীবনে কিছুদিন আমার ভালো লাগলেও বাকি জীবন আমি ওদের ওখানে কাটাতে পারবো না।

চীনের প্রেসিডেন্ট শি জিনপিং বলেছিলেন, "আমার বাবার দেওয়া তিনটে উপদেশ আমাকে আজ এই পর্যায়ে আসতে সাহায্য করেছে"!

একদিন রাতে বাড়ি ফিরে দেখি, বাবা আমার জন্য খাবার টেবিলে অপেক্ষা করছেন"!!!"

টেবিলে রাখা আছে রান্না করা ন্যুডলসের দুটি প্লেট"!!!"

একটা প্লেটের ওপর রাখা ছিল একটি খোসা ছাড়ানো সিদ্ধ ডিম"!!!"

অন্য প্লেটটি ছিল শুধু ন্যুডলসের, আমাকে যেকোনো একটি প্লেট বেছে নিতে বললেন বাবা"!!!"

স্বাভাবিকভাবেই আমি ডিম সমেত প্লেটটাই উঠিয়ে নিলাম"!!!"

সেইসব দিনে চীনে ডিম ছিল এক দুষ্প্রাপ্য জিনিস! উৎসবের দিন ছাড়া কারো বাড়িতে ডিম খাবার কথা তখন ভাবা যেতো না"!!!"

খাওয়া শুরু করার পর, দেখা গেলো বাবার প্লেটে ন্যুডলসের তলায় লুকিয়ে রাখা আছে দুটো ডিম, ফলে আমার খুব দুঃখ লাগছিলো তখন"!!!"

মনে মনে ভাবছিলাম, কেন যে তাড়াহুড়ো করে বাছতে গেলাম.?"

বাবা আমাকে দেখছিলেন, খাবার শেষ করার পর মৃদু হেসে বললেন, মনে রেখো তোমার চোখ যা দেখে, সেটা সবসময় সত্যি নাও হতে পারে"!!!"

শুধু চোখে দেখে যদি মানুষ বা কোনো পরিস্থিতিকে বিচার করে সিদ্ধান্ত নাও, ঠকে যাওয়ার সম্ভবনাই বেশি"!!!"

পর দিন আমার বাবা আবারও খাবার টেবিলে ন্যুডলস ভর্তি দুটো প্লেট রেখে আমাকে খেতে ডাকলেন"!!!"

আগের দিনের মতো এবারও একটাতে ডিম আছে, আর একটাতে নেই"!!!"

আমাকে যে কোনো একটি প্লেট বেছে নিতে বলা হলো"!!!"

আমি আগের অভিজ্ঞতা থেকে জেনেছি, চোখ যা দেখে তা সত্যি নাও হতে পারে"!!!"

আমি ডিম ছাড়া প্লেটটিই বেছে নিলাম"!!!"

কিন্তু খেতে গিয়ে দেখলাম, ভেতরে কোনো ডিমই নেই! বাবা আমার দিকে তাকিয়ে আবার হাসলেন"!!!"

অভিজ্ঞতা সব সময় সঠিক পথ দেখায় না, জীবন বড় বিচিত্র"!!!"

জীবনে চলার পথে বহুবার আমাদের মরীচিকার মুখোমুখি হতে হয়, এর থেকে উত্তরণ অসম্ভব"!!!"

জীবন যেটা তোমাকে দিয়েছে, সেটা মেনে নিলে কষ্ট কম হবে"!!!"

তোমার অভিজ্ঞতা এবং বুদ্ধিমত্তা তুমি অবশ্যই কাজে লাগাবে, কিন্তু শেষ কথা জীবনই বলবে"!!!"

তৃতীয় দিন আবার একই ঘটনার পুনরাবৃত্তি"!!!"

আগের দিনের মতই এবারেও একটাতে ডিম আছে, আর একটাতে নেই"!!!"

তবে একটা ব্যাপার এবার একটু অন্য রকম মনে হলো"!!!"

এবার আমি বাবাকে বললাম, আগে তুমি নাও, তারপর আমি"!!!"

কারণ তুমি বাড়ির সবার বড়, এই সংসার তোমার আয়ে চলে, তোমার অধিকার সবার আগে"!!!"

শুনে বাবার মুখে উজ্জ্বল হাসি ফুটে উঠলো, মুখে কিছু বললেন না যদিও"!!!"

খাওয়া শুরু করার পর, আমি দেখলাম ন্যুডলসের নীচে আমার প্লেটে দুটো ডিম"!!!"

খাবার শেষ করার পর, বাবা আমাকে কাছে ডাকলেন"!!!"

সস্নেহে আমার হাত ধরে বললেন, মনে রেখো, কৃতজ্ঞতা এবং ঋণ স্বীকার করা মানুষের শ্রেষ্ঠ ধর্ম"!!!"

তুমি জীবনে যদি অন্যের জন্য ভাবো, অন্যকে দাও, জীবনও তোমার কথা ভাববে, তোমাকে আরো বহুগুণে ফিরিয়ে দেবে"!!!"

আমাদের সকলের জীবনে বাবা-মা প্রধান এবং প্রথম শিক্ষক, বাবা-মার উপদেশ পালন করে কেউ কখনো ঠকেনি, ঠকবে না"!!!"

কারণ, কোন বাবা-মা সন্তানের অমঙ্গল কামনা করেন না ভালো থাকুক পৃথিবীর সকল বাবা মা...!!!"

এক তরুণী তার বাবাকে সাথে নিয়ে গাড়ি ড্রাইভ করছিলো। কিছুক্ষণ পর আকাশ কালো মেঘে ছেয়ে গেলো এবং তুমুল ঝড় এবং বৃষ্টি শুরু হলো। তরুণী টি ভয় পেয়ে বাবাকে জিজ্ঞাসা করলো,বাবা কি করবো! পাশের সিট থেকে বাবা মেয়েকে সাহস যোগালেন, ''তুমি ড্রাইভ করতে থাকো। থেমো না"। তরুণীটি গাড়ি ড্রাইভ করতে লাগলো,কিন্তু ঝড়ের প্রচন্ডতা আরো বেড়ে যাওয়াতে গাড়ি ড্রাইভ করা কঠিন হয়ে পড়ছিলো। কিছুক্ষণ পর গাড়ি নিয়ন্ত্রণ করা প্রায় অসম্ভব হয়ে উঠলো। তরুণীটি আবারো তার বাবার কাছে জানতে চাইলো থামবে কিনা। বাবা আগের মতই ড্রাইভ করতে বললেন। কিছুদুর ড্রাইভ করার পরে তরুণী লক্ষ্য করলো তার পথের কিছুসামনে ষোলো চাকার একটা লরি রাস্তার পাশে সাইড করে থেমে যাচ্ছে। তারসামনে আরো কিছু গাড়ি রাস্তার একপাশে পার্ক করে থেমে আছে। দৃশ্যটি দেখে তরুণী টি বাবাকে বললো, "বাবা এবার আমাদের থামতেই হবে। আশেপাশের সবাই দেখো গাড়ি ড্রাইভ করা বন্ধ করে পথের পাশে

থেমে যাচ্ছে"। কিন্তু বাবা সেই আগের মতই তার সিদ্ধান্তে অটল। হাল ছেড়োনা। তুমি আস্তে আস্তে ড্রাইভ করতে থাকো। বাবারকথা শুনে মেয়েটি সাহস পেলো এবং প্রচন্ড ঝড়ের মধ্যেও আস্তে আস্তে সামনের দিকে আগাতে লাগলো। এভাবে কয়েক মাইল যাবার পরে তরুণীটি আবিস্কার করলো, ঝড় থেমে গেছে এবং সূর্য্য উঠে গেছে। এবার বাবা বললেন, 'এবার গাড়ি থামিয়ে বাইরে বেরোতে পারো।' তরুণী টি অবাকহয়ে বাবাকে জিজ্ঞাসা করলো, এখন কেন বলছো? বাবা বললেনঃ "এখন এজন্যই বের হতে বলছি যাতে তুমি পেছনের দিকে তাকাতে পারো এবং সেই সব মানুষদের দেখতে পারো যারা হাল ছেড়ে দিয়েছিলো এবং থেমে গিয়েছিলো।ওঁরা এখনো ঝড়ের মধ্যেই আছে। কিন্তু তুমি হাল ছাড়োনি এবং থেমে যাওনি, তাই তোমার ঝড় এখন শেষ!..." জীবনের ক্ষেত্রেও একই ব্যাপার প্রযোজ্য। জীবনে চলার পথে আমরা অর্থনৈতিক, আবেগিক,পারিবারিক, সামাজিক ক্ষেত্রে নানা ধরণের ঝড়ের মুখোমুখি হই এবং ভয় পেয়ে থেমে যাই। থেমে থাকার ফলে সেই ঝড়ে আমাদের জীবনগাড়ি নানাভাবে ক্ষতিগ্রস্থ হয় যা আত্মবিশ্বাসে ঘাটতি এনে দেয়। জীবনের রাস্তা রেসিং ড্রাইভের মত মসৃণ নয়। জীবনের পথ বড়বন্ধুর। চলার পথে নানা ধরণের বাধা-বিপত্তিই আসবেই, কিন্তুথেমে থাকলে ক্ষতির পরিমাণ ই শুধু বাড়বে। কঠিন পরিস্থিতিতে পড়ে আশেপাশের মানুষগুলো কিংবা সবচেয়ে কঠিন লোকটিও হালছেড়ে দিয়েছে বলেই যে আপনাকেও হাল ছাড়তে হবে এমন নয়। পরিস্থিতি যত কঠিনই হোক না কেন,ধীরে-ধীরে সামনের দিকে অগ্রসর হতে থাকুন।

৪

অষ্টম অধ্যায়

একজন মা বা নারী একটি জাতির জীবন। নারীর পরিশুদ্ধতার উপর নির্ভর করে আগামী ভবিষ্যৎ প্রজন্ম। যে জাতি বা সমাজ নারীকে সম্মান করে না, সে জাতি বড় অভাগা। আজকের আমি, সেও এক নারী বা মায়ের গর্ভজাত সন্তান। কত, না ঘুমিয়ে, কত কষ্টে দিনের পর দিন আমাকে পরিপালন করেছেন। বিনিময় শুধু তার একটাই প্রত্যাশা তার সন্তান মানুষ হোক, সুখে থাক। আজকে মাকে আমি কী দিলাম? পৃথিবীর অফুরন্ত সম্পদ তার পায়ের কাছে এনে দিলেও তার স্নেহঝরা ভালোবাসার কাছে কিছুই না। আর প্রত্যেকটি মেয়েই মায়ের বিভিন্ন রূপ। যতদিন নারীকে মায়ের মর্যাদা দিতে পারবো না ততদিন আমরা মনুষ্যত্ব থেকে দূরে থাকবো। আবার এও দেখেছি কত অভাব অনটন তবু স্বামী বা স্ত্রী একে অপরের প্রতি শ্রদ্ধাশীল। সেখান অভাব হলেও শান্তির থামতি নেই, যেমন আমার বাবা আর মা। আজ যখন শুনি একটি নারীর উপর বলাৎকার হচ্ছে তখন ভারী কষ্ট হয়। নারীকে তার প্রাপ্য সমান দিতে হবে, তবেই আমরা মানুষ। নারীর মাতৃত্বকে সম্মান জানানো আমার ধর্ম।

আমি নারীদের সম্মান করি কিন্তু এটাও মনে করি যে সব নারী সম্মানের যোগ্য নয়। ছোটবেলা থেকে আমার সব থেকে কাছের যে নারী সে আমার মা... আমার জন্য কতো কষ্ট করেছে... আমাকে আগলে রেখেছে... আমার চিন্তায় শরীর খারাপ করেছে... আমার জন্য সর্বস্ব বিলিয়েছে... শুধু আমার জন্য নয়... সংসারের জন্য অনেক করেছে... অনেক হারিয়েছে... নিজের বাপের বাড়ি, শ্বশুর বাড়ি দুদিককে সমান ভাবে রক্ষা করেছে। আমি এই নারীকে সম্মান করি। তার সাথে ঘৃণা করি আমার সেই মাতৃতুল্যা নারীদের যারা সারা জীবন এই রকম একজন সৎ নারীর বিরুদ্ধে ষড়যন্ত্র করেছে। আমি ঘৃণা করি সেই সব নারীদের যারা আমার মায়ের সঙ্গে শত্রুতা করেছে। তাই আমি কি করে এই মিথ্যা কথাটা বলি যে আমি সব নারীদের সম্মান করি? করি না... করতে পারি না।

চাকরি বা অন্য কোনো ফর্ম পূরণের সময় আমরা আমাদের স্ত্রী বা মায়ের অকুপেশনের জায়গায় লিখি হাউস-ওয়াইফ। অথবা কেউ জিজ্ঞাসা করলে আমরা বলি 'আমার স্ত্রী কিছুই করে না, বাড়িতেই থাকে। বেসিক্যালি হাউস-ওয়াইফ।' অথচ 'কিছু না-করা' মাকে বা স্ত্রীকে সকাল থেকে রাত পর্যন্ত বাড়ির প্রতিটি কাজ অত্যন্ত যত্নের সঙ্গে মুখ বুজে করে যেতে দেখি। মায়ের বা স্ত্রীর থাকে না কোনও অভিযোগ, না কোনও প্রকাশ্য দাবিদাওয়া বা ছুটি। তাই আমি কোনোদিন

কোনও ফর্মে কখনও স্ত্রী বা মায়ের অকুপেশনের জায়গায় হাউস-ওয়াইফ লিখি না , লিখি হাউস হোল্ড ওয়ার্ক।

রোজ ঘরোয়া কাজে মেয়েদের কত পরিশ্রম হয় জানেন? দৈনন্দিন জীবনে, বর্তমান কর্মব্যস্ততায় সংসারে মেয়েদের অংশগ্রহণ পুরুষদের তুলনায় অনেক বেশি। চাকুরিজীবী মহিলারা কর্পোরেট দুনিয়ার যাবতীয় কাজের চাপ সামলে ঘর-সংসারের কাজও সমান দক্ষতা ও নৈপুন্যের সঙ্গে প্রতিদিন করে যান। সে দিক থেকে তাঁদের অবদান বা পরিশ্রম যে পুরুষদের তুলনায় অনেকটাই বেশি, তা আর বলে দিতে হয় না। তবে যে সব মহিলারা শুধু ঘর-সংসারের দায়িত্ব সামলান (হাউজ ওয়াইফ), তাঁদের পরিশ্রমের সঠিক মূল্যায়ণ কখনই হয় না। দুর্ভাগ্যের বিষয়, আজও এ কথা অনেকেই বিশ্বাস করেন, দৈনন্দিন গৃহস্থালীর কাজে অফিস-কাচারী করার মতো তেমন একটা পরিশ্রম হয় না।

ঘরোয়া কাজ মানেই, সহজ কাজ। আর এই ধারণার জন্য আজও মেয়েদের কম লাঞ্ছনার শিকার হতে হয় না! কিন্তু পুষ্টিবীদদের মতে, দৈনন্দিন গৃহস্থালীর কাজে যে পরিমাণ ক্যালরি খরচ হয় তা সারাদিন বাসে-ট্রামে যাতায়াতের ঝক্কি, অফিসের কাজের চাপের তুলনায় মোটেই কম নয়, বরং বেশির ভাগ ক্ষেত্রেই বেশি! আসুন এ বার জেনে নেওয়া যাক, দৈনন্দিন গৃহস্থালীর কোন কাজে কত ক্যালরি খরচ হয়...

ঘর ঝাড় দেওয়া: ঘর পরিষ্কার রাখতে প্রতিদিন অন্তত একবার ঘর ঝাড় (ঝাড়ু) দিতেই হয়। আর এই কাজটা যাঁরা নিজে করেন তাঁরা প্রতিদিন অন্তত ১২৫ ক্যালরি খরচ করেন এই কাজে।

ঘর মোছা: পরিষ্কার করে ঘর মোছা মোটেই সহজ কাজ নয়। হাঁটু মুড়ে বসে ঘরের কোনায় কোনায় হাত ঘুরিয়ে মুছতে হয়। এতে পা, পিঠ ও কোমরের কসরত্ হয় যথেষ্ট। সেই সঙ্গে হাতেরও ব্যায়াম হয়ে যায়। মাত্র ২০ মিনিট ঘর মুছতে প্রায় ১৫০ ক্যালরি খরচ হয়।

রুটির বানানো: রুটি অত্যন্ত স্বাস্থ্যকর, খেতেও ভাল লাগে। জানেন এই রুটি বানাতে কতটা ক্যালরি খরচ হয়? রুটি বানাতে গিয়ে আটা মাখতেই প্রায় ৫০ ক্যালরি খরচ হয়।

রান্না: যাঁরা প্রতিদিন রান্না-বান্না করেন, তাঁদের অন্তত ১০০ ক্যালরি খরচ হয় এই কাজে।

বাসন ধোয়া: খাওয়া-দাওয়ার পর প্রতিদিন‘চোদ্দবার’ বাসন ধোয়াটা কিন্তু মোটেই ততটা সহজ কাজ নয়, যতটা দেখে মনে হয়! সকালের জলখাবার থেকে শুরু করে নৈশভোজের পর... সব মিলিয়ে কিন্তু কম বাসন জমে না। জানেন, সারাদিনে এই বাসন ধোয়ায় অন্তত ১২৫ ক্যালরি খরচ হয়।

কাপড় কাচা: কাপড় কাচার জন্য এখন অনেকেই ওয়াশিং মেশিনের ব্যবহার করেন। তবে যাঁরা ওয়াশিং মেশিন ছাড়া নিজেরাই প্রতিদিন কাপড় কাচাকাচি করেন তাঁদের এ কাজে অন্তত ১৩০ ক্যালরি খরচ হয়। উল্লেখিত এই ৬টি কাজেই সব মিলিয়ে প্রায় ৬৮০ থেকে ৭০০ ক্যালরি খরচ হয়। এমন আরও আনুসাঙ্গিক অনেক কাজ রয়েছে, যার হিসাব আমরা অনেকেই রাখি না। ‘

গুড হাউজকিপিং’ নামের একটি আন্তর্জাতিক পত্রিকায় প্রকাশিত প্রতিবেদনে দাবি করা হয়েছে, যে দৈনন্দিন গৃহস্থালীর কাজে প্রতিদিন প্রায় ১২০০ থেকে ১৫০০ ক্যালরি খরচ হয়। সুতরাং, যে সব মহিলারা শুধু ঘর-সংসারের দায়িত্ব সামলান (হাউজ ওয়াইফ), তাঁদের কাজও যে যথেষ্ট পরিশ্রমসাধ্য তাতে আর কোনও সন্দেহ নেই।

বিশ্বে যা কিছু মহান সৃষ্টি চির কল্যাণকর, "তার অর্ধেক করিয়াছে নারী অর্ধেক তার নর"। সাম্যবাদী কবি কাজী নজরুল ইসলামের একটি কবিতাংশ এটি। কবিতাটি লেখাও হয়েছে বেশ

আগে। কিন্তু তারপরও যেন এই বিষয়টি প্রতিষ্ঠিত হয়নি। নারীদের নিয়ে আমাদের সমাজের ধ্যান ধারণা পরিবর্তিত হয়নি। কিছুটা উন্নতি অবশ্য হয়েছে। শিক্ষা ক্ষেত্রে নারীর অংশগ্রহণ ও প্রতিযোগিতা দুই-ই বেড়েছে।

একটা মেয়ে জন্ম থেকেই নানান ধরণের সামাজিক বাধা বিপত্তির মধ্যে দিয়ে বড় হয়ে উঠে। গ্রামীণ সমাজ থেকে শুরু করে স্কুল কলেজ সবখানেই যেন নানা প্রতিবন্ধকতা। এমনকি পাড়া মহল্লার কোন একটা দোকান থেকে মোবাইলে টাকা রিচার্জ করতে গেলেও সমস্যা। বিকেলে বাইরে ঘুরতে বের হলে সমস্যা। আর শারিরিকভাবে একটু বড় হয়ে গেলে যেন সমস্যার অন্ত নেই। আশেপাশের সবাই মিলে তখন শুধু বিয়ের আলোচনা শুরু করে দেয়। দৃশ্যমান এই সকল সমস্যার চেয়ে সবচেয়ে বড় সমস্যাটা হল মানসিক। সমাজের প্রতিটা পদে পদে একজন নারীকে মানসিক প্রতিবন্ধকরার স্বীকার হতে হয়। কর্মক্ষেত্রে কোন নারী তার নিজ যোগ্যতা গুণে এগিয়ে গেল কিংবা প্রমোশন পেলো, তখনও পুরুষ সহকর্মীরা নানা গুঞ্জন তৈরি করে। অবশ্য এমন গুঞ্জন তৈরিতে নারী সহকর্মীরাও অনেক সময় এগিয়ে থাকে বলে জানা যায়।

একদিন আমার সন্তানসম্ভবা স্ত্রী আমাকে জিজ্ঞেস করলো, “তোমার কী মনে হয়, ছেলে হবে না মেয়ে হবে ?” আমি – যদি ছেলে হয় তাহলে ওকে আমি অঙ্ক পড়াবো, আর দেখবে ও একদিন অঙ্কে ১০০ এর মধ্যে ১০০ পাবে। আমি ওকে অনেকদূর পর্যন্ত পড়তে অনুপ্রাণিত করবো - গ্রাজুয়েশন , পোস্ট গ্রাজুয়েশন, পিএইচডি , ডি এস সি .... আরো আরো অনেক। আমি ওকে ম্যাজিক শেখাবো, দেখবে ওর স্কুলের বন্ধুরা ওর সাথে বন্ধুত্ব করার জন্য পাগল হবে। আমি ওকে শুধু গল্পের বই নয় আরও অনেক বই পড়তে উৎসাহ জোগাবো, দেখবে ও একটা বই পাগল ছেলে তৈরী হবে।

স্ত্রী- আর যদি মেয়ে হয় ? আমি - আর যদি মেয়ে হয় তাহলে তাকে কোন কিছু শেখানোর দরকার নেই। স্ত্রী- কেন ? আমি - কারণ আমার মেয়ে আমাকে দ্বিতীয়বার নতুন করে সবকিছু শেখাবে... কী পরতে হবে...কী ভাবে খেতে হবে... কোথায় কী বলতে হবে, না বলতে হবে... একদিক থেকে দেখলে সে আমার দ্বিতীয় মায়ের মতই...আমি তার জন্য কিছু করতে পারি আর নাই পারি সে আমাকে চিরদিন নিজের হিরো মনে করবে... ... যখন আমি কোন কিছু করতে তাকে নিষেধ করবো সে আমাকে বোঝবার চেষ্টা করবে। সে যে বয়সেই পৌঁছাক, সারাজীবন এটাই চাইবে যে আমি তাকে একটা Baby Doll এর মতই ভালবাসি। মেয়ে বলেই সে আমার জন্য পুরো সংসারের সাথে লড়াই করবে, যখন কেউ আমাকে দুঃখ দেবে সে তাকে কোনদিন ক্ষমা করবে না।

স্ত্রী- তার মানে হচ্ছে,তোমার মেয়ে তোমার জন্য যা কিছু করবে তা তোমার ছেলে করতে পারবে না ? আমি- সেটা না... এমন হতে পারে আমার ছেলেও এসব করতে পারে... কিন্তু সে শিখবে। আর মেয়ে এই সব গুন নিয়েই পৃথিবীতে জন্ম নেবে । স্ত্রী- কিন্তু সে তো চিরকাল আমাদের সাথে থাকবে না। আমি- কিন্তু আমরা তার মনের ভেতরেই থাকবো। এতে কোন কিছু যায় আসে না সে কোথায় গেল না গেল...কারন মেয়েরা সবসময় বিনাশর্তে ভালবাসা আর দেখাশোনার জন্যই জন্ম নেয়।

একজন পুরুষ কে একদিন জিজ্ঞেস করা হল যে আপনার জীবনে সবথেকে গুরুত্তপূর্ণ মহিলা কে? উত্তরে সে হালকা হেসে বললো, --"আমার স্ত্রী! প্রশ্নকারী ব্যক্তি একটু আশ্চর্য হয়ে বললেন, -"বাকিরা তো সবাই মা বলছে। এবার সেই পুরুষটি বললেন, --"হ্যাঁ অনেকেই বলতে পারে মা, তবে আমার মতে সে তো আমার মা! তিনি আমাকে জন্ম দিয়েছেন, তিনি তো আমাকে ভালোবাসবেন-ই! কারন- তার সাথে তো আমার রক্তের সম্পর্ক রয়েছে, তার পেট থেকেই আমার

জন্ম। তবে আমার স্ত্রী, তার সাথে তো আমার কোন সম্পর্কই ছিল না! তাও সে আমাকে ভালোবেসে, আমার পাশে দাঁড়িয়েছে! আমার জীবনে সব সময় আমাকে শক্তি দিয়ে সামনে এগোতে সাহায্য করেছে! নিজের বিলাসবহুল জীবন ছেড়ে, নিজের পরিবার প্রিয়জন ছেড়ে আমার সাথে সেই অভাবের জীবনেও আসতে রাজি হয়েছে সে শুধু আমার ভালোবাসার কথা ভেবেই ,তাই সেই আমার জীবনের সবথেকে বেশি গুরুত্বপূর্ণ মহিলা!

আমার সাথে স্ত্রী ঝগড়ার পর আমি রাগ করে অফিসে চলে গেলাম । দশ মিনিট পরে স্ত্রীর ফোন, আমি চললাম, তোমার সংসার, ছেলে সব ফেলে, দু'চোখ যে দিকে যায়। আমি ঠিক আছে, যাও বলে ফোনটা কেটে দিলাম । *এটা বিশ্বাস*।

দুপুরে লাঞ্চ টাইমে বাসায় এসে দেখি স্ত্রী কোথাও যায় নি, বাসাতেই আছে এবং রান্না বান্না করে টেবিলে খাবার সাজিয়ে রেখেছে। *এটা সংসারের মায়া*।

এরপর দু'জন দুই রুমে মুড অফ করে শুয়ে আছি , কারো কোন কথা নেই, কেউ কাউকে খেতেও ডাকছে না, নিজেও খাচ্ছে না। *এটা অভিমান*।

বিকেলে স্ত্রী তার বাচ্চাকে নিয়ে কোচিং-এ চলে গেল। *এটা দায়িত্ববোধ*।

স্বামী বেচারি প্রচন্ড ক্ষুধার্ত হয়ে ডাইনিং টেবিলে গিয়ে দেখে দুটো প্লেট সাজানো, দুটো গ্লাসে জল ঢালা, তারপর কি ভেবে ফিরে এলো রুমে। এসে স্ত্রীর মোবাইলে টেক্সট করলো, তুমি যে কারনে যেতে পারোনি, আমিও সে কারণে খেতে পারিনি। *এটা ভালোবাসা*।

১. আমাকে মানসিক তৃপ্তি দেয় কে? .....আমার স্ত্রী।

২. আমাকে শারীরিক তৃপ্তি দেয় কে? .....আমার স্ত্রী।

৩. আমাকে রান্না করে খাওয়ায় কে? ..... আমার স্ত্রী।

৪. আমার ঘর সাজিয়ে রাখে কে? ..... আমার স্ত্রী।

৫. আমার ঘর পরিষ্কার রাখে কে? ..... আমার স্ত্রী।

৬. আমার বাড়িতে আসা আত্মীয়দের আপ্যায়ন করে কে? ..... আমার স্ত্রী।

৭.আমার বৃদ্ধ মা-বাবার সেবা যত্ন করে কে? . .... আমার স্ত্রী।

৮. আমাকে বাবা হতে সাহায্য করে কে? ..... আমার স্ত্রী।

৯. আমার ছেলের প্রাথমিক শিক্ষা দেয় কে? ..... আমার স্ত্রী।

১০. আমার অসুস্থতার সময় আপনার পাশে থাকে কে? ..... আমার স্ত্রী।

বিয়ে করে কি পেয়েছি?

-বিয়ে করে সর্বপ্রথম একটা বউ পেয়েছি!

-পকেটে একটা মোবাইল থাকার পরও সারাদিনে যখন একটাও কল আসেনা তখন একটা কল করে ' তুমি এখন কোথায়?' বলার মানুষ পেয়েছি! তখন নিজেকে খুব গুরুত্বপূর্ণ 'পাবলিক' মনে হয়।

- একজন কুকার/সেফ/পাচক/রাঁধুনি পেয়েছি। একটা ওয়াসিং মেশিন পেয়েছি।

-একটা অটো টেপরেকর্ডার পেয়েছি, মাঝে মাঝে 'কি-বোর্ড' টেপা ছাড়াই বাজতে থাকে! কখনো জোড়ে 'স্টপ' বললে বন্ধ হয়, কখনো শব্দ পরিবর্তন হয়ে 'বৃষ্টি' চালু হয়! কখনো 'হাইফাইভ' দেখালে অটো বন্ধ হয়ে যায়। বড় বিচিত্র এই রেকর্ডার!

-সপ্তাহ পাঁচ-সাত দিন পর পর অতি যত্ন সহকারে বাজার-সদায়ের লিস্ট ধরিয়ে দেয়ার জন্য একজন 'কেয়ারটেকার' পেয়েছি!

-আমার ঘরে রাত ১১টা সাড়ে ১১টার পর আমাকেই প্রবেশ নিষেধ বলে হুমকি দেয়ার 'দারোয়ান' পেয়েছি!

-ছোট একটা 'এলার্মক্লক' পেয়েছি!

- সম্পূর্ণ অপরিচিত কিছু মানুষকে নিকটাত্মীয় হিসেবে পেয়েছি।

- একটা সন্তান পেয়েছি। সে যখন বাবা বলে কোলে চড়ে বসে কিংবা গলা জড়িয়ে ধরে তখন বাগানে ফুল ফুটলে মালির যে অনুভুতি হয় তার চেয়েও বেশি মনটা শীতল হয়!

-এত এত প্রাপ্তির মাঝে কিছু হারিয়েছিও! প্রথমত, কুমারত্ব হারিয়েছি ! (যদিও কোন মেডিকেল রিপোর্ট নেই)

-অতপর, মানিব্যাগ আর রিমোর্টের একচ্ছত্র অধিকার হারিয়েছি।

সর্বশেষ সুখে- দুখে একটা কথা বলার সঙ্গী পেয়েছি!

ঘরে বসে বসে বোর হচ্ছেন? সময় কাটছে না? জীবনে কিছু উত্তেজনা, কিছু স্পাইসি আনতে চান? আসুন আমি কিছু পরামর্শ দিচ্ছি আপনাদের। প্রয়োগ করুন । সময় যে কোথা দিয়ে কেটে যাবে টেরও পাবেন না।

১) আপনার স্ত্রী যখন রান্নাঘরে কাজ করছে তখন কাছে গিয়ে বলুন 'তোমার বাপের বাড়ির লোকগুলো সব এক একটা অপদার্থ। একটাও কোনো কাজের নয়।' তারপর ফলাফল দেখুন।

২) স্নান করে ভিজে তোয়ালে বা গামছা ইচ্ছে করে খাটের উপর রেখে দিন। বারণ করা সত্ত্বেও রোজই করতে থাকুন এটা।

৩) মোছা ঘরের উপর দিয়ে ইচ্ছা করে বারবার এদিক ওদিক যাতায়াত করতে থাকুন।

৪) খাবার সময় থালার চারদিকে ভাত, তরকারির ছিবড়ে ইত্যাদি একগাদা ছড়িয়ে রেখে খাওয়া শেষে সোজা হাত ধুতে বেসিনে চলে যান।

৫) আপনার স্ত্রী কোনো কাজ দিলে বারবার 'যাচ্ছি যাচ্ছি, আর পাঁচমিনিট' বলে সময় নষ্ট করতে থাকুন। অন্তত বার তিন চারের আগে কাজে ওঠার নাম করবেন না।

৬) অফিসে নতুন যোগ দেওয়া অল্পবয়সী মেয়েটির কর্মদক্ষতা ও বিবেচনাবোধের প্রশংসা করতে থাকুন ঘুরিয়ে ফিরিয়ে।

৭) কোনো রান্না কেমন হয়েছে জিজ্ঞাসা করলে বলুন 'ভালোই হয়েছে, তবে আমার মা এটা আরো ভালো করতো'।

৮) বারান্দার তার থেকে কাচা জামাকাপড়গুলো নিয়ে এসে অন্যমনস্কতার ভান করে আকাচা জামাকাপড়ের বাস্কেটে রেখে দিন।

৯) অকারণে আপনার স্ত্রীর ড্রেসিং টেবিলের ড্রয়ার টেনে উঁকিঝুঁকি মারতে থাকুন। নানা জিনিস তুলে ধরে 'এটা আবার কবে কিনলে?' 'এই জিনিসটার নাম কী? কী করে এটা দিয়ে?' 'ইসস গাদাগুচ্ছের টাকা নষ্ট করে একগাদা ক্রীম ফ্রীম কিনেছে' জাতীয় কথা বলতে থাকুন।

১০) অফিসের কোনো এক মহিলা সহকর্মিনীকে ফোন করে খুব হাসি হাসি মুখ করে কাজের কথা বলতে থাকুন। কথোপকথন চালান একটু দীর্ঘ সময় ধরে। আর সারাক্ষনই মুখে যেন একটা চকচকে হাসি লেগে থাকে।

ব্যাস, জীবনে উত্তেজনা ও জার্ক আনার বেশ কিছু সুপরামর্শ দিলাম। সারা দিনকে ঘন্টা মিনিট অনুসারে কয়েকটা ব্লকে ভাগ করে এক একটা ভাগে এক একটা প্রয়োগ করতে থাকুন। ফল পাবেনই পাবেন।

বউ না থাকলে-কি হতো -------

বউ না থাকলে, একটা ছোট্ট হারপিক অন্তত দশ বছর চলতে পারে....!

বউ না থাকলে, একটা রুম ফ্রেশনারে সারা জীবন চলে যায়...!

বউ না থাকলে, একটা ঘর মোছা ঝাড়ু অন্তত পাঁচ বছর টেকে...!

বউ না থাকলে, একটা পাতি দাঁতের ব্রাশ দু'বছর অব্দি চলে...!

বউ না থাকলে, ডিওর কোনো প্রয়োজনই নেই..!

বউ না থাকলে, তোয়ালে কেনার প্রশ্নই নেই। একটা গামছাই যথেষ্ট। পা মোছা গামছা, হাত মোছা তোয়ালে, মুখ মোছা টিস্যু, পিঠ মোছা টাওয়াল ইত্যাদি সমস্ত বিভাজন একটা সুতির গামছাই মেটাতে পারে।

বউ না থাকলে, জল আর উইল্কিন্সন ব্লেড দিয়েই দাড়ি কামানো যায়। ফোম লোশন ইত্যাদি নিশ্চিন্তে ভুলে যেতে পারেন...!

বউ না থাকলে, এরিয়াল, সার্ফ এক্সেল ইত্যাদির প্রয়োজন হয় না। পাঁচ টাকার রিনের গুড়ো তিন মাস চলবে...!

বউ না থাকলে, হিম্যান ওম্যান শিম্যান ইত্যাদি বিভাজনের প্রশ্ন ওঠে না। জুই ফুল গন্ধ শ্যাম্পুও অবলিলায় গায়ে মাথায় মাথা যায়... লাল লাইফবয় সাবানও খুশিতে মাথা যায়... গায়ে বা মাথায়।

বউ না থাকলে, কোলগেটের গুঁড়োতেই কাজ চলে। নুন দেওয়া, চারকোল ঠোসা, লবঙ্গ পেষা, ফ্লোরাইড, ভিজিবল হোয়াইট ইত্যাদি পেষ্টের দরকার হয় না...!

বউ না থাকলে, জামা প্যান্ট ইস্ত্রি করানোর খরচ শূন্য. তাছাড়া ইস্ত্রি লাগে এমন জামাকাপড় কেনারও প্রয়োজন নেই। পাতি টেরিকটের শার্টেও "ও লাভলি" বলার লোক প্রচুর আছে, সবাই যদিও স্বীকার করে না শিকার হবার ভয়ে...!

বউ না থাকলে, আত্মীয় অনাত্মীয় আপ্যায়নের খরচ খুব কম...একটা ঝাল চানাচুরের প্যাকেটেই দশটা আপ্যায়নের কাজ চলে, মিষ্টি চানাচুর অনেকেই ভালো খান। সেইজন্যই ঝাল ভাবলাম...!

বউ না থাকলে, কেবল কানেকশন লাগে না। ইউটিউব আর টোরেন্ট লিঙ্ক যথেষ্ট.. আর মাঝে সাঝে বড়দের সিনেমা...!

বউ না থাকলে, হিট মর্টিন গুডনাইট অল আউট লাগে না। ডেঙ্গু ম্যালেরিয়ারও ভয় নেই। জানলাই খুলবো না তো মশা আসবে কোত্থেকে... তাছাড়া মশার পছন্দসই ইন্ডোর আগাছাও বাড়িতে থাকে না, বউ না থাকলে...!

বউ না থাকলে, ধূপকাঠি, নকুলদানা, বাতাসা, গুজিয়া, আমিষ নিরামিষ বাসন ইত্যাদি বাবদ জিরো এক্সপেন্স...!

বউ না থাকলে, ইকোপার্ক নিকোপার্ক নলবন নানা ইকো রিসোর্ট ইত্যাদি যেতে লাগে না। বুড়ো আমগাছ তলায়, আরো জনা দুই বউছাড়া বন্ধুর সাথে বসে বিশ্বভ্রমনের সুখ পাওয়া যায়! টেকনিকটা জানতে হবে শুধু...!

বউ না থাকলে, একবার মশারি টাঙালে অন্তত একমাস খোলার দরকার নেই। ধার গুটিয়ে গুটিয়ে ঠিক চালিয়ে নেওয়া যায়.. বছরে দুবার বিছানার চাদর আর বালিশের ওয়ার পাল্টানো যথেষ্ট...!

বউ না থাকলে, বাজারে যাওয়ার প্রয়োজন নেই। ডালসেদ্ধ ঘি দিয়ে আর কাটা কাতলা পেটি ভাজা খেয়ে একশো বছর সুস্থ ভাবে বাঁচা যায়। দশ রকম শাক, নানা কিসেমর ভাজা, বড়ি সুক্ত সব্জি কাসন আচার যত্তসব..! এবং আরো আরো আরো... প্রচুর আছে এই তালিকার লিষ্ট। বহুজাতিক থেকে আঞ্চলিক ব্যবসা যত, সবই টিকে আছে শুধু নারীদের ভিত্তি করেই। এবং টিকে আছি আমরাও। আমাদের গায়ে গন্ধ নেই, শার্টে রিঙ্কেল নেই, মুখে ব্রন নেই..., এও তো কোনো না কোনো নারীর খ্যাকানির ভয়েই। আমাদের রুপ, শিষ্টাচার, বা আরও যা কিছু পুরুষালি কাজকর্ম সবই তো কোনো না কোনো নারীর জন্যই। কথাতেই আছে না..বন্যরা বনে সুন্দর, পুরুষেরা নারীর ভয়ে..ভয়ে? নাকি ভালোবাসায়? নাকি ভক্তিতে? নাকি সবগুলো মিলে মিশেই..? বড় জটিল এর উত্তর..বোঝার ক্ষমতা নেই আমাদের.. বুঝে কাজও নেই..এই বেশ টিকে আছি..!

* স্ত্রীর সাথে ঝগড়া হলে কি কি সুবিধার প্রাপ্তি হয় *

1. ঘুমের মধ্যে কোনো .বাধা-বিঘ্ন আসে না যেমন ....শুনছো লাইট বন্ধ করো, পাখা বন্ধ করো, চাদর টা এদিকে দাও, এদিকে মুখ করো ইত্যাদি --এই টাইপের কোনো কথা হয় না !

2. টাকা বাঁচে : ঝগড়া চলা কালীন সময়ে কোনো বাড়তি খরচ করতে হয় না ! কোনো সংসারের কাজ করতে হয় না !

3. টেনশন থেকে মুক্তি *কথা বন্ধ থাকার দরুন কিচ কিচ হয় না আর স্বামী টেনশন থেকে মুক্ত থাকে

4.আত্ম নির্ভরতা আসে*: যে কাজ নিজে করতে পারি সেই কাজ করি না... কেননা সব কাজ স্ত্রী করে দেয় ! ঝগড়া চলা কালীন সময়ে সেই সব ছোট ছোট কাজ যেমন জল নিজে নিয়ে খাওয়া, চান করে নিজের পোষাক নিয়ে পরা, নিজে চা তৈরী করে খাওয়া ইত্যাদি !

5. অফিসের কাজে ব্যাঘাত হয় না ! ঝগড়া চলা কালীন সময়ে স্ত্রীর অযথা কল যেমন কি করছো, আজকে ভীষণ গরম, একলা একলা মন লাগছেনা ইত্যাদি না আসার জন্য আপনি নিজের কাজ মনোযোগ সহকারে করতে পারবেন !

6. তাড়াতাড়ি বাড়ি ফেরার চিন্তা থেকে মুক্তি :

বেশির ভাগ স্বামীদের অফিসে ছুটি হওয়ার সাথে সাথেই ফোন আসতে শুরু করে তাড়াতাড়ি বাড়ি ফেরবার জন্য ! ঝগড়া চলা কালীন সময়ে এই যাতনা থেকে মুক্তি পাওয়া যায় !

7.আপনার মূল্য বৃদ্ধি করে : এটা মনোবৈজ্ঞানিক ব্যাখ্যা যে জিনিস টার অভাব হতে থাকে তার দাম বাড়ে ! যেমন বাজারে এখন পেঁয়াজ কম আর তার দাম বেশি ! আপনার উপস্থিতি কম হলে স্ত্রী আপনার মূল্য অনুভব করতে পারবে ! কিন্তু একটু সাবধান-বিনা পেঁয়াজে রান্নাও হয়

8. ভালোবাসা বাড়ে : স্বামী-স্ত্রীর ঝগড়াতে ভালোবাসা বৃদ্ধি পায়, কেননা দেখা গিয়েছে যে এক পশলা বৃষ্টির পর আবহাওয়া মনোরম হয়ে যায় ! এ ছাড়া আরও লাভ আছে কিন্তু সময় অভাবে লিখতে পারছিনা ---

এই জন্য সবাই মাসে একবার করে বাড়িতে ঝগড়া শুরু করে দিন । কিন্তু সাবধান এ রহস্য যেন প্রকাশ না হয় আর ঝগড়া আরম্ভ করার জন্য কোনো ফর্মুলা নাই তবে একটা প্রবাদ আছে --দুষ্টের ছলনার

গিন্নির এলেম

ঘুম থেকে উঠে তরতাজা হয়ে রান্নাঘরের বাইরে বসেছি। আজকের কাগজটা এখনো আসেনি। পুরনোটাই আবার দেখছি। রোজকার অভ্যেস। চোখের কোন দিয়ে দেখি তিনি রান্নাঘরে টুকিটাকি

কাজকর্ম্ম করছেন। কয়েকটা চেনা আওয়াজে বুঝলাম চা প্রায় তৈরী। চা খেতে খেতে ভাবছিলাম কি অসামান্য দক্ষতায় গিন্নিরা সংসারটাকে সামলে রাখছেন। রান্নাঘর থেকেই শুরু করি। তাকের মধ্যে সারি সারি শিশি বোতল এবং কৌটো। সব বিভিন্ন আয়তন এবং আকৃতির। দেখলে মনে হবে আয়ুর্বেদ ডাক্তারের চেম্বার। তাদের গায়ে হরেক রকমের লেবেল- হরলিকস, ওটস, নেসকাফে, ভিনিগার, পতঞ্জলী এই সব। হরলিকসের কৌটোয় আছে চা-পাতা, নেসকাফেতে আছে গোলমরিচের গুঁড়ো, বিস্কুট আছে গ্ল্যাক্সোর টিনে। লেবেলের সঙ্গে ভিতরে রাখা বস্তুর কোনো মিল নেই।

আমি কয়েকবার চা করতে গিয়ে খুব ঝামেলায় পড়েছি – চিনি খুঁজে পাইনি। যাও বা চা বানাতে পারলাম, বিস্কুট ভেবে যে কৌটোটা খুললাম সেটাতে দেখি তেজপাতা। গিন্নী যখন রান্না করে তখন ভাবি কি করে সব মনে রাখে! অসামান্য দক্ষতায় এক হাতে ডালের ঘনত্ব মাপতে মাপতে অন্য হাতে উপরের তাক থেকে সম্বর মশলার কৌটোটা পেড়ে ফেলে, না তাকিয়েই। অসাধারণ ইনভেন্ট্রি ম্যানেজমেন্ট! তার সঙ্গে তাকের পিছন দিকে ডাঁই করে রাখা গুচ্ছ গুচ্ছ প্লাস্টিকের কৌটো – যে গুলো বিভিন্ন সময়ে খাবারের দোকান বা মিষ্টির দোকান থেকে এসেছে। একটাও নাকি ফেলা যাবে না। কেন ফেলা যাবেনা সে প্রশ্নও করলে উত্তর পাই, “জাষ্ট ইন কেস”। কৌটোগুলো একটার মধ্যে একটা ঢোকানো, জায়গা বাঁচানোর জন্য। ঢাকনাগুলো পাশে দাঁড় করানো। ফলে একটা কৌটোয় কিছু রাখতে হলে তার সঠিক ঢাকনা খুঁজে বের করা একটা বিশাল সমস্যা।

আমাকে বলল ফ্রীজের থেকে কিছু একটা বের করে দেবার জন্য। ফ্রীজ খুলে আমি হতভম্ব। প্রথমে সারি সারি বাটি, একটার উপরে একটা, তার উপরে আর একটা, কোনরকমে ব্যালান্স করে রাখা আছে – প্রত্যেক তাকেই। তাদের পিছনে রাখা আছে বিভিন্ন ধরনের বস্তু – কোনোটা একদিনের পুরোনো, কোনোটা আবার তিন মাসের। কিচ্ছু ফেলা যাবে না- সব নাকি কাজের। আমাকে যেটা বের করে দিতে বলেছিল সেটা আমি খুঁজে পাইনি বা পেলেও বের করতে পারতাম না।

“তোমাদের দ্বারা কিস্যু হবে না। দেখি সর...” বলে এক হাতে দুটো বাটি বের করে অন্য হাত দিয়ে টুক করে জিনিষটা বের করে আনল। অসাধারন দক্ষতা! যেহেতু আমার দ্বারা কিচ্ছু হবে না তাই সোফায় গিয়ে বসলাম। গিন্নি রান্নাঘর থেকে একটা বারান্দায় গিয়ে একটা কাপড়ের ঝাড়ন নিয়ে শো-কেস, হারমোনিয়াম , জানালার গ্রিলগুলো ঝাড়তে লাগল। “কাজের লোক তো করবেই, তুমি আর কষ্ট করছ কেন?” জিজ্ঞেস করলাম। “যা ফাঁকি মারে, ধুলো পড়েই থাকে।” উত্তর পাওয়া গেল। “তো বল ভালকরে পরিষ্কার করতে।” “বাবাঃ, বললেই তো ওনার মুখ ভার। দুদিন কামাই করে দেবে।” অকাট্য যুক্তি।

ইতিমধ্যে দুধওয়ালা এসে মাসিক হিসেব পেশ করল। আমি হিসেব মিটিয়ে দেওয়ার জন্য টাকা আনতে গেছি। ফিরে এসে দেখি গিন্নি দুধের হিসেবের মধ্যে এমাসের তিনটে দিন যে দুধ নেওয়া হয়নি সেটা দুধওয়ালাকে বলে হিসেব পালটে দিতে বলছে। এরই মধ্যে দুধ এবং জলের অনুপাত যে ঠিক থাকছে না সেটাও বলা হয়ে গেছে। আমি মনে মনে ভাবলাম, বাপরে ল্যাক্টোমিটার ছাড়া, শুধু চোখ দিয়ে দেখেই দুধের ঘনত্ব মেপে দিল!! হয়তো সত্যি, নাহলে ব্যাটা দুধওয়ালা দেঁতো হাসবে কেন? এইজন্যই গিন্নিরা পারফেক্ট কেমিষ্ট-ও বটে। “ভাগ্যিস আমি ছিলাম, না হলে তো তুমি হিসেব না মিলিয়েই যা ও লিখেছে তাই দিয়ে দিতে।” দুধওয়ালা চলে যাবার পর বলল গিন্নি। সত্যিই কি

তাই? কে জানে?

কাজের মাসী ঢুকে পড়েছে বাড়িতে। এবারে শুরু হবে মহাসংগ্রাম। যার পরিণতি, একপক্ষের ঘোষনা, “বৌদি, আমি আর তোমার বাড়িতে কাজ করতে পারবো না। তুমি লোক দেখে নাও।” পরেরদিন সকালে দরজা খুললে দেখি সেই একই কাজের মাসী। কি দারুণ পার্সোনেল ম্যানেজমেন্ট। কোনো বিজনেস ম্যানেজমেন্ট স্কুলেও এই পারদর্শিতা শেখানো সম্ভব নয়। ইতিমধ্যে মালিও এসে পড়েছে। গিন্নি এবার কৃষিবিদ্যার পারদর্শিতা দেখিয়ে কোন টবটা ছাদে রৌদ্রে যাবে আর কোন গাছে কোন সার দিতে হবে তা নিয়ে মালিকে একপ্রস্থ নির্দেশ দিতে লেগে গেল। পনেরো কুড়ি মিনিট পরেই আমার ডাক পড়ল, রান্নাঘরে। “লাস্ট কবে একোয়াগার্ডের ফিল্টার পাল্টানো হয়েছে?” “কবে আর, চার-পাঁচ মাস আগেই”। “হতেই পারে না। জলে প্রচুর আয়রণ আছে। দেখ তো লাস্ট বিলটা।” আমি জলটা একটু টেষ্ট করলাম। আমি কোনো তফাৎ বুঝতে পারলাম না।

বিলটা খুঁজে বের করে দেখি ছ-মাস হয়ে গেছে। অর্থাৎ, ফিল্টার পাল্টানোর সময় পেরিয়ে গেছে। সংসারের দৈনন্দিন কাজে আমার ভুমিকা ক্ষুদ্র থেকে ক্ষুদ্রতর হতে চলেছে। এছাড়া, ছেলের পছন্দ অপছন্দ মেনে তাদেরকে সমাজের উপযোগী করে তোলা, তাদের পড়াশুনায় সাহায্য করা , এসব তো আছেই।

সবশেষে, গিন্নির অর্থনৈতিক পারদর্শিতার কথা না বললে সম্পূর্ণ হবে না। মাসের তৃতীয় সপ্তাহ থেকে সংসারের সমস্ত খরচ পরিকল্পিত বাজেটের বাইরে না যেতে দেওয়ার যে আন্তরিক প্রচেষ্টা করে তাতে প্রত্যেক মাসেই রাজকোষের ঘাটতি এড়ানো যায়। বিস্ময়কর, তাই না? এত যোগ্যতা নিয়ে, প্রতিদিন সকাল ছ'টা থেকে এগারোটা ডিউটি করে, ২৪ x ৭ অন-কল-এ থাকা সত্ত্বেও ভারতীয় গিন্নিদের মুখের হাসিটি সবসময়েই অমলিন। আমরা শুধু হাউস ওয়াইফ থেকে নতুন নাম হোমমেকার করে দিয়েছি। ওনারা তাতেও খুশি। আমার খাদ্যবিদ্যা, পানীয়বিদ্যা ইত্যাদি এবং আরও অনেক বিদ্যায় ঘাটতি আছে, যেটা পুরণ করার জন্য গিন্নির প্রতি বিশ্বাসী থাকাটা অবশ্যকর্তব্য – জীবনধারণের জন্যও। এই সব অসাধারণ মহিলাদের স্যালুট জানাই।

ছুটির দিন সকালবেলা হাঁপাতে হাঁপাতে দু ব্যাগভর্তি বাজার নিয়ে এসে রান্নাঘরে ফেলে, ঘরে পাখাটা ফুল স্পিডে চালিয়ে সবে বসেছি। একটু পরেই চাকরির ইন্টারভিউ এর মত বাজারের কাটাছেঁড়া হবে। বউ হাতে নাইলন দড়ির গোছাটা নাচিয়ে বললে, "এটা কি?" আমি আড়চোখে দেখে বললুম, "দড়ি।" -সেতো দেখতেই পাচ্ছি। বলি, এটা কি তোমার জন্যে নাকি আমার জন্যে ? বৌ এর কথাগুলো শুরুই হয় হেঁয়ালি দিয়ে। ব্যাপারটা কোনদিকে পাক খাচ্ছে বুঝতে না পেরে হাঁ করে ফ্যানের পাক খাওয়ার দিকে তাকিয়ে হাওয়া খেতে লাগলুম। -তোমার জন্য হলে ঠিক আছে, যা প্যাংলা চেহারা! কিন্তু আমি ঝুললে পটাং করে ছিঁড়ে পড়ে কোমরটা ভাঙবে। তখন তোমার ওই চোদ্দগুষ্টির গেলাকোটার কাজটা কে করবে শুনি ? বৌএর চোখমুখের দিকে তাকিয়ে কথা বলার দুঃসাহস আমার নেই। মুখটা নিচের পানে করে বললুম, "এত কথা আসছে কেন ? দড়ি আনতে বলেছিলে ,দড়ি এনেছি।" -দড়ি আনতে বলেছিলাম? হায় পোড়া কপাল আমার। এদ্দিন জানতাম মাথায় একটু ছিট আছে, এখন দেখছি কানেও কালা। বাপটা আমার পুরো ঠকে গেছে। বিয়ের আগে একটু বাজিয়ে দেখে নেয়া উচিত ছিল। এটুকু বলে আমাকে অকূল পাথারে ফেলে বউ রান্নাঘরে কড়াই নাড়তে ঢুকে গেল। ওর বক্তব্য এখনো শেষ হয়নি, কড়াই খুন্তির খানিকটা ঠোকাঠুকি শেষ করে আবার আসবে। ততক্ষণ আমি আকাশ পাতাল ভাবছি, ধান শুনতে ভান শুনেছি নিশ্চয়ই, তবে "ধান" টা কি? কি হতে পারে দড়ির কাছাকাছি শব্দ? দোক্তা, দন্ড, দাঁত, দুধ, ডাব,দারচিনি,

ডাল, আর ভাবতে পারছি না,কি জানি। গিন্নি আবার এল, "কদিন আগেই বাড়ি তৈরি হয়েছে, নিচে গাড়ি গ্যারাজে কয়েক বস্তা দড়ি পড়ে আছে। ভাবলে কি করে দড়ি আনতে বলব? একবারও মনে হল না ? আমায় এত টেনশনে রেখে বৌ এর যে কি লাভ হয় কে জানে ! আর থাকতে না পেরে বললুম, " কি আনতে বলেছিলে ? বউ বড় আফসোসের সঙ্গে একটা দীর্ঘশ্বাস ফেলে বলল," দই আনতে বলেছিলাম, দই। যাও আবার, এটা ফেরৎ দিয়ে দই নিয়ে এস। বুদ্ধু কালারাম কোথাকার !

এরকম ভুলভাল শোনার আরো অনেক ঘটনা আছে। বাজারের লিস্ট হাতে নিয়ে নিচের গ্যারেজ থেকে সাইকেলটা বার করছি, বউ উপর থেকে চিল্লে বলল, কাকের পালক নিয়ে আসবে। ছেলের স্কুলের কতরকম বায়না। প্রোজেক্টের নাম করে বাপ মা গুলোকে নাকানি চোবানি খাওয়ায়। বাজারের রাস্তায় ইলেকট্রিক তারে বা বাড়ির কার্নিশে কাক দেখলেই দাঁড়িয়ে পড়ছি। দু একটা পালক ডানা খুলে যদি খসে পড়ে! ভোম্বলদাকে বাজারের লিস্টটা ধরিয়ে দিয়ে যখন দেখলাম আশেপাশে কাকের পালকের কথা শুনে হাসার মত লোক নেই, বলব কি বলব না করে শেষে বলেই ফেললাম, ভোম্বলদা, কাকের পালক কোথায় পাই বলতো ? ভোম্বলদা পটল বাছা থামিয়ে হাঁ করে খানিক তাকিয়ে বলল, কালিতলার পাশে অশথ গাছটার নীচে দেখতে পারেন। যত রাজ্যের কাক ওই গাছটায় থাকে। মনের মধ্যে অনেক আশা নিয়ে কালিতলায় গেলাম। অনেক খুঁজে একটা ছোট পালক পেলাম। পূজারী বটব্যাল কাকা আমায় চেনে। দূর থেকে দেখেই বলল, কি ভাইপো , কি খুঁজছো?আমি পালকটা দেখিয়ে বললুম, দেখুন তো এটা কাকের কিনা। উনি বললেন ,কাকের পালক খুব শক্ত ভাবে এঁটে থাকে, ঝরে না। এটা কোকিল ছানার হবে। আমি ওটাকেই একটা কাগজে মুড়ে পকেটে পুরলাম। কদিন আগে পায়রার ডিম আনতে বলেছিল স্কুল থেকে। না পেয়ে একদম ছোট দেখে একটা মুরগির ডিম নিয়ে গিয়েছিলাম। বউ দূর থেকে দেখেই বলে দিয়েছিল ওটা পায়রার নয়, মুরগির। এ ব্যাপারে বৌ এর জ্ঞান ষোলআনা। আজ কি ধরতে পারবে? মনে মনে যথেষ্ট সংশয় আর শঙ্কা নিয়ে,বাজারের ব্যাগটা মেঝেতে ঢেলে পালকটা বৌ এর হাতে দিয়ে বললাম, এই নাও তোমার কাকের পালক। বৌ ওটা ঝিনকে ফেলে দিয়ে বলল, ছিছি, বেবুদ্ধি, মিনসে, বুড়োভাম, সকালবেলা কাকের পালক ছোঁয়ালে ? আবার চান করতে হবে। আমি আমতা আমতা করে বললাম, তুমি যে বললে, কাকের পালক আনবে। বৌ দ্বিগুণ চিল্লে বলল, তাই বলেছি ? আমি বলেছি ,কাকা পালিয়েছে আবার। কানের মাথায় ঝ্যাঁটা তোমার, কি শুনতে কি শোন। এ প্রসঙ্গে বলি আমার বড়কাকা একটু আধপাগলা প্রায় সন্ন্যাসী মানুষ। মাঝেমধ্যেই বাড়ি থেকে পালিয়ে যায়। ফেরে ছ সাত মাস পর, কিছুদিন থেকে আবার পালায়। পলাতক সিনেমার জমিদার আংটি চাটুজ্যের ভাই বসন্ত চাটুজ্যের মত। কাকা পালিয়েছে আবার।

হায় কপাল!!!রবিবার সকালে ঘুম ভাঙতেই গিন্নির হুকুম হল, "বেড়ালের গু এনো তো একটু।"মনে মনে ভাবলুম, নিশ্চয়ই টিভিতে রান্নাবান্না কি সব দেখায়, এ তারই ফল। তাই বলে বেড়ালের......উঁহু। আমি জানি এটা রান্না করে আমাকে দিয়েই টেষ্ট করাবে। প্রতিবার যেমন হয়। "বলছিলাম যে আবার বেড়ালের গু টু কেন ? খুব বাজে খেতে। (যেন আগে কতবার খেয়েছি।) শুনেই উনি চিৎকার করে উঠলেন," তোমার কি মাথা খারাপ হয়েছে? আমি কি বলেছি?" আমি মিনমিনে গলায় বললুম, " কেন তুমি তো বললে, বেড়ালের গু এনো তো একটু।" ওমনি দ্বিগুণ চিৎকার, " আমি বলেছি বেরোলে গুড় এনো তো একটু। আর তুমি কিনা....ভগবান, আগামী সাতজন্মে আমাকে সিঙ্গেল করেই পাঠিও, দই দড়ি, কাকের পালক আর গু গুড়ের চক্কর থেকে

ভবঘুরের চক্কর অনেক ভালো।

::::::কিছু না বলা ভালোবাসা:::::: .

রিক্সা চালাই। বিয়ে করেছিলাম আজ থেকে এক বছর আগে।আমার মতই এক গরীবের মেয়েকে বউ করে এনেছিলাম আমি। অভাবের সংসারটা খুব সুন্দর করে সাজিয়ে নিয়েছিলো ও। বুঝতে পারি বউ আমায় খুব ভালবাসে। আমি যখন রিকশা নিয়ে বাড়ি ফিরি,ও আমার জন্য স্নানের জল তুলে দেয়। মাঝেমাঝে আমিও অবশ্য তুলে দেই। বাড়িতে কারেন্ট নেই,খেতে বসলে ও পাখা দিয়ে বাতাস করে। গরমের রাতে দুজনে অদল বদল করে পাখা দিয়ে বাতাস করি,ভবিষ্যৎটাকে সাজানোর গল্প করি দুজনে। গল্প করতে করতে কখন যে ঘুমিয়ে যেতাম বুঝতে পারতামনা। রিক্সায় বড়বড় সাহেবরা তাদের বউকে নিয়ে উঠত। দুজনে মিলে অনেক গল্প করত। সাহেবদের কাছে শুনতাম তারা যেদিন বিয়ে করেছে সেদিন আসলে তারা নাকি অনুষ্ঠান, পার্টি না কি জানি করে ।এই সব আমার জানা নেই। যখন শুনতাম আমারো ইচ্ছে করত বউকে একটা শাড়ী কিনে দিতে। বউকে যে খুব ভালবাসি আমি। কিন্তু পারিনা। অভাবের সংসার, দিন আনি দিন খাই।তাই একটা মাটির ব্যাংক কিনেছিলাম।ওটাতে রোজ দু'চার টাকা করে ফেলতাম। দেখতে দেখতে অভাবের সংসারে আজ একটা বছর হয়েগেল। আজ সকালে রিক্সা নিয়ে বের হবার আগে বউ যখন রান্না ঘরে গেল তখন বউকে না জানিয়ে লুকিয়ে রাখা মাটির ব্যাংকটা বের করে ভেঙ্গে দেখলাম সেখানে প্রায় ৪৮০ টাকা হয়েছে। বাড়ি থেকে বের হবার আগে বউকে বলেছিলাম, আজ বাড়িতে ফিরতে দেরী হবে। বউ মাথা নাড়ে,বলে ভালো করে থেকো । চলেগেলাম রিকশা নিয়ে। সারাদিন রিক্সা চালিয়ে সন্ধ্যা সাতটায় মার্কেটে গিয়েছিলাম বউয়ের জন্যে একটা শাড়ী কেনার জন্য। আজরাতে বউকে দেব। ঘুরে ঘুরে অনেক শাড়ীই দেখছিলাম,পছন্দ হয় কিন্তু দামের জন্য বলতে পারিনা। অবশেষে দোকানীকে বললাম, --ভাই এই কাপড়টার দাম কত? --১৫০০ টাকা। আমার কাছে তো আছে মাত্র ৪৮০ টাকা। তাই ফিরে আসলাম। মার্কেট থেকে বের হয়ে বাইরে বসে থাকা দোকানদারদের থেকে ৪৮০ টাকায় একটা শাড়ী কিনে নিয়ে বাড়িতে চলে আসি। মাঝেমধ্যে ভাবি,এই দোকান গুলো যদি না থাকত,তাহলে কত কষ্ট হত আমাদের মত গরিবদের। ফুরফুরে মেজাজে বাড়িতে ঢুকলাম। অনেকদিন পর বউকে কিছু একটা দিতে পারব,ভাবতেই বুকটা খুশিতে ভরে উঠছে বারবার। রাতে খেয়ে ঘুমিয়ে পরার ভান করে শুয়ে আছি। বারটা বাজার অপেক্ষায় চোখ বন্ধ করে আছি। কল্পনার জগতে ভাসছিলাম,বউকে দেবার পর বউ কি বলবে?কতটা খুশি হবে? রাত বারটা বেজে গেল। বউকে ডেকে তুললাম। ডেকে তুলে বউয়ের হাতে শাড়ীটা তুলে দিয়ে বললাম, বউ আজ আমাদের বিবাহ বার্ষিকী।আজকের তারিখে তুমি আমার এই কুড়ে ঘরটাতে এসেছিলে। আমার পক্ষথেকে তোমার জন্য এই ছোট্ট উপহার। বউ শাড়িটা বুকে জড়িয়ে ,চোখ দিয়ে জল ঝরতে থাকে ওর। তারপর উঠে গিয়ে ট্রাঙ্কটা খুলে শাড়িটা রেখে দেয়। তারপর কি যেন বের করে। আমি উকি মেরে দেখার চেষ্টা করেও দেখতে পাইনা। বউ ট্রাঙ্কটা বন্ধ করে আমার হাতে একটা লুঙ্গি দিল।কিছুটা অবাক হয়ে গেলাম আমি। কারন টাকা পেল কোথায়? জিজ্ঞাসা করলাম, --টাকা পেলে কোথায় তুমি? --অনেকদিন আগে থেকে প্রত্যেকদিন একমুঠ করে চাল খাবারের চাল থেকে আলাদা করে জমিয়ে রাখতাম।জমিয়ে জমিয়ে কিছুদিন আগে পাশের বাড়ির কাকীমনীর কাছে বিক্রি করে দিয়েছি । সেই টাকা দিয়ে লুঙ্গি কিনছি। বছিলাম আজকে দেব........তুমি তো এসেই ঘুমিয়ে পরলে ।তাই ঠিক করছিলাম কাল সকালে দেবো। আমি কিছু বলতে পারলাম না।শুধু লুঙ্গিটা উল্টিয়েপাল্টিয়ে দেখছিলাম। তারপর বললাম,শুনছি বড়

সাহেবরা নাকি বিয়ের দিন তারিখে কেক কাটে। বউ বলে,আমাদের কি অত টাকা আছে? --বাসায় মুড়ি আছে। --আছে। --যাও সরিষার তেল দিয়ে মুড়ি নিয়ে এসো। সাথে একটা কাঁচামরিচ আর একটা পিয়াজ ....--আচ্ছা দাঁড়াও আনছি। টিনের ফাক আর জানালা দিয়ে চাঁদের আলো আসছে। দুজন জানালার পাশে বসে মুড়ি খাচ্ছি, আমাদের প্রথম বিবাহ বার্ষিকী পালন করছি ___ ছোট ছোট গিফট আর অফুরন্ত ভালবাসায় বেঁচে থাকুক আমাদের মতো গরীব মানুষদের জীবন।

নারী

তোমাকে আমার লাগবেই। তোমাকে আমার সবচেয়ে বেশি লাগবে বৃদ্ধ বয়সে। যৌবনে আমরা প্রচুর ঝগড়া করবো। ঝগড়া করে প্রায় রাতেই না খেয়ে ঘুমাবো, বিছানার দুই দিকে দু'জনে মুখ করে শুয়ে থাকবো; কেউ কারও দিকে তাকাবো না, কথাও বলবো না। তুমি অভিমানে মুখ ফিরিয়ে কাঁদবে। বাইরে বৃষ্টি পড়তে শুরু করবে; ঠাণ্ডাতে আমি কাঁপতে থাকবো। আমি ঘুমিয়েছি ভেবে তুমি চুপি চুপি আমার গায়ের উপর কাঁথা দিতে আসলেই ধরে ফেলব তোমার হাত...একদিন বাজার থেকে পাঁচটা হলুদ গোলাপ কিনে বাড়ি ফিরবো। হলুদ গোলাপ দেখে তুমি ভীষণ রেগে যাবে। রেগে গিয়ে জোরে জোরে নিঃশ্বাস ফেলবে তুমি। আমি তখন বুক পকেটের কোণা থেকে লাল টকটকে একটি গোলাপ বের করে তোমার হাতে দেবো। তুমি আচমকাই হেসে ফেলবে সেদিন...একদিন এক্সিডেন্ট করে বাড়ি ফিরবো। আমার কপালে রক্ত দেখে তুমি কেঁদে ফেলবে খুব। রাত জেগে জেগে আমার বিছানার পাশে বসে থাকবে তুমি। .. একদিন আমার মোবাইলে রং নাম্বারে ফোন আসবে। তুমি ফোনটা রিসিভ করে একটি মেয়ের কন্ঠ শুনে মন খারাপ করে বসে থাকবে। অভিমানে সারাদিন আমার সাথে কথা বলবে না। আমি একাকী বারান্দায় বসে বই পড়বো । তুমি যখন বুঝবে নাম্বারটা সত্যিই রং ছিল, তখন দৌড়ে এসে আমার হাত থেকে বইটা নিয়ে ফেলে দেবে। ...যৌবনে তোমাকে ভালবাসার চাইতে ঝগড়াই বেশি করবো। ঝগড়া করতে করতেই একদিন যৌবন থেকে বার্ধক্যে গিয়ে ঠেকবো। তোমার রক্তজবার মতো মুখে বয়সের ছাপ পড়ে যাবে। আমার মাথার কালো চুলগুলো সাদা হয়ে যাবে। চোখে ছানি পড়ে যাবে। চশমার আড়াল থেকে সেদিনও ঝাপসা চোখে তোমার দিকে তাকিয়ে থাকবো... বিশ্বাস করো, রক্তের জোরে কোনো না কোনো ভাবে আমার যৌবন ঠিকই কেটে যাবে। কিন্তু বৃদ্ধ বয়সে সন্তানদের কাছে যখন বোঝা হয়ে যাবো, বৃদ্ধ বয়সে সন্তানরা যখন বৃদ্ধাশ্রমে রেখে আসতে চাইবে, সেদিন তোমাকে আমার লাগবেই। সেদিন এক হাতে লাঠিতে ভর করে, আরেক হাতে তোমাকে ধরে কাঁপতে কাঁপতে বৃদ্ধাশ্রমে যাবো...একদিন রাতে বৃদ্ধাশ্রমের উঠোনে বসে দু'জনে আকাশের চাঁদ দেখবো। পান খেতে খেতে দু'জনে ফেলে আসা দিনগুলোর কথা মনে করে খুব হাসবো। বিশ্বাস করো,বৃদ্ধ বয়সে ভালোবাসার জন্য একজন বুড়ির খুব দরকার আমার। একজন সাদা চুলের বুড়ির দিকে তাকিয়ে আমার জীবনের শেষ দিনগুলি কাটিয়ে দেবো। তুমি কি সেই দিনটাতেও আমার পাশে থাকবে? তুমি কি বেঁচে থাকার প্রার্থনাতে বুড়ি হবে এই বুড়োর সাথে?

বিবাহিত পুরুষের জীবন......

আমি অফিসে পৌঁছেছি ,ঠিক তখনই বউয়ের ফোন এলো, আজ কতো তারিখ? কি জবাব দেব বুঝে না উঠতে ঘাবড়ে গিয়ে বললাম "24th August"। বউ ফোন কেটে দিল। আমার তো ভয়ে হাত পা সিঁধিয়ে গেছে, ভাবছি ওর কি আজ জন্মদিন? ...না, আমার জন্মদিন? ...না। তাহলে কি আমাদের বিবাহ বার্ষিকী... না, বাচ্চাদের কারো জন্মদিন? ...না, শ্বশুর শাশুড়ির জন্মদিন বা বিবাহ বার্ষিকী... না, গ্যাস সিলিন্ডার বুকিং ... করিয়ে দিয়েছি। ডিশ, মোবাইল, ইলেক্ট্রিসিটি বিল,

দুধের বিল... সবই তো হয়ে গেছে, তাহলে বউ তারিখ কেন জিজ্ঞেস করলো? আমার লাঞ্চ আর বৈকালিক চা সব ভয়ে মাথায় উঠলো। যাই হোক বিকেলে বাড়ি পোঁছালাম, দেখি আমার ছেলে খেলছে। আমি ওকে ডেকে জিজ্ঞেস করলাম, "ঘরের আবহাওয়া কেমন? ঝড় বা সুনামি?" ছেলে নির্বিকার, "সব ঠিক আছে, কিন্তু কেন জিজ্ঞেস করছো?" আমি বললাম, "তোর মা সকাল সকাল আজকের তারিখ জিজ্ঞেস করেছিল আমায় ফোন করে।" ছেলে মুচকি হেসে বলল, " আজ সকাল বেলা ক্যালেন্ডারের কিছু পাতা ছিঁড়ে ফেলেছি তাই হয়ত কনফিউসড হয়ে গেছে"। আমি আমার ছেলের গালে আলতো করে চিমটি কেটে মুচকি হেসে বললাম, "বাবা আমার, তোর এই ছোটোখাটো দুষ্টুমির জন্যে তোর বাবার আজ হার্ট অ্যাটাক হয়ে যেত জানিস।"

পুরুষ

পুরুষ তুমি ঘরের বউয়ের রান্না করা তরকারি টা বাড়ি ফিরে ঠান্ডা পেলে গালা গালি করো..! পুরুষ তুমি ডাইনিং বসে ভুলবসত জলের গ্লাসটা খালি পেলে পুরো বাড়ি চেচিয়ে মাথায় তোলো..! পুরুষ তুমি ঘরের বউটা তোমার হাতে হাত রাখলে তোমার শরীর জ্বলে ওঠে..! কিংবা তোমার মা বোন নরম সুরে তোমাকে কোথাও ঘুরতে নিয়ে যাওয়ার কথা বললে তোমার রাগ ওঠে..! অথচ পুরুষ তোমার সহ্য ক্ষমতা অসীম! প্রেসার কমে তোমার শরীরের সব শক্তি না থাকলেও তুমি হাসতে পারো খিল খিল করে..! দিন ভর খাটুনি করে ক্লান্ত হয়ে জোর গলায় গালাগালি বা মারধর করার শক্তি পাও কোথা হতে..!

পুরুষ হাজার লোকের সামনে তোমাকে কেউ আপমান করে তোমার মাথা নিচু করে দেয় তখন কি করে পারো তুমি অপমান থেকে অপমান করা লোকটাকে ঠান্ডা করতে..! আর আজ তোমার মা বোন ঘরের বউটা সামান্য ভুল করে বলে তাদের সাথের চিৎকার করে ওঠো গালাগালি করো মাথা গরম করো..!এই পুরুষ তুমি বলতে পারো এই চিৎকার জ্বলে ওঠা মারধর কারার কারন টা কি... আমরা পুরুষরা বিশ্বাস করি প্রতিটা নারী পুরুষদের উপর ডিপেন্ড করে..!

পুরুষ তুমি বলতে পারো তোমার কাছে নারী মানেই কেন পুরুষ এর উপর ডিপেনড পুরুষ তুমি কেন মনে করো নারী মানেই পুরুষ ছাড়া অচল বলতে নারী কেন হাটুর নিচে দমিয়ে রাখা..! পুরুষ তুমি আমাদের দেশের প্রধান মন্ত্রী কে না তার গাড়ি রাস্তা দিয়ে সবুজের বুকে লাল পতকা তুলে যেতে দেখছ রাস্তার মধ্যে শত জ্যাম থাকা সত্বেও সব বন্ধ করে শত পুরুষ সেই নারীকে সেলুট দিয়ে পথ বের করে দিচ্ছে..!

নারী চাইলে সংসার ভাঙতে পারে, নারী চাইলে পুরো পৃথিবীটা নষ্ট করতে পারে নারী চাইলে নেশা খোর অসভ্য কিংবা একটা জানোয়ারকে ভালোবেসে মানুষ করে দিতে পারে নারী চাইলে সব পারে.. তুমি আট ঘন্টা অফিস করে যে নারীর ওপর রাগ দেখাও.. সেই একই রাগ কিন্তু সে তোমাকে সারাদিন সংসার সামলিয়ে, গাধার মত খেটে দেখাতে পারতো.. কিন্তু নারী তা দেখায় না.. চুপচাপ অনেক কিছুই সয়ে যায়.. কেন জানো ,নারী সে রাগ দেখালেও তাকে কোমল লাগে। কারন নারী মমতা ঢেকে রাখতে জানেনা।

পুরুষ তোমাকেও যেমন স্রস্টা বানিয়েছে নারী কেও স্রস্টাই বানিয়েছে অথচ একজন পুরুষ সব পারে। কিন্তু মানুষ এর পেটের ভিতর থেকে মানুষ একমাত্র নারী দিতে পারে কিন্তু পুরুষ তুমি নও.!আর সেই নারী আছে বলেই ভালোবাসা আছে নারী আছে বলেই গোটা পৃথিবীটা এতো সুন্দর..! নারী চায় সম্মান নারী চায় ভালোবাসা.!পুরুষ তুমি মনে রেখ..সম্মান দিলে সম্মান পাওয়া যায়..আর প্রতিটা নারীকে সম্মান করা মানে নিজের ঘরের নারীদের নিরাপদে রাখা..!

স্ত্রী -ওগো শুনছো? কিগো শুনছো? - যায়না কানে কথা?
সকাল থেকে বলছি আমার ভীষণ কোমর ব্যথা।
কী আক্কেলের মানুষ তুমি! সিমপ্যাথি নেই মোটে!
টেরটি পাবে আমার যদি তেমন কিছু ঘটে।
স্বামী - সবই শুনছি, সবই দেখছি, সাধে কী আর বলি-
কুড়িটি বছর আসছি শুনে -এই ব্যথার পাঁচালী।
কখনও হাতে, কখনো পায়ে গোড়ালি থেকে মাথা
চিনচিন, টনটন নানান রকম ব্যথা!
স্ত্রী - এমনটাই বলবে তুমি, এটা আমি জানি,
বিয়ের আগে তো বলেছিলে- বানিয়ে রাখবে রাণী।
ঘরে তুলে দাসীর মত উনুনে দিলে গুঁজে,
কুড়িটা বছর জ্বলেপুড়ে আছি মুখটি বুজে।
স্বামী -- মুখ বুজে আছ তুমি! হোয়াট অ্যা ফানি টক!
কাক পক্ষী ও পালায় শুনে তোমার বকবক।
তোমার চোপায়, তোমার ঝালে, তোমার বাক্যবাণে-
আমি কেন! পাড়াপড়সিও তুলো গুঁজে রাখে কানে।
স্ত্রী - এখন আমার কথা শুনলেই ফোস্কা পড়ে গায়ে!
মুখে তো আমার ফুটিয়েছ কথা তোমারাই মায়ে পোয়ে।
বিয়ের আগে ছিলাম আমি কেমন মৃদু ভাষী,
বলতো সবাই - লক্ষী মেয়ে, কী মিষ্টি হাসি।
স্বামী - হয়েছে হয়েছে, খুব হয়েছে, কী বলব আর-
বিয়ের পর বলল সবাই - বউ তো নয়, এ যেন এক জ্যান্ত লাউডস্পিকার!
স্বভাব খানিও তোমার ছিল ছুরির মতই ধার,
কুড়িটা বছর ডিসেকসনে , জীবনটা জেরবার!
স্ত্রী - আমাকেও তো বিয়ের আগে বলেছিল সবাই -
কেমন ছেলে বাছলি মিনু- গবেট, ভ্যাবলা, ভোঁদাই।
প্রেমে অন্ধ আমি তবুও তোমায় দিলাম মালা
নিজের পায়ে কুড়ুল মেরে সইছি এখনও জ্বালা।
স্বামী - জ্বালার কথা আমায় বলে নুন দিলে কাটা ঘায়ে!
ছিলাম কেমন পুরুষ সিংহ, তোমার হাতে পড়ে
বেড়াল হয়ে ঘুরছি এখন তোমার পায়ে পায়ে।
খাটিয়ে মারলে গাধার মত, নাচালে বাঁদর নাচ,
বটির পাশে উল্টে আছি যেন মরা মাছ!
স্ত্রী - কী অলক্ষুণে কথার ছিড়ি, কীসব আসে মুখে-
একেই বলে ভূতে কিলোয় থাকলে পরে সুখে।
মান অভিমান, ঝগড়া ঝাটি, যত কিচ্ছুই হোক-
প্রার্থনা করি- আয়ু তোমার একশ বছর হোক।

স্বামী --আরে আরে! কাঁদছো কেন! এসো আমার বুকে,
যতই করি হম্বিতম্বি, যতই বলি মুখে,-
তুমিই শুধু সঙ্গী আমার সকল দুঃখ সুখে।
আসলে স্ত্রীরা সঙ্গে আছ বলেই পুরুষ বাহাদুরি দেখায় ।

একজন স্ত্রী ১৭ বৎসর ঘর-সংসার করার পর স্বামীর সম্পর্কে মন্তব্য করতে গিয়ে বলেন, "পুরুষগণ ঈশ্বরের প্রদত্ত এক অশেষ অতিথি । কেননা, তারা স্বীয় যৌবনকে নিজ স্ত্রী-সন্তানদের জন্য বলিদান করে দেয়। তাদের উপর ভর করেই আমরা জীবনের সুখ-শান্তি ও অপার সৌন্দর্য উপভোগ করে থাকি। পুরুষ জাতি তো এমন এক স্বত্বা, যারা সন্তানদের উজ্জ্বল ভবিষ্যতের জন্য সর্বাত্মক পরিশ্রম করে থাকেন। কিন্তু এমন কঠোর পরিশ্রম আর বলিদানের সত্যেও আমরা তাদের জীবনকে বিষিয়ে তুলি একরাশ হতাশা আর দুঃখ-কষ্ট দিয়ে।

যদি তারা একটু ফ্রেশ ও স্বাচ্ছন্দ্যের জন্য বাহিরে যায় তাহলে বলি, 'বে-পরওয়া
যদি ঘরে বসে থাকে তাহলে বলি, অলস ও অকর্মণ্য!
যদি সন্তানদের ভুলের জন্য শাসন করে তাহলে বলি, নির্দয় ও হিংস্র!
যদি স্ত্রীকে চাকরী করা থেকে বারণ করে তাহলে বলি, সেকেলে বা অনাধুনিক!
যদি মায়ের সাথে সুসম্পর্ক রাখে তাহলে বলি, 'মা পাগল'
যদি স্ত্রীর সাথে প্রেমময় আচরণ করে তাহলে বলি, বৌ পাগল!

এতদসত্যেও একজন পুরুষ পৃথিবীর এমন বীর, যে তার সন্তানদেরকে সর্বক্ষেত্রে নিজের চেয়ে ও সুখি দেখতে চায়।

সেদিন তুমি খুব কাঁদবে যখন কেউ তোমায় অবহেলা করবে। তখন তুমি ভাববে কেউ একজন ছিলো যে সবসময় তোমায় আগলে রাখত। সেই দিনগুলোতে তুমি খুব ভেঙ্গে পড়বে যখন তুমি তোমার পাশে কাউকেই পাবে না। আনমনে ভাবতে থাকবে কেউ একজন ছিলো যে সবসময় তোমার পাশে থাকতো। যখন তুমি ভালোবাসার অভাব কি জিনিস বুঝতে শিখবে তখন তুমি পাগলের মতো হন্যে হয়ে তোমার চারপাশে আমাকেই খুঁজবে। আমাকে ভেবে কোন একদিন ঠিকই তুমি কাঁদবে। চোখের নোনা জলে বালিশ ভিজাবে। বুকের ভিতর আমিহীন শূন্যতায় হাহাকার সৃষ্টি হবে। আমাকে একটি বার দেখার জন্য একটি বার শোনার জন্য শিকল বন্দী পাখির মতো ছটফট করবে। হয়ত আরেকবার আমার মুখামুখি দাঁড়াতে চাইবে তুমি। আর বলতে চাইবে - ' ঠিক তোমার মত কেউ ভালোবাসেনি।' সৌন্দর্য পুরুষেরও আছে -ভীড়ের মধ্যে যে পুরুষ তোমায় আগলে রাখে নারী সে পুরুষের সৌন্দর্য কী জানো,নারী? তোমার মর্যাদা। ফুটপাতে চলার পথে যে পুরুষ নিজে ডানদিকে থেকে তোমাকে বামদিকে রাখে সৌন্দর্য সে পুরুষেরও আছে। তোমার নিরাপত্তা তার নাম। যে পুরুষ তোমায় সবসময় জানালার পাশে বসতে দেয় সে পুরুষের সৌন্দর্য কি? তোমার ভালোলাগা তার ভালোলাগা। যে পুরুষ কষ্টার্জিত আয় তোমার হাতে তুলে দিয়ে বলে, সংসারটাকে একটু সামলে রেখো সে পুরুষের সৌন্দর্যকে কি নামে ডাকো? আস্থা। যে পুরুষ তোমাকে একপলক দেখার জন্য ছটফট করে, সামান্য অপ্রাপ্তিতে পাগলামো করে সে পুরুষের সৌন্দর্যের নাম ভালোবাসা। যখন নারী তুমি অগ্নিরূপ ধারণ করো তখন যে পুরুষ নিশ্চুপ থাকে আর শেষে বলে, ভালোবাসি। সে পুরুষের সৌন্দর্য তোমার নজরে পড়েছে কখনো? কি নাম দেবে তার? গুরুত্ব! যে পুরুষ নারীকে মর্যাদা দেয় না সে পুরুষের পৌরুষত্ব নেই। আর যার পৌরষত্ব নেই সে আবার পুরুষ নাকি? পুরুষ গলির মোড়ের ফার্মেসি থেকে ঘরের নারীর জন্য প্যাডও

নিয়ে আসে। গভীর রাতে স্ত্রীর কাছে পুরুষ কেবলই সুখ চায় এমন নয় । জিজ্ঞেস করে, ব্যথাটা কমেছে তোমার? পুরুষ মানুষ কেবলই নিজেরটা বোঝে এমন নয়, পুরুষ মানুষ তোমাকে এগিয়ে যেতে সাহসও জোগায়। তবুও যদি বলো, সব পুরুষই খারাপ, পুরুষ মানুষ মানেই ভোগবাদী, পুরুষ মানুষ কেবলই স্বার্থপর, আমাকে দুঃখ নিয়ে বলতে হয়, তুমি পুরুষত্বটাই দেখেছো, পৌরুষত্ব তোমার নজরে আসেনি। শোন নারী, সৌন্দর্য পুরুষেরও আছে তুমি খুঁজে নিতে পারোনি।

৯

নবম অধ্যায়

বয়স বাড়ার সাথে সাথে দুটো জিনিস নিয়মিত চেক করি । নিজেই বাড়িতে চেক করি।

১) ব্লাড প্রেসার।

২) ব্লাড সুগার।

চারটি জিনিস একেবারেই ভুলে গেছি ।

১) বয়স বাড়ছে এটা নিয়ে দুশ্চিন্তা করা,

২) অতীত নিয়ে সর্বদা অনুশোচনা করা,

৩) সবসময় দুঃখে কাতর হয়ে থাকা,

৪) মানসিক উৎকন্ঠা বা উদ্বেগ।

পাঁচটি জিনিস খাবার থেকে যতটা পারি এড়িয়ে চলি ।

১) লবন,

২) চিনি,

৩) অতিরিক্ত চর্বি জাতীয় খাবার ।

৪) অতিরিক্ত ভাজা ভূজি খাবার

৫) বাইরের কেনা খাবার বা প্রসেসেড ফুড।

পাঁচটি জিনিস খাবারে যতটা সম্ভব বাড়িয়ে নিয়েছি ।

১) সব রকমের সবুজ শাক

২) সব রকম সবুজ সব্জি, সীম বা মটরশুটি ইত্যাদি

৩) ফলমূল,

৪) বাদাম,

৫) প্রোটিন জাতীয় খাবার।

পাঁচটি জিনিস কখনোই করি না।

১) অতিরিক্ত ক্ষুধা নিয়ে খেতে যাওয়া,

২) অতিরিক্ত পিপাসায় কাতর হয়ে জল পান করা,

৩) অতিরিক্ত দূর্বল হয়ে ঘুমোতে যাওয়া,

৪) অতিরিক্ত দূর্বল হয়ে বিশ্রাম নেয়া,

৫) একেবারে অসুস্থ হয়ে ডাক্তারের কাছে যাওয়া,

পাঁচটি অভ্যাস নিজের থেকে একদম ঝেড়ে ফেলুন

১) অন্যের দয়া কামনা করা।

২) পরিবর্তনকে ভয় করা

৩) অতীত নিয়ে পড়ে থাকা।

৪) নিজেকে ছোট মনে করী

৫) অতিরিক্ত চিন্তা করা।

ছয়টি জিনিসের চর্চা রাখি ।

১) অহংকার না করা,

২) সবার সাথে হাসিমুখে কথা বলা,

৩) মানুষের সাথে ভালো আচরণ করা,

৪) নিয়মিত কিছুক্ষণ হাঁটা ।

৫) ওজন নিয়ন্ত্রণে রাখার চেষ্টা ।

৬) সরল ও সৎ জীবন যাপন।

সাতটি জিনিস -মানসিক শান্তি বা সুখী হতে সবসময় সাথে রাখার চেষ্টা করি।

১) প্রকৃত ভালো বই ,

২) নিজের সমগ্র পরিবার,

৩) সবসময় সুচিন্তা,

৪) একটি নিরাপদ ঘর কিংবা আশ্রয়,

৫) অল্পেতে খুশি হওয়ার চেষ্টা,

৬) অতিরিক্ত অর্থ চিন্তা থেকে নিজেকে দূরে রাখা,

৭) কিছু সময় আধ্যাত্মিক চর্চায় বা সৎসঙ্গ দেওয়া।

সাতটি জিনিস এড়িয়ে চলি ।

১) কর্জ,

২) লোভ,

৩) আলস্য,

৪) ঘৃণা,

৫) সময়ের অপচয়,

৬) পরচর্চা,পরনিন্দা।

৭) কোনো রূপ নেশা বা আসক্তি ।

সব সময় নিজেকে সুস্থ রাখতে সদা সচেতন থাকি। সুস্থ থাকেতে চেষ্টা করি - ভাল থাকেতে চেষ্টা করি - ভাল রাখতে চেষ্টা করি।

সাতটি জিনিস মনে রাখবেন-

অনুভুতি....সব থেকে সুন্দর জিনিস ।

অনুভব....যা স্পর্শ করা যায় না ।

ভালোবাসা....মুখে বলে বোঝানো যায় না ।

সন্মান....মানুষের ব্যাবহারের উপর নির্ভর করে ।

গুরুত্ব....গুরুত্ব দাও তাকে যে তোমায় গুরুত্ব দেয় ।
মূল্য....মূল্য দাও তাকে যার জীবনে তোমার গুরুত্ব আছে ।
মর্যাদা....তাকেই দাও যে নিজের থেকে তোমার কথা ভাবে ।

নয়টিসুখী হওয়ার মূলমন্ত্র:

১/ যার সাথে মনের মিল নেই, তার সাথে সম্পর্ক রেখোনা !
২/ যেখানে তোমার কদর নেই, সেখানে যেওনা !
৩/ যে বোঝেনা, তাকে বোঝাতে যেওনা !
৪/ যা হজম হয়না, তা খেও না !
৫/ সত্য বললে যে রেগে যায়, তার সাথে কথা বলো না !
৬/ তোমার চোখে যে নিচে নেমে গেছে, তাকে উপরে তোলার চেষ্টা করো না !
৭/ জীবনে সমস্যা আসলে, ভেঙে পড়ো না !
৮/ অপরের কষ্ট দেখে কখনো, আনন্দ প্রকাশ করো না !
৯/ যারা আবহাওয়ার মতো বদলে যায়, তাদের সাথে মেলামেশা করো না !

৯টি উপদেশ -পারিবারিক বিবাদ সম্পর্কিত মামলায় দীর্ঘ অভিজ্ঞতাসম্পন্ন এক বিচারকের :

১) আপনাদের পুত্র ও পুত্রবধূকে আপনাদের সাথে একই ছাদের তলায় বাস করতে উৎসাহ দেবেন না। বরং অন্যত্র বাসস্থান খুঁজে তাদের আলাদা থাকতে পরামর্শ দিন। সন্তানের পরিবার থেকে যত দূরে থাকবেন, তাদের সাথে সম্পর্ক তত ভাল থাকবে।

২) পুত্রের স্ত্রীকে 'পুত্রবধূ' হিসাবেই ভাবুন, আপনাদের নিজের মেয়ে বলে ভাবতে যাবেন না। তাকে বন্ধু হিসাবে ভাবতে পারেন। আপনাদের পুত্র চিরকালই আপনাদের কাছে ছোট্ট থাকবে। কিন্তু তার স্ত্রীকে যদি সেই সমমর্যাদায় ফেলেন এবং কখনো তাকে বকাবকি করেন, সে কিন্তু চিরকাল তা মনে রাখবে। বাস্তবিক জীবনে জেনে রাখবেন, তার নিজের বাবা-মাকেই সে বকুনি দেবার অধিকার দেয়, আপনাদের নয়।

৩) পুত্রবধূর চরিত্র বা অভ্যাসগুলো যে ধরণেরই হোক না কেন, সেটা পুত্রের সমস্যা, আপনাদের নয়। কারণ সেও প্রাপ্তবয়স্ক, তার স্ত্রীও প্রাপ্তবয়স্ক।

৪) যদি একত্রে থাকাটা অনিবার্য হয়, নিজেদের কাজকর্ম নিজেদের মধ্যে পরিস্কার ভাগাভাগি করে নিন। উদাহরণ হিসাবে বলা যায়, তাদের হয়ে ধোপার কাজ, রাঁধুনীর কাজ, বাজার সরকারের কাজ, বাচ্চা রাখার কাজ করবেন না। অবশ্য বিশেষ ক্ষেত্রে পুত্রবধূ যদি বিশেষভাবে অনুরোধ করে বাচ্চার খেয়াল রাখার জন্য এবং শারীরিকভাবে আপনি তা করতে সমর্থ হন, তাহলে আলাদা কথা। তবে এই কাজের বিনিময়ে কোনকিছু আশা করবেন না। সবচেয়ে গুরুত্বপূর্ণ হল এই যে, পুত্রের পারিবারিক কোন সমস্যাকেই নিজের সমস্যা ভাববেন না। তাদের সমস্যা তাদেরই সমাধান করতে দিন।

৫) পুত্র ও পুত্রবধূর মধ্যে ঝগড়ার সময়ে অন্ধ ও কালা সেজে থাকুন। স্বামী-স্ত্রীর বিবাদে শ্বশুর-শাশুড়ির নাক গলানো কোন দম্পতিই পছন্দ করে না।

৬) নাতিনাতনীরা পুরোপুরি ছেলে ও বৌয়ের সম্পত্তি। তারা যদি নিজেদের সন্তানদের অনেক বড় করে গড়ে তুলতে চায়, সেটা তাদের ব্যাপার। এক্ষেত্রে কৃতিত্ব বা অভিযোগ, কোনটাই আপনাদের আসার সম্ভাবনা নেই।

৭) আপনাদের শ্রদ্ধাভক্তি করা বা সেবা করার দায়িত্ব পুত্রবধূর নয়, আপনাদের পুত্রের দায়িত্ব। আপনারা যদি পুত্রকে সঠিক শিক্ষা দিয়ে থাকেন, তাহলে তাদের মধ্যে সম্পর্ক অবশই ভাল হবে।

৮) নিজেদের অবসর জীবন ভালভাবে কাটানোর পরিকল্পনা বেশি করে করুন, আপনার সন্তানেরা সেই সময়ে আপনাদের দায়িত্ব নেবে, ভুলেও সে কথা ভাববেন না। আপনারে জীবনে অনেক পথ পাড়ি দিয়ে এসেছেন, আরো বহু বাকি। বহু কিছু দেখার ও শেখারও বাকি। অবসর জীবন সুখী করার দায়িত্ব আপনাদেরই। নিজেদের কষ্টার্জিত সম্পত্তি মৃত্যুর আগেই ভোগ করে নিন।

৯) নাতিনাতনীরা আপনার পরিবারের কেউ নয়, মনে করুন তাদের পিতামাতা আপনাদের এই বহুমূল্য উপহার দিয়েছে।

দশটি সাইকোলজিক্যাল ফ্যাক্ট :

১: যখন কোনো ব্যক্তির চোখ থেকে অশ্রু ঝরে তাহলে সেটা প্রথমে ডান চোখ থেকে ঝরে আর যখন কোনো ব্যক্তির চোখ থেকে কষ্টের অশ্রু ঝরে তাহলে প্রথমে সেটা বাম চোখ থেকে পড়ে এবং কোনো ব্যক্তি যখন চিন্তিত থাকে তাহলে দুই চোখ থেকেই পানি পড়ে।

২: যখন আপনার মুড অফ থাকবে তখন আপনি আপনার রুমটা গোছাতে পারেন, কারণ আপনি যখন আপনার রুম বা ঘরবাড়ি পরিষ্কার করবেন তখন আপনার ব্রেইন থেকে Dopamine Chemical রিলিজ হবে এবং এই Chemical আপনাকে একপ্রকার হ্যাপিনেস দিতে থাকে।

৩: আমরা রাতে যখন স্বপ্নে দেখি তখন ঐ স্বপ্নটা কোথায় থেকে শুরু হয়েছিল অর্থ্যাৎ স্বপ্নের শুরুটা আমরা মনে রাখতে পারি না।

৪: আমরা যখন হাসি তখন আমাদেরকে মেকআপ এর তুলনায় ৭০% সুন্দর দেখায়।

৫: যখন আপনি কারো সাথে হ্যান্ডশেক করবেন তখন খেয়াল রাখবেন আপনার হাত যেনো গরম থাকে এতে সামনের ব্যক্তিটি আপনাকে Confident মনে করবে এবং আপনার সম্পর্কের সব ভাবনা পজেটিভ আসবে।

৬: যখন আমরা আমাদের নিজেদের পছন্দের জামা পড়ি তখন আমরা নিজেদেরকে স্বাভাবিকের তুলনায় বেশি confident ফিল করি।

৭: যে সকল ব্যক্তিরা বেশি ইমোশনাল হয় তারা তাদের স্বপ্নের পেছনে তত বেশি ছুটে বা ছুটতে পছন্দ করে অর্থ্যাৎ তারা তাদের স্বপ্নের সাথে emotionally attached হয়ে যায় এবং তাদের স্বপ্ন তারাতারি পূরণও হয়।

৮: আপনি আয়নায় নিজেকে যতটা এট্রাক্টিভ এবং সুন্দর দেখেন লোকেরা আপনাকে তার থেকেও ৩ গুন বেশি এট্রাক্টিভ এবং সুন্দর দেখে।

৯: Octophobia হলো এমন এক ধরনের ফোবিয়া যেখানে ব্যক্তি নাম্বার ৮ কে দেখে ভয় পায় এবং Triskaideka Phobia হলো এমন এক ধরনের ফোবিয়া যেখানে ব্যক্তি নাম্বার ১৩ কে দেখে ভয় পায়।

১০: একটা সাইকোলজিক্যাল রিসার্চ অনুযায়ী যারা নিজের বেস্টফ্রেন্ড কে বিয়ে করে বা এমন কাউকে বিয়ে করে যার সাথে পূর্বে বন্ধুত্ব ছিলো তাহলে সেখানে ভবিষ্যৎ এ ডিভোর্স হওয়ার সম্ভাবনা ৭২% কমে যায়।

দশটি আর্থিক বিষয়ের দর্শন -

১। আয়ের থেকে খরচ কম রাখা ।
২।খরচ কে চাহিদা এবং সামর্থের মধ্যে বেঁধে রাখা ।
৩। কেনাকাটায় ভবিষ্যৎ মূল্যায়ন করে খরচ করা ।
৪। একটিতে সীমাবদ্ধ না থেকে আয়ের এর নানা পথ খোজা ।
৫। জীবনে বড় পরিবর্তন এলে ও জমা খরচ মিলিয়ে নেয়া ।
৬। আর্থিক হিসাব গুলোতে নিয়মিত নজর রাখা ।
৭। নিজের ব্যাংক সম্পর্কিত বিষয় নিজে সামলানো ।
৮। অর্থের ব্যাপারে বুদ্ধিগত সীমাবদ্ধতার কথা মাথায় রাখা ।
৯। বিনিয়োগের ঝুঁকি এড়াতে সাথে বিকল্প ব্যবস্থা রাখা ।
১০। বিশেষজ্ঞদের উপদেশ মূল্যায়নের পর সিদ্ধান্ত নেওয়া ।

পনেরোটি পরামর্শ -

০১। মূর্খ লোকের সাথে তর্ক করবেন না, এরা আপনাকে তাদের লেভেলে নামিয়ে নিয়ে যাবে।

০২। পরিবার দেখে বিয়ে করুন। অসভ্য, গোয়ার বা ভন্ড পরিবার আপনাকে তাদের লেভেলে নামিয়ে নিয়ে যাবে।

০৩। নিজের ভাই বোন ছাড়া কাউকে বড় অংকের টাকা ধার দেবেন না। তাতে সম্পর্ক নষ্ট হবে। ভাই বোনের কাছ থেকে টাকা ফেরৎ না পেলেও ততো দুঃখ থাকবে না, কারণ সেটা আপনার আপনজনই খেয়েছে কিন্তু অন্যের কাছ থেকে ফেরৎ না পেলে দুঃখের সীমা থাকবে না।

০৪। বন্ধুর প্রশংসা পেয়ে আনন্দিত হবে না অথবা শত্রুর সমালোচনা দেখে বিচলিত হবেন না, দুটোই মূল্যহীন।

০৫। পৃথিবীতে কেউ ব্যস্ত না, আসলে সব নির্ভর করে গুরুত্বের উপর। কাজেই যে আপনাকে গুরুত্ব দিচ্ছে, তাকে গুরুত্ব দিন, জীবন অনেক সুন্দর ও উপভোগ্য মনে হবে।

০৬। কারো অনুপ্রেরণার জন্য অপেক্ষা করবেন না, কিছু একটা শুরু করুন।

০৭। সুযোগের জন্য অপেক্ষা করবেন না, সুযোগ তৈরি করে নিন, স্বার্থ বিনা কেউ সুযোগ দেবে না।

০৮। সবাই সফল হবেন না, এটা মেনে নিন। সফল তারাই হয় যারা এর পিছনে লেগে থাকে, খরচ করে। সেটা হতে পারে, সময়, সেটা হতে পারে অর্থ কিংবা দুটোই।

০৯। নারাজ মুডে থাকবেন না, হাসুন, হাসিই আপনার সাইনবোর্ড, আপনার ব্রান্ডিং।

১০। অপরের কাজ দেখে তাকে অনুকরণ বা অনুসরণ করবেন না, সফল কোন লোকই অন্য কারও মতো নয়, সবাই নিজের মতো।

১১। অপরের নামে তার অগোচরে বাজে আলাপ করবেন না, এরকম যারা করে তাদের প্রশ্রয় দেবেন না, কারন, তারা আপনার অগোচরে আপনার নামেও বাজে কথা বলবে।

১২। কারো কাছ থেকে প্রতিদান আশা করবেন না, দিতে শিখুন। লিডাররা শুধু দিয়েই যায়, এটাই নিয়ম।

১৩। শর্টকাটে সফল হওয়ার চেষ্টা করবেন না, সফলতার কোন শর্টকাট নেই। ধাপে ধাপে এগোন।

১৪। কিছুতেই আশাহত হবেন না। মনে রাখবেন, মানুষ তার আশার সমান সুন্দর, বিশ্বাসের সমান বড়।

১৫। বন্ধুদের অশ্রদ্ধা করবেন না, কাউকে ভালো কাজে নিরুৎসাহিত করবেন না।

পনেরোটি পরামর্শ - নিজেকে ভাল রাখার জন্য

১) সবাইকে সব সময় সব কিছু বলা বন্ধ করুন। তা সে যত আপন মানুষই হোক না কেন? কেননা নিজের কস্ট, দুর্বলতা প্রকাশ করা মানে ওই আপন জনের কাছ থেকে কস্ট পাওয়ার জন্য আরেকটা বাঁশঝাড় তৈরি করা।

২) নিজেকে অন্যদের সাথে তুলনা বন্ধ করুন।

৩) কে আপনাকে নিয়ে কী ভাবল সেটা নিয়ে চিন্তা করা একদম বাদ দিন।

৪) অপেক্ষা বন্ধ করে যা করার সেটা নিজেই করে ফেলুন। বিষয় যাই হোক না কেন যা বলতে চান, যা করতে চান সেটা করে ফেলুন ।

৫) প্রিয় মানুষটিকে সন্দেহ করা বন্ধ করুন। নিজের ক্ষমতার ওপরেও সন্দেহ রাখবেন না।

৬) নিজের জন্য করুন, অনুভব করার বিষয়টি বাদ দিন। আপনি যেমন আছেন, চমৎকার আছেন। নিজেকে নিয়ে কষ্ট পাবেন না।

৭) একা একা বিষণ্ণ হয়ে থাকার অভ্যাসটা বদলে ফেলুন।

৮) অপরাধ বোধে ভোগা, কোন কারণে নিজেকে দোষী ভেবে দোষারোপ করতে থাকার ব্যাপারটিও বাদ দিন। অন্যায় আমরা সকলেই করি। পুরনো অন্যায় নিয়ে নিজেকে নতুন বছরে কষ্ট দেবেন না ।

৯) নিজেই নিজের ক্ষতি করবেন না। আপনার শরীর ও মনের ক্ষতি হয়, এমন কাজগুলো বাদ দিন এখন থেকেই।

১০) জীবনে টাকাই সব, এমন ভাবনাও বাদ দিন। টাকার চাইতে অনেক বেশি গুরুত্বপূর্ণ সুখী হওয়া, এই কথায় মন দিন।

১১) কারো বা পরিস্থিতির চাপে পড়ে সিদ্ধান্ত নেয়া ত্যাগ করুন। সেটাই করুন, যেটা করতে আপনার মন ও মস্তিষ্ক সমর্থন দেয়।

১২) জীবনের সব কিছুকে প্রতিযোগিতা ভাবা বাদ দিন। একটাই জীবনে, ইঁদুর দৌড়ে সময় নষ্ট করার মানে নেই। নিজের কাজ মন দিয়ে করতে থাকুন, সফলতা অবশ্যই পাবেন।

১৩) সর্বদা " হ্যাঁ " বলার অভ্যাস বাদ দিন। নিজের প্রয়োজনে অন্যকে " না " বলতে শিখুন।

১৪) জীবনে সব কিছু পারফেক্ট হতে হবে। প্রথম চেষ্টাতেই সফল হতে হবে এমনটা ভাববেন না।

১৫) অন্যের অন্ধ অনুকরণ করা বন্ধ করুন।

ধন সম্পদ যদি মানুষ কে ভালো রাখতে পারতো আনন্দ দিতে পারতো। তাহলে গরিব মানুষগুলো কখনো হাসতে জানতো না।

ষোলোটিপ্রয়োজনীয় কাজ -আগত নতুন সালের জন্য

দুঃখ - Delete করে ফেলুন |

আনন্দ - Save করে রাখুন |

সম্পর্ক - Recharge করতে থাকুন |

বন্ধুত্ব - Download করুণ |

শত্রুতা - Erase করে ফেলুন |

সত্য - Broadcast করুণ |

মিথ্যা - Switch off করে রাখুন |
টেনশন - Recharge না করাটাই ভাল |
ভালোবাসা - Incoming খোলা রাখুন |
হাসি - Inbox এ রাখুন |
কান্না - Outbox এ রাখুন |
রাগ - Hold করে রাখুন |
মুচকি হাসি - Always send করতে থাকুন |
কথা - Normal mode এ রাখুন |
উপকার - OK mode এ রাখুন |
মন - Vibrate mode এ সবসময় রাখুন |
তারপর দেখুন নতুন বছরে আপনার জীবনের Ring tone কত সুন্দর ভাবে বাজতে থাকে |

চব্বিশটি সুখী জীবনের জন্য টিপস

১. প্রতিদিন অন্তত ৩০ মিনিট হাঁটুন।

২. নির্জন কোন স্থানে একাকী অন্তত ১০ মিনিট কাটান ও নিজেকে নিয়ে ভাবুন।

৩. ঘুম থেকে উঠেই প্রকৃতির নির্মল পরিবেশে থাকার চেষ্টা করুন। সারা দিনের করণীয় গুলো সম্পর্কে মনস্থির করুন।

৪. নির্ভরযোগ্য প্রাকৃতিক উপাদানে ঘরে তৈরি খাবার বেশি খাবেন আর প্রক্রিয়াজাত খাবার কম খাবেন।

৫. সবুজ চা এবং পর্যাপ্ত জল পান করুন।

৬. প্রতিদিন অন্তত ৩ জনের মুখে হাসি ফোটানোর চেষ্টা করুন।

৭. গালগপ্প, অতীতের স্মৃতি, বাজে চিন্তা করে আপনার মূল্যবান সময় এবং শক্তি অপচয় করবেন না। ভাল কাজে সময় ও শক্তি ব্যয় করুন।

৮. সকালের নাস্তা রাজার মত, দুপুরের খাবার প্রজার মত এবং রাতের খাবার খাবেন ভিক্ষুকের মত।

৯. জীবন সব সময় সমান যায় না, তবুও ভাল কিছুর অপেক্ষা করতে শিখুন।

১০. অন্যকে ঘৃনা করে সময় নষ্ট করার জন্য জীবন খুব ছোট, সকলকে ক্ষমা করে দিন সব কিছুর জন্য।

১১. কঠিন করে কোন বিষয় ভাববেন না। সকল বিষয়ের সহজ সমাধান চিন্তা করুন।

১২. সব তর্কে জিততে হবে এমন নয়, তবে মতামত হিসাবে মেনে নিতে পারেন আবার নাও মেনে নিতে পারেন।

১৩. আপনার অতীতকে শান্তভাবে চিন্তা করুন, ভুলগুলো শুধরে নিন। অতীতের জন্য বর্তমানকে নষ্ট করবেন না।

১৪. অন্যের জীবনের সাথে নিজের জীবন তুলনা করবেন না।

১৫. কেউ আপনার সুখের দায়িত্ব নিয়ে বসে নেই। আপনার কাজই আপনাকে সুখ এনে দেবে।

১৬. প্রতি ৫ বছরমেয়াদী পরিকল্পনা করুন এবং ওই সময়ের মধ্যেই তা বাস্তবায়ন করুন।

১৭. গরীবকে সাহায্য করুন। দাতা হোন,গ্রহীতা নয়।

১৮. অন্য লোকে আপনাকে কি ভাবছে তা নিয়ে মাথা ঘামানোর দরকার নেই বরং আপনি আপনাকে কি ভাবছেন সেটা মুল্যায়ন করুন ও সঠিক কাজটি করুন।

১৯. কষ্ট পুষে রাখবেন না। কারণ সময়ের স্রোতে সব কষ্ট ভেসে যায় তাই কষ্টের ব্যাপারে খোলামেলা আলাপ করুন ও ঘনিষ্টদের সাথে শেয়ার করুন।

২০. মনে রাখবেন সময় যতই ভাল বা খারাপ হোক তা বদলাবেই।

২১. অসুস্থ হলে আপনার ব্যবসা বা চাকুরী অন্য কেউ দেখভাল করবে না। করবে বন্ধু কিংবা নিকটাত্মীয়রা, তাদের সাথে সম্পর্ক বজায় রাখুন।

২২. ফেইসবুক অনেক সময় নষ্ট করে। ফেইসবুকে আপনার সময় নির্দিষ্ট করুন। কতক্ষণ সময় থাকবেন এখানে।

২৩. প্রতি রাত ঘুমানোর আগে আপনার জীবনের জন্য বাবা মাকে মনে মনে ধন্যবাদ দিন।

২৪. মনে রাখুন জীবনের কোন কোন ভুলের জন্য আপনি ক্ষমা পেয়েছেন। সেসব ভুল আর যেন না হয় তার জন্য সতর্ক থাকুন।

১০০টি টিপস - প্রয়োজনীয় টুকিটাকি

১। অনেকদিন বন্ধ থাকা বা অব্যবহৃত ঘর খুললে একটা ভ্যাপসা গন্ধ বের হয়। দু-তিনটে দেশলাই কাঠি জ্বালালে দু-তিন মিনিটের মধ্যে ঘর থেকে গন্ধ চলে যাবে।

২। চিনির পাত্রের মধ্যে দু-চারটি লবঙ্গ দিয়ে রাখলে পিঁপড়ে ঢুকবে না।

৩। চশমা ঝকঝকে পরিষ্কার রাখতে হলে এক ফোঁটা ভিনিগার দিয়ে কাঁচ পালিশ করুন।

৪। কাঠের আসবাবপত্র ঠাণ্ডা চা-পাতা ফোটানো জল দিয়ে পালিশ করুন। ঝকঝকে হয়ে উঠবে।

৫। ফ্রিজের গায়ে দাগ ধরে গেলে স্পঞ্জে টুথপেস্ট লাগিয়ে ঘষুন। দাগ উঠে যাবে।

৬। ফ্লানেলের টুকরো গ্লিসারিনে ভিজিয়ে দাগধরা জানালার কাঁচে ঘষুন। কাঁচ ঝকঝক করবে। কাঠ বা স্টিলের টেবিলে ঘষুন। সেখানকার দাগ উঠবে।

৭। জানালা, দরজার কাঁচ ঝকঝকে করে তুলতে মিহি চক গুঁড়োর সঙ্গে জল আর স্পিরিট অথবা কেরোসিন মিশিয়ে কিছুক্ষণ কাঁচের ওপর মাখিয়ে রাখুন। শুকিয়ে গেলে খবরের কাগজ দিয়ে মুছে নিন।

৮। ডিটারজেন্টের সঙ্গে একটা লেবুর রস ও এক চামচ ফিনাইল মিশিয়ে বাথরুমের টাইলস ঘষে দেখুন, কেমন ঝকঝক করে।

৯। হাতব্যাগের ধাতব অংশগুলিতে ন্যাচারাল কালারের নেলপালিশের এক প্রস্থ প্রলেপ দিয়ে রাখুন। সহজে বিবর্ণ হবে না।

১০। ছোট্ট একটুকরো ফ্লানেল বা কম্বলের কাপড়ে পাতিলেবুর রস মাখিয়ে চামড়ার ব্যাগ বা স্যুটকেশে ঘষলে। চামড়ার ঔজ্জ্বল্য বাড়বে।

১১। ঘরে চড়ুই পাখি বাসা বাঁধতে চায়। যদি চড়ুই পাখি তাড়াতে চান তাহলে ঘরের দরজা জানালা বন্ধ করে দু-চার টুকরো কর্পূর জ্বালিয়ে দিন। আর ঘরমুখো হবে না।

১২। গ্যাসস্টোভের বার্নারে ময়লা ঢুকে গেলে বাড়িতে পরিষ্কার করার সহজ উপায় হল অ্যালুমিনিয়াম স্টিল বা লোহার বালতিতে ফুটন্ত জল ঢেলে তাতে দু টেবিল চামচ ড্রেনেক্স (Drainex) পাউডার গুলে বার্নার দুটি তার মধ্যে দু ঘণ্টা ডুবিয়ে রাখুন। জলে ঝাঁপিয়ে ঝাঁপিয়ে ধুয়ে নিন।

১৩। গরম পোশাক বা সিল্কের পোশাক ধোওয়ার পর যদি ইউক্যালিপটাস তেল মেশানো জলে ডুবিয়ে নেন তাহলে পোকায় কাটার ভয় থাকবে না। পোশাকের ঔজ্বল্য বাড়বে। এক বালতি জলে তেলের পরিমাণ হবে দু-টেবিল চামচ।

১৪। উলের পোশাক ধোওয়ার পর এক বালতি জলে আধ চামচ গ্লিসারিন দিয়ে তাতে ডুবিয়ে নিন। পোশাকের নরম ভাব বজায় থাকবে।

১৫। বাচ্চাদের জামাকাপড় বা কাঁথায় যদি তার বমির দুর্গন্ধ থেকে যায়, তবে কাচার পর জলে আধ চামচ বেকিং সোডা মিশিয়ে তাতে জামাকাপড় ডুবিয়ে নেবেন। দুর্গন্ধ দূর হবে।

১৬। ইস্ত্রি করার সময় কাপড়ে যে জল ছেটান তাতে কয়েক ফোঁটা পারফিউম ফেলে দিন। ইস্ত্রি হওয়া গোটা কাপড়টি সুগন্ধ ধরে রাখবে।

১৭। সুগন্ধির শিশি সবসময় তুলো বা কাপড়ে জড়িয়ে রাখবেন। তাতে সুগন্ধি ঢের বেশি দিন টিকবে।

১৮। ফ্লাস্কের ভেতরে অংশ ভালভাবে ধুতে হলে ফ্লাস্কে গরম জল ভর্তি করুন। তাতে কয়েক টুকরো কাগজ ফেলে দিন। ঘন্টাখানেক পর ভাল করে ঝাঁকিয়ে নিয়ে জল ফেলে দিন। ভেতরের যাবতীয় নোংরা পরিষ্কার হয়ে যাবে।

১৯। অনেক সময় ভ্যাকুয়াম ফ্লাস্ক দীর্ঘ ব্যবহারের জন্য দুর্গন্ধ হয়। একটি ডিমের খোলা ভেঙে ফ্লাস্কের মধ্যে ফেলুন।

২০। কিছু কিছু অলংকারের তীক্ষ্ণ বা ধারালো প্রান্তের খোঁচায় পোশাক ছিঁড়ে যায় বা সুতো উঠে যায়। সেইসব ধারালো অংশে ন্যাচারাল নেলপালিশ লাগিয়ে দিন। খোঁচা লাগবে না।

২১। কাঠের ওপর বাচ্চারা আঁকিবুঁকি কাটলে তা তুলতে সিগারেটের ছাই খুব ভাল। সিগারেটের ছাই পাতলা কাপড়ে নিয়ে ঘষে ঘষে তোলা যাবে। একই কাজ হবে কেরোসিন দিয়ে।

২২। সিল্কের শাড়ি বা পোশাকে মাড় দিতে হলে, মাড়ের সঙ্গে একটু পাতলা আঠা গুলে নেবেন। পোশাক শুকিয়ে খটখটে করে ইস্ত্রি করবেন। সিল্ক ঝকঝক করবে।

২৩। পঞ্চাশ গ্রাম সাবুদানা জলে ফুটিয়ে স্বচ্ছ করে ছেঁকে নিন। ঠাণ্ডা করে তাতে দু-টেবিল চামচ সাদা ভিনিগার মেশান। এবার এই মিশ্রণটি একটি খালি স্প্রে বটলে ভরে রাখুন। এই তরল ছিটিয়ে ছিটিয়ে ইস্ত্রি করলে তা মাড়ের কাজ করবে। পোশাক নিভাঁজ হবে।

২৪। হেয়ার ড্রায়ার দিয়ে বর্ষার জুতো, ছোটখাটো জামাকাপড় শুকিয়ে নেওয়া যায়।

২৫। বাচ্চাকে স্নান করানোর আগে নীচে তোয়ালে পেতে নেবেন। বাচ্চা হড়কে যাবে না। বসেও আরাম পাবে।

২৬। স্টিলের বাসন থেকে কোম্পানির নাম লেখা স্টিকারটি তোলা এক ঝামেলা। পাত্রের স্টিকার লাগানো অংশের উল্টোপিঠটা তাতিয়ে নিন। স্টিকার এবার সহজে উঠে আসবে।

২৭। নতুন কেনা জিনিসপত্রের ওপর থেকে দামের লেবেল তুলতে খোঁচাখুঁচি করবেন না। লেবেলের ওপর একটু সেলোটেপ চেপে দিন। তারপর সেলোটেপের এক প্রান্ত ধরে টানলে লেবেলটি উঠে যাবে।

২৮। দেওয়ালে পেরেক গাঁথার আগে পেরেকগুলো যদি ফুটন্ত গরম জলে ডুবিয়ে নেন তাহলে হাতুড়ি মারার সময় দেওয়ালের প্লাস্টার খসবে না।

২৯। শক্ত করে মুখ বন্ধ একটি ছোট্ট শিশিতে কর্পূর পুরে যন্ত্রপাতির বাক্সে রেখে দিন। যন্ত্রপাতিতে মরচে পড়বে না।

৩০। বেশ কিছুদিনের জন্য কোথাও বেড়াতে যাচ্ছেন ফ্রিজ খালি করে? ডিফ্রস্ট করে তা রেখে গেলেন। কিন্তু এসে দেখলেন দুর্গন্ধ হয়ে গেছে। দুর্গন্ধ দূর করবার জন্য যাওয়ার আগে ফ্রিজে পাতি লেবু রেখে দিন। দুর্গন্ধ হবে না।

৩১। ফ্রিজের বদগন্ধ দূর করতে সর্ষেগুঁড়ো ব্যবহার করতে পারেন। একটা প্লেটে কিছুটা সর্ষেগুঁড়ো ঢেলে তাতে একটু জল দিয়ে রাতভর ফ্রিজে রাখুন এবং ফ্রিজ খোলাই রাখুন। পরের দিন সকালে দেখবেন সব গন্ধ উধাও।

৩২। ব্যবহারের পর তেল বা পানীয়র টেট্রাপ্যাক ফেলে দেবেন না। কেটে ডিপ ফ্রিজে আইস ট্রেতে পেতে দিন। মাছ মাংসের প্যাকেট আটকে যাবে না।

৩৩। প্রেসার কুকারের গ্যাসকেট মাঝে মাঝে ফ্রিজে পুরে রাখবেন। দীর্ঘদিন টিকবে।

৩৪। টর্চের ফেলে দেওয়া ব্যাটারি কিন্তু কোয়ার্টজ ঘড়িতে এবং রেডিওতে আরও মাস খানেক চলবে।

৩৫। বাড়িতে আঠা ফুরিয়ে গেছে। খামে স্ট্যাম্প লাগাবেন। ন্যাচারাল কালার নেলপালিশ ব্যবহার করুন।

৩৬। সেলোটেপের মুখ খুঁজে পাচ্ছেন না? মিনিট দশেক ফ্রিজে ঢুকিয়ে রেখে দিন। সেলোটেপের রিলটা খুলে আসবে।

৩৭। খামের ওপর ঠিকানা লিখে একটু মোমবাতি ঘষে দেবেন। জল পড়ে কালি থেবড়ে ঠিকানা অস্পষ্ট হয়ে যাবে না।

৩৮। টেবিল বা ক্যাবিনেটের ড্রয়ার অনেক সময় আটকে যায়। স্বচ্ছন্দে খোলা বা বন্ধ করা যায় না। ড্রয়ারের ধারে মোম ঘষে রাখুন। সহজে আটকাবে না।

৩৯। ব্যবহারের পর বাইসাইকেলের টায়ার ভিজে কাপড় দিয়ে মুছে রাখুন। সহজে কাটবে না।

৪০। নখের কোন ভেঙে গেছে। কিন্তু এমারি বোর্ড নেই। একটা দেশলাই কাঠি নিয়ে বারুদের দিকটা ভাঙা জায়গায় ঘষুন। নিমেষে নখ সমান হয়ে যাবে।

৪১। নেলপালিশ শুকিয়ে জমে গেলে ইউক্যালিপটাস তেল দিন। গলে নরম হবে। তবে নেলপালিশ ফ্রিজে রাখলে সহজে শুকোবে না।

৪২। এক লিটার জলে দু'চার চামচ ডিটারজেন্ট গুলে ঝাঁকিয়ে দিন। এবার স্প্রেগান বা পিচকিরিতে ভরে ঘরের আনাচে কানাচে যেখান আরশোলার উপদ্রব বেশি সেসব জায়গায় স্প্রে করে দিন। আরশোলা মরবে।

৪৩। মোমবাতি জ্বালানোর আগে যদি বার্নিশ লিগিয়ে নিতে পারেন তো সাশ্রয় হবে। সহজে মোম গলবে না।

৪৪। ক্যাণ্ডেল হোল্ডারে মোমবাতি বসানোর আগে একটু তেল মাখিয়ে নেবেন। ফুরিয়ে গেলে জমা মোম তুলতে অসুবিধে হবে না।

৪৫। বোতলের ছিপি খুব শক্ত হয়ে আটকে গেলে, একটা রুমাল গরম জলে ভিজিয়ে নিংড়ে বোতলের ছিপির নীচে জড়িয়ে রাখুন। কিছুক্ষণ পরে ছিপিটি আলগা হয়ে আসবে।

৪৬। যাদের সিলিণ্ডার ক্যারিয়ার নেই তারা থার্মোকলের টুকরোর ওপর গ্যাস সিলিণ্ডার রাখুন। গ্যাস সিলিণ্ডারেও যেমন মরচে পড়বে না, মেঝেও মরচের দাগ থেকে রেহাই পাবে।

৪৭। গ্যাস ওভেন-এ রান্নার সময় কিছু উপচে পড়ে গেলে নুন ছিটিয়ে দিন। ওভেন ঠাণ্ডা হয়ে গেলে পোড়া জিনিসগুলো ভিজে স্পঞ্জ দিয়ে ভালভাবে মুছে দিন।

৪৮। রাতের দিকে বেসিনের পাইপের মুখে মাঝে মাঝে আধ কাপ মত ভিনিগার ঢেলে দেবেন। সকালে দু'মগ জল ঢেলে দিলেই বেসিনের পাইপ পরিষ্কার থাকবে।

৪৯। সিঙ্কের মুখ বন্ধ হয়ে গেলে নুন ফুটিয়ে সিঙ্কের মুখে ঢেলে দিন। পরিষ্কার হয়ে যাবে।

৫০। বালতি বা ড্রাম ফুটো হয়ে গেলে ঐ জায়গা পরিষ্কার করে শুকিয়ে নিয়ে ধুনো গুঁড়ো করে নারকোল তেল এবং সিঁদুর মিশিয়ে মিশ্রণটি লাগান, ফুটো বন্ধ হয়ে যাবে।

৫১। আস্ত ধনেতে পোকা ধরেছে বলে ফেলে দেবেন না। ঘন্টা খানেক ভিজিয়ে রেখে মাটিতে ছড়িয়ে দিন। ধনে পাতার চাষ হবে আপনার বাগানে।

৫২। দই যদি নষ্ট হয়ে যায় তো ফেলে দেবেন না। বাড়িতে কারি পাতার গাছ থাকলে তার গোড়ায় মাটিতে দিন। এতে পাতার তেজ ও সুগন্ধ দুই-ই বাড়বে।

৫৩। অ্যাকোরিয়ামের জল ফেলে দেবেন না। গাছের গোড়ায় দিন। সার হিসেবে চমৎকার।

৫৪। কাজুবাদাম ব্যবহারের সময় খোসাটা ফেলে দেওয়া হয়। ঐ ফেলে দেওয়া খোসাই গোলাপ গাছের সেরা সার।

৫৫। ব্যবহৃত চা-পাতা ফেলে না দিয়ে ভাল করে রোদে শুকিয়ে নিন। এইভাবে ঐ চা'পাতা ধুনোর বদলে ব্যবহার করুন। শুকনো চা'পাতা পোড়ানো ধোঁয়ায় ঘরের সমস্ত মশা, মাছি পালিয়ে যাবে।

৫৬। মশা তাড়াবার একটা সহজ উপায় হল, কয়েক টুকরো কর্পূর আধকাপ জলে ভিজিয়ে খাটের নীচে রেখে দিন। তারপর নিশ্চিন্তে ঘুমান।

৫৭। কয়লা বা কাঠ-কয়লার আগুনে নিমপাতা পড়লে যে ধোঁয়া হবে তাতে সবংশে মশা পালাবে।

৫৮। লোডশেডিঙের সময় যদি হ্যারিকেন বা কাঁচ ঢাকা বাতিদান জ্বালান তবে তার ওপর দু-একটা ব্যবহৃত মশা মারার রিপেলেন্ট রেখে দেবেন। আলোর সঙ্গে সঙ্গে মশা তাড়ানোর কাজও হবে।

৫৯। প্রতিদিন নিশিন্দা ও নিমপাতার গুঁড়ো ধুনোর সঙ্গে ব্যবহার করলে মশার হাত থেকে রেহাই পাওয়া যায়।

৬০। ঘরের মধ্যে মশার উৎপাত কমাতে চাইলে, ঘরের বৈদ্যুতিক আলোটি হলুদ সেলোফেনে জড়িয়ে দিন। ফলে হলুদ আলো হবে। দেখবেন মশা কমে গেছে, কারণ মশা হলুদ আলো থেকে দূরে থাকতে চায়।

৬১। মাছি তাড়াতে পুদিনা পাতা ব্যবহার করুন। ছোট গ্লাসে একটু জল নিয়ে তাতে ৫/৬ গাছি পুদিনা রেখে দিন খাবার টেবিলে। ৩ দিন অন্তর জল বদলে দেবেন। জল অনুকূল হলে কিছুদিনের মধ্যে পুদিনা চারাও গজিয়ে যাবে গ্লাসে।

৬২। নিমপাতা ভেজানো বা সেদ্ধ জলে ঘর মুছুন। পোকা-মাকড়ের উপদ্রব কমবে। নিমপাতা তোশক বা গদির তলায় রাখুন পোকামাকড় হবে না।

৬৩। অনেক সময় ঘরে বা রান্নাঘরে সাপ ঢুকে যায়। কিছুটা রসুন বেটে কাপড়ে বেঁধে ঘরের কোণে রেখে দিলে ঘরের ভিতর সাপ ঢুকবে না।

৬৪। নিমপাতা পচা সার গাছে পোকা লাগতে দেয় না।

৬৫। বাচ্চাদের ঘরে মাছি, পিঁপড়ে হয়। যদি নুন ছিটিয়ে ঘর মোছা যায়, পিঁপড়ে মাছি কম হবে।

৬৬। আটা, ময়দা, ডাল পোকার হাত থেকে বাঁচতে হলে একমুঠো নিমপাতা শুকিয়ে উপরে ছড়িয়ে দিন, পোকা হবে না।

৬৭। সোনার গয়না দীর্ঘদিন ধরে ব্যবহার করলে ঔজ্জ্বল্য হারিয়ে যায়। ব্যবহার করার পর সিঁদুর মাখিয়ে রাখবেন। চকচক করবে। কুমড়োর রস দিয়েও গয়না পরিষ্কার করা যায়।

৬৮। বিয়ে বাড়িতে বা পার্টিতে যেদিন যাবেন, সোনার গয়নাগুলো কাঁচা হলুদ থেঁতো করে বা হলুদ গুঁড়ো জলে গুলে এক ঘন্টা ভিজিয়ে ভাল করে মুছে নেবেন। উজ্জ্বলতা বাড়বে।

৬৯। আপনার সোনা-রুপোর গয়না টুথপেস্ট দিয়ে ঘষে নিন। জল দেওয়ার দরকার নেই। শুকনো কাপড়ে পেস্ট মুছে ফেলুন। দেখুন ঝকমকিয়ে উঠবে আপনার গয়না।

৭০। রুপোর জিনিস জলের সঙ্গে নুন আর রিঠা দিয়ে মিনিট পনেরো ফোটালে রুপোর স্বাভাবিক রং ফিরে আসে।

৭১। পাথরের গয়না টুথপেস্ট ঘষে পরিষ্কার করুন। নতুনের মত ঝলমল করবে।

৭২। পেতলের বাসন ঝকঝক করে তুলতে ক'ফোঁটা সেলাই মেশিনের তেলে হলুদ গুঁড়ো মেশান। ঐ তেলে ঘষে তুলুন বাসন। দেখবেন নতুনের মত দেখাচ্ছে।

৭৩। ব্রাসোর সঙ্গে সামান্য পাতিলেবুর রস মিশিয়ে ঘসুণ, কাঁসার জিনিস সোনার মতো ঝকঝক করবে।

৭৪। হলুদ গুঁড়োর সঙ্গে কয়েক ফোঁটা সরষের তেল দিয়ে পেতলের বাসন ঘষলে চকচক করবে।

৭৫। রুপোর বাসন, কাঁটা-চামচ বা গয়নাটি তেঁতুল গোলা জলে ফুটিয়ে নিন। ঘষা-মাজা করতে হবে না। ফোটালেই ঝকঝক করবে।

৭৬। এনামেলের বাসন থেকে দাগ তুলতে নুন আর ভিনিগারের মিশ্রণ ব্যবহার করুন।

৭৭। বোন চায়নার বাসনে দাগ ধরে গেলে নেলপালিশ রিমুভার ব্যবহার করতে পারেন। দাগ উঠে যাবে।

৭৮। চাল ধোয়া জলে স্টীল ও কাঁচের বাসন কিছুক্ষণ ডুবিয়ে রেখে তারপর ধুয়ে নিলে বাসনগুলো ঝকঝক করবে।

৭৯। পিতলের বা কাঁসার বাসন দীর্ঘদিন ব্যবহার না করার ফলে দাগ ধরে যায়। মাথার চুল ও সরষের তেল সহযোগে মাজুন, দেখবেন ঝকঝক হয়ে উঠবে।

৮০। রান্না পুড়ে পাত্রের তলায় এঁটে গেছে। পাত্রটিকে নুনজলে ভর্তি করুন। তারপর আঁচে বসান। জল ফুটতে শুরু করলেই পোড়া অংশ আলগা হয়ে উঠে যাবে।

৮১। রান্নার সময় হাতে হলুদেড় দাগ হলে, আলুর খোসা ছাড়িয়ে হাতে ঘষে, হাত ধুয়ে নিলে আর হলুদের দাগ থাকবে না।

৮২। টিন থেকে মরচে তুলতে হলে আলু কেটে বাসন ধোয়ার গুঁড়োয় ডুবিয়ে সেটা দিয়ে ঘষলেই মরচে উঠে যাবে।

৮৩। মরচের দাগ তুলতে হলে ১ কাপ চাল ২ লিটার জলে ফুটিয়ে সারারাত রাখতে হবে। পরের দিন সকালে জলটা ছেঁকে নিয়ে সেই জলে মরচে ধরা জায়গাটা ধুলে ফেলতে হবে। যদি এক দফায় না হয়, আবার একই নিয়মে ধুতে হবে।

৮৪। কফির যদি স্বাদ আরো বাড়াতে চান তাহলে সামান্য টেবিল-সল্ট মিশিয়ে নিন।

৮৫। তুলসীপাতা শুকিয়ে গুঁড়ো করে রাখুন। চা তৈরীর সময় দু-চিমটি লিকারে দিয়ে দেবেন। আরো ভাল স্বাদ আসবে। নানা রোগও আটকাবে।

৮৬। বাড়িতে ঘি তৈরি করার জন্য দুধের সরটা বাটিতে ১/২ চামচ টক দই দিয়ে তার উপর রাখতে হবে। সরটা এমনভাবে রাখতে হবে যাতে পুরো দইটা ঢেকে যায়। এই ভাবে দই এর সাথে সর জমলে সর জমা যে গন্ধ হয় সেটা হবে না।

৮৭। এক টুকরো সন্ধক লবণ ঘি এর শিশির মধ্যে রেখে দিন। এতে ঘি বেশি দিন টাটকা থাকবে, স্বাদেরও পরিবর্তন হবে না।

৮৮। ঘিয়ের গন্ধ বজায় রাখতে হলে ঘি রাখার শিশিতে এক টুকরো আখের গুড় রেখে দিন।

৮৯। ভোজ্য তেলে ৮/১০ টা আস্ত গোলমরিচ ফেলে দিন। তেল দীর্ঘদিন অব্যবহৃত হলেও ভাল থাকবে।

৯০। দই পাতবার সময় দুধের সঙ্গে ১ চামচ কর্ণফ্লাওয়ার গুলে দেবেন। দই অনেক বেশি ঘন হবে।

৯১। গরু বা মোষের দুধ ঠিক সময় মতো গরম না করলে দুধ কেটে যাবার ভয় থাকে। দুধের মধ্যে দু-ফোঁটা সরষের তেল দিয়ে রাখলে দুধ যখনই ফোটান হোক না কেন দুধ কাটবে না।

৯২। দীর্ঘদিন বাইরে পড়ে আছে দুধ। ভয় হচ্ছে আঁচে বসালেই কেটে যাবে। আঁচে বসানোর আগে দুধে ১ চিমটি সোডা-বাই-কার্ব মিশিয়ে নিন। দুধ কাটবে না।

৯৩। দুধ পড়ে গেলে বা দুধ থেকে পোড়া গন্ধ দূর করতে হলে তাতে পান পাতা ফেলে কিছুক্ষণ ফুটিয়ে নিন। পোড়া গন্ধ কেটে যাবে।

৯৪। পিঠে, পাটিসাপ্টা, মালপো প্রভৃতি তৈরি করার সময় গোলায় একটু আটা মিশিয়ে দিলে পিঠে ঠিকভাবে তৈরি হয়।

৯৫। চালের গুঁড়োর পিঠে করলে সাধারণত শক্ত হয়। পিঠে করার আগে যদি চালের গুঁড়োতে কিছুটা খই মাখিয়ে নেওয়া হয় তবে পিঠে নরম হয় এবং খেতেও ভাল লাগে।

৯৬। কেক, পুডিঙের ওপর বাদাম, কাজু বা কিশমিশ সাজিয়ে দেবার আগে, ধুয়ে কিছুক্ষণ ভিজিয়ে রাখলে পড়ে খসে যাবার ভয় থাকে না।

৯৭। কাস্টার্ড তৈরীর সময় কাপ প্রতি দুধে দু-তিন চামচ মিল্ক পাউডার গুলে নেন তবে চমৎকার আস্বাদ আসবে। তৈরীর পর মোটা চিনির দানা যদি ছড়িয়ে দেন, কাস্টার্ডে সর পড়বে না।

৯৮। ছানা কাটানোর জন্য লেবুর রসের বদলে ফুটন্ত দুধে ১ চামচ দই ফেলে দিন। ছানা নরম হবে।

৯৯। বিস্কুটের টিনে এক টুকরো ব্লটিং পেপার রেখে দিন। বিস্কুট মিইয়ে যাবে না।

১০০। পোড়ামাটির জিনিসপত্র পরিষ্কার রাখতে হলে ওগুলোর ওপর ন্যাচারাল রঙের নেলপালিশ লাগিয়ে দিন। রং অক্ষত থাকবে আর নোংরা হবে না।

আপনি সুখী হওয়ার জন্য এই চারটি সরল সত্য মেনে নিন ...???

আপনি যদি সুখী হতে চান তাহলে প্রথমেই অন্যকে দুঃখ দেয়া থেকে বিরত থাকুন। কেননা, এজগতের প্রতিটা ক্রিয়ার সমান ও বিপরীত প্রতিক্রিয়া আছে, তাই আজ যদি আপনি কাউকে দুঃখ দেন, তাহলে কাল সেই দুঃখ আপনার জীবনে আসবেই।

অন্য জনের কাছ থেকে অতিরিক্ত ভালোবাসা পাওয়ার আকাঙ্খা ত্যাগ করুন। কেননা, অনিত্য এই জগতে প্রকৃত কোন ভালোবাসা নেই, এটা স্বার্থের দুনিয়া, তাই একটু স্বার্থের কমতি পড়লে যে কেউ যেকোন সময় আপনাকে দুঃখ দেবে।

এটা অনিত্য জগৎ। প্রকৃত অর্থে, এখানে কেউ আপনার নিত্য সঙ্গী নয়, এ জগতের কেউ একই পূর্বে সবসময় আপনার সাথে ছিল না, ভবিষ্যতেও থাকবে না, পৃথিবী নামক এই রঙ্গমঞ্চে আমরা অভিনয় করার জন্য সাময়িক সময়ের জন্য একত্রিত হয়েছি, তাই এই সরল সত্যটি মেনে নিয়ে এ জগতের কাউকে নিয়ে নিত্যকাল বাঁচার ইচ্ছা করবেন না, যে কেউই যেকোন সময় আপনাকে একা ফেলে রেখে চলে যেতে পারে।

আপনি মেনে নিন এটা দুঃখের জগৎ। আর এটা মেনে নিয়ে দুঃখ থেকে মুক্ত হওয়ার জন্য পরমেশ্বর ভগবান #শ্রীকৃষ্ণের সেবায় নিজেকে নিয়োজিত করুন, এজন্য অবশ্যই পাপশুন্য হয়ে সাধু-গুরু-বৈষ্ণবের নির্দেশ মতো আপনার জীবন পরিচালিত করুন এবং মনগড়া ধর্ম পরিহার করুন।

যদি এই চারটি সত্য মেনে নেন তাহলে দেখবেন যে কোন দুঃখই আপনার মনকে স্পর্শও করতে পারবে না, আপনার ইহকাল ও পরকাল দুটোই আনন্দময় হবে।

জীবনের সুন্দর একটি হিসাব-দৃষ্টিভঙ্গি বদলান, জীবন বদলে যাবে।

জীবনের সুন্দর একটি হিসাব দেখুন, বুঝুন এবং চিন্তা করুন। যদি A, B, C, D, E, F, G, H, I, J, K, L, M, N, O, P, Q, R, S, T, U, V, W, X, Y, Z = 1, 2, 3, 4, 5, 6, 7, 8, 9, 10, 11, 12, 13, 14, 15, 16, 17, 18, 19, 20, 21, 22, 23, 24, 25, 26 অর্থাৎ A to Z এর মান যদি এমনভাবে ধরি যেখানে : A=1, B=2, C=3, D=4, E=5, F=6, G=7, H=8, I=9, J=10, K=11, L=12, M=13, N=14, O=15, P=16, Q=17, R=18, S=19, T=20, U=21, V=22, W=23, X=24, Y=25, Z=26

তাহলে,,,তুমি যতই পরিশ্রমী হও না কেনো, তোমার পরিশ্রম তোমাকে ভালো একটা জায়গায় নিয়ে যাবে, কিন্তু শতভাগ না। Hard Work: H+A+R+D+W+O+R+K= 8+1+18+4+23+15+18+11=98%

তুমি যতই বিজ্ঞ হও না কেনো, কখনো কখনো তা কঠোর পরিশ্রমের চেয়ে কম সফলতা আনতে পারে। Knowledge: K+N+O+W+L+E+D+G+E= 11+14+15+23+12+5+4+7+5=96%

আর তুমি যদি ভাগ্যের ভরসায় বসে থাকো, তা কোনো কূলেই তোমায় ভেরাবে না। Luck: L+U+C+K= 12+21+3+11=47% , অর্থাৎ এদের কোনোটাই 100% করতে পারে না, তাহলে সেটা কী যা 100% করতে পারে? Money?? না, এটা 72% , Leadership?? না, এটা 97% তাহলে??

সব সমস্যারই সমাধান করা সম্ভব, যদি আমাদের থাকে একটা পারফেক্ট Attitude বা দৃষ্টিভঙ্গি হ্যা, একমাত্র Attitude ই আমাদের জীবনকে করতে পারে 100% সফল...... A+T+T+I+T+U+D+E= 1+20+20+9+20+21+4+5=100% সুতরাং দৃষ্টিভঙ্গি বদলান, জীবন বদলে যাবে।

10

দশম অধ্যায়

এই মুহূর্তে, বাইরের প্যান্ডেলে দূর্গা পুজো চলছে আর তার মন্ত্র উচ্চারণ কানে আসছে আর ছোট বেলার কিছু কথা মনে উঁকি দিচ্ছে। ছোটবেলায়, প্রতিবছর দূর্গা পূজার সময় বাবা আমাদের সবাইকে নিয়ে চলে যেতেন আমাদের গ্রামের বাড়িতে। তখন আমাদের ছিল একান্নবর্তী পরিবার আর এই পরিবারের জ্যেষ্ঠ সন্তান ছিলেন আমার বাবা। বাবার হাতেই হত আমাদের গ্রামের একমাত্র দুর্গাপূজার দুর্গামূর্তির অস্ত্রসজ্জা। এই দুর্গাপূজার সম্পূর্ণ ও একক দায়িত্বে ছিলেন আমার ঠাকুরদা। ঠাকুরদার নিষ্ঠা ও পরিচালনায় হত এই দুর্গাপূজা।

দুর্গাপুজোর কথা মনে পড়লেই মনটা খারাপ হয়ে যায় কারন কয়েক বছর হলো বাবা আর মাকে হারিয়েছি। সবই আগের মতো আছে কেবল মানুষ দুটোই নেই। মাকে খুব মনে পড়ছে। দশমীর সকালে আমার মায়ের মুখখানিতে ফুটে উঠত একচালা প্রতিমার ছাঁচ। ভাসানের বাজনা বাজলেই মাকে প্রণাম করতাম। মা আমার মাথায় , গায়ে হাত বুলিয়ে দিত। মায়ের হাতের স্পর্শ হয়তো এমনটাই নরম হয়। মায়ের আশীষ অনন্ত হয়ে ওঠে আমার জীবনে। এই সব ছবিগুলো হারিয়ে গেলো, শুধুই রয়ে গেছে মধুর স্মৃতিগুলো। সময়ের নিষ্ঠুর বাতাসে ভেসে এগিয়ে চলেছি , আগের ওই ছবিগুলো আর কোনো দিনও ফিরে পাবো না -----কোনও দিন না। জগতে এমন কিছু মানুষ থাকে,যাদের উপস্থিতির চেয়ে অনুপস্থিতিই বেশি তীব্র হয়ে ওঠে, যারা পাশে থাকলে তাদের উপস্থিতি টের পাওয়া যায় না,আলাদা করে দৃষ্টি কাড়ে না, কিন্তু চোখের আড়াল হলেই সবকিছু কেমন ফাঁকাফাঁকা লাগে। মনে হয় কী যেন কী নেই। চারপাশটা হঠাৎ করেই বিরাট মরুভূমি মনে হয়। অথচ রোজ চোখের সামনে সেঁটে থাকা সেই মানুষটাকেই হয়তো খানিক আলাদা করে দেখার ফুরসৎ মেলে না।

মায়ের কথা ভাবলেই ঘটাং করে একটা শব্দ অবচেতন মনকে নাড়া দিয়ে যায়। ঘটাং করে একটা শব্দ। গেট খুলবে, এগিয়ে দিতে হবে প্রিয়জনকে। জ্বলন্ত অগ্নি উন্মুক্ত হবে, তার মধ্যে ঢুকিয়ে দেওয়া হবে দেহ। দরজা বন্ধ হবে। একটি মানুষ একা জ্বলেপুড়ে খাক হবে। দৃশ্যটি ভয়াবহ। ধুলোয় ধুলো, মাটিতে মাটি হয়ে যাওয়ার রোমান্টিকতা তাতে অনুপস্থিত। তবে দৃশ্যটার একটা মায়া আছে। এক বার দেখবেন, দু'বার দেখবেন, ধাক্কা খেতে খেতে সয়ে যাবে। ওই ঘটাং শব্দটা, সময় হল, এ বার সত্যিই ছেড়ে দিতে হবে শরীরটাকে, সেই নাড়ি ছেঁড়া বেদনা। এক সময় অভ্যাস করিয়ে দেবে এই বেদনা, ওই দৃশ্যটি হয়ে উঠবে প্রিয়। ওই শব্দটি সঙ্গী হয়ে যাবে অবচেতনে। একটি

মৃত্যু - ট্রলিতে শুয়ে চুল্লিতে প্রবেশ করতেই দপ্ করে জ্বলে উঠল ,নিমেষে ঘটাং করে চুল্লির দরজা বন্ধ হয়ে গেল। যতক্ষণ চুল্লিতে দেয়নি ততক্ষণ কেমন ছেলেমানুষ হয়েছিলাম,মানতেই পারছিলাম না যে "মৃত্যু হয়েছে" । বারবার মনে হচ্ছিল কিচ্ছু হয়নি সব ঠিক হয়ে যাবে, যেমনটা সবসময় হয়। ঐ চুল্লির ঘটাং করে দরজা বন্ধ হওয়াটা আর সহ্য করতে পারলাম না, যেন ঐ আওয়াজটাই আমার সব আশা শেষ করে দিল..যেন ঐ আওয়াজটাই আমার মার মৃত্যু বয়ে আনলো..যেন ঐ আওয়াজটাই আমায় এক মহাকাশ শূন্যতা দিয়ে দিল। যেন বিদ্যুৎ বেগে আমার হৃৎপিণ্ডটার উপর দিয়ে একটি ট্রেন চলে গেল।

দেখতে পাচ্ছিনা কিন্তু বুঝতে পারছি...সুন্দর কেশরাশি নিমেষে ছাই হয়ে গেছে, ধীরে ধীরে পেশী, মজ্জা, অস্থি ছাই হচ্ছে শুধু একটু অপেক্ষা। সবাই দেখছে চিতা জ্বলছে শুধু আমি দেখতে পাচ্ছি না............আমি দেখছি আমার আবদার জ্বলছে. আমার ছেলেমানুষী জ্বলছে. আমার অভিমান জ্বলছে. আমার অধিকার জ্বলছে. আমার অস্তিত্ব জ্বলছে. জ্বলে জ্বলে ছাই হয়ে বিলীন হয়ে যাচ্ছে, ছাই হয়ে যাচ্ছে আমারই চোখের সামনে । কাঁদছে তারা যারা হারিয়েছে, আমি কাঁদছি না, আমার শরীরটা বেঁচে আছে মনটার মৃত্যু হয়েছে, যার চিতা এখনও জ্বলছে .মরে গেলে কেউ কাঁদতে পারে? শ্মশান অনেকের মনে বৈরাগ্যের জন্ম দেয়। বৈরাগ্যও এক ধরনের ভালবাসা। বিশেষ কারও প্রতি ভালবাসা। অসীমের প্রতি ভালবাসার বোধ জন্ম নেয়। হয়তো তা সাময়িক, কিন্তু মুহূর্তটি সত্যি। মধ্যরাতে আকাশের আলোয় চারদিক ভেসে যায়। শেষ রাতে আকাশটা অদ্ভুত ঘন নীল। সেই ছবি অন্তরকে উপড়ে নেয় চারদিকের কোলাহল থেকে। ভুবন নিস্তব্ধ হয়ে থাকে। মাথায় টুপটাপ হিম ঝরে। বাতাসে পাতা খসে, ঘুরে ঘুরে পড়ে নিঝুম রাত্রে। একটি মৃত্যু আসলে একটি মৃত্যু নয় একটি মৃত্যুই অনেক মৃত্যু, পোশাকে নয় মননে।

প্রচন্ড ভালোবাসার পর যখন কেউ একলা অবহেলায় রেখে চলে যায় ? ... তখন এই দুনিয়ার যাবতীয় দুঃখ ঠিক ঝরে পড়া ফুলের মতো কুড়িয়ে বুকে জমিয়ে রাখে মানুষ , মুহূর্তে মাথার উপর আকাশ ভেঙে পুষ্পবর্ষণের মতো নেমে আসে যাবতীয় বাস্তবতা ... মানুষ তখন বুঝতে পারে যে , পৃথিবীতে নিজের চেয়ে বেশি কাউকে ভালোবাসাটা আসলে গর্হিত অপরাধ ...।

হ্যাঁ জীবনে ভালোবাসার অনেক মানুষ থাকবে ... কেউ ভালোবেসে থেকে যাবে , কেউ হারিয়ে যাবে সময়ের স্রোতে ... কিন্তু নিজেকে ভালো না বাসলে , সে সমস্ত ঘাত প্রতিঘাত কাটিয়ে মাথা তুলে দাঁড়াতে বড্ড বেশি সময় লেগে যাবে যে ... সময় লেগে যাবে সবটা কাটিয়ে আবার নতুন ভোরের পথে হাঁটতে ...আসলে বারবার মায়ায় জড়ানোটাই তো মানুষের চরিত্র , কিন্তু সেটা কাটিয়ে ওটার ম্যাজিকটা বোধহয় মানুষের জানা নেই ... কারণ মায়া যে কখনো অভ্যেস করে কাটানো যায় না , সময় মতো আপনাআপনিই মন থেকে সবটা মলিন হয়ে যায় ...।

মানুষের জীবনের বাবা-মা এর ভূমিকা অনস্বীকার্য । মা এর ভালোবাসার মধ্যে কোনো ভেজাল নেই, নেই কোনো মলিনতা। যেকোনো পরিস্থিতি হোক না কেন, মায়েরা সবসময় তাদের সবকিছু বিলিয়ে দেয়। একজন ব্যক্তি কোনো প্রয়োজন ছাড়াই আপনাকে ভালোবাসবে, সে হলো মা। মায়ের কোল যে কত বড় জিনিস তা একজন যোগ্য সন্তান ছাড়া আর কেউ জানে না । শত চিন্তা আপনার মাথায়, একবার মায়ের কোলে মাথা রেখে দেখবেন সব চিন্তা দূর হয়ে যাবে । পৃথিবীর যেখানেই যান না কেন মায়ের কোলে যে শান্তি তা কোথাও খুজে পাবেন না ।

ঈশ্বর জানেন যে সন্তানের জন্যে মা যেমন গুরুত্বপূর্ণ, তেমনি এই দুজনের খেয়াল রাখার জন্যে আরো একজন ভীষণ গুরুত্বপূর্ণ... তাই তিনি “বাবা”দেরকেও পৃথিবীতে পাঠিয়েছেন। বাবারা

সারাটা জীবন নিজের সন্তানের জন্যে নিজের জীবনটা বিলিয়ে দেন , কিন্তু হয়তো তারা সেই অর্থে চর্চিত হন না। সন্তানের প্রতি ভালোবাসা কোনো পিতা হয়তো প্রকাশ করতে পারে না, তবে কোনো পিতা কখনোই সন্তানের প্রতি দ্বায়িত্ব পালনে বিচ্যুত হয় না। বাবা! এই শব্দটা শুনলেই মিশ্র অনুভুতির জন্ম নেয় মনের মধ্যে। কিছুটা ভয়, কিছুটা ভালবাসা, কিছুটা মনোমালিন্য আর অনেকটা ভরসা। কোনও দুষ্টুমি করলেই মায়ের কাছে কাকুতিমিনতি, যে বাবা এলে যেন বলে না দেওয়া হয়। অথচ মেয়েরা যখন বিয়ের পর শ্বশুরবাড়ি চলে যায়, এই লোকটাই চোখের জল চেপে কোন এক অন্ধকার ঘরে লুকিয়ে বসে থাকে! ছেলে যখন প্রতিষ্ঠিত গবেষণাগারে গবেষণার সুযোগ পায়, এই লোকটার মাথা গর্বে উঁচু হয়ে যায়।

এই যে আমাদের কতজন প্রিয় মানুষেরা সব চলে গেলেন বিগত কয়েক দিনে, এই শোকের ব্যক্তিগত তীব্রতা, তার সম্ভাব্য অভিঘাত কি আমরা কল্পনা করিনি কখনও? করেছি। করতে না চেয়েও করে ফেলেছি বার বার। আজ তার বাস্তবতা নিয়ে আমাদের চেতনার অন্তরঙ্গে কড়া নাড়ে প্রিয় মানুষের বিচ্ছেদ। সামান্য ক'দিনের বিচ্ছেদ নিয়েই তো আমরা বিহ্বল হয়ে পড়ি। অতিমারি আমাদের ঘরে বন্ধ করে রেখেছে, একা করে দিচ্ছে ঠিকই তবু, এই বুঝি নিজের অন্তরের সঙ্গে এক রকম বোঝাপড়ার সময়, শোককে চেতনায় আত্মস্থ করে নিজেকে একান্তে খানিক গুছিয়ে নেওয়ার সময়। জীবনকে আর এক বার অভিবাদন করতে, আবার তীব্র ভাবে বেঁচে থাকার রসদ নিজের ভিতর থেকেই সংগ্রহ করে নিতে।

তাই বুঝি বাবার মৃত্যুর পর পল অস্টার একলা ঘরে বসে লিখে ফেলেন আস্ত একটা স্মৃতিকথা, দ্য ইনভেনশন অব সলিচুড। বহু দিন ধরে, ধীরে ধীরে লেখেন। বলেন মনের ভিতরে দেহকে আত্মস্থ করে নেওয়ার কথা। আর স্মৃতির বাক্স উপুড় করে দেওয়া, “মেমরি: দ্য স্পেস ইন হুইচ আ থিং হ্যাপেনস ফর দ্য সেকেন্ড টাইম।” এই স্মৃতিকে লালন করতে হয় আড়ালের যত্ন দিয়ে, নিভৃতে। তবে তো শোকের ওপার দেখা সম্ভব। প্রিয়জনের ছেড়ে যাওয়াকে একটা গ্রহের অকস্মাৎ হারিয়ে যাওয়ার মতো মনে হয় রডরিগো গার্সিয়ার । গাব্রিয়েল গার্সিয়া মার্কেজের পুত্র। মা আর বাবা দু'জনের কথাই লিখছেন তাঁর স্মৃতিচারণ আ ফেয়ারওয়েল টু গাবো অ্যান্ড মার্সিডিস বইয়ে। বলছেন, একটা প্রতিধ্বনি রয়ে যাওয়ার কথা: ‘দি ইকো রিমেনস’। বলছেন, প্রতি দিন স্নানের সময় তোয়ালে দিয়ে পিঠ মোছার সময় মনে পড়ে বাবার কথা। আর মায়ের কথা মনে হয় প্রতি বার অলিভ অয়েল ব্যবহার করবার সময়। কী অদ্ভুত চারণ! আসলে ব্যক্তিগত, তাই অদ্ভুত। এর থেকেই পাঠককে খুঁজে নিতে হবে সেই গ্রহের হারিয়ে যাওয়ার বোধ। প্রতি দিনের এই একান্ত মনে পড়ার ভিতরেই তো থাকে যথার্থ শুশ্রুষা। একটা অস্বাভাবিক সময়ে বেঁচে রয়েছি আমরা সকলে। ওয়ালেস স্টিভেন্স তাঁর বই ওপাস পস্থমাস-এ যেন আমাদের সময়ের কথাই বলছেন, একটা এক্সট্রাঅর্ডিনারি রিয়্যালিটি, যেখানে ‘কনশাসনেস টেকস দ্য প্লেস অব ইমাজিনেশন। কল্পনার পরিবর্তে চেতনা।

কালের অর্থই হলো মৃত্যু। এমন কোনো ক্ষণ নেই জীবনে, যখন মৃত্যু এগিয়ে আসছে না। মৃত্যু সবার হবে কারণ যাদের জন্ম হয়েছে তাদের মৃত্যু হবেই এবং এটাই অবশ্যম্ভাবী। জন্মের পরে মৃত্যু আবার মৃত্যুর পরে জন্ম। এটা একটা স্বাভাবিক নিয়ম। আমরা সবাই মৃত্যুদণ্ডে দণ্ডিত এবং আমাদের সবার মৃত্যু হবে। প্রতিদিন এবং প্রতিনিয়তই আমরা সেইদিকে একটু একটু করে এগোচ্ছি । কেউ দেরীতে , কেউ দ্রুত সেখানে পৌঁছাবে । যে সকল বস্তুর জন্ম আছে , তার পরিণতি অবশ্যই মৃত্যুতে । সংযোগের পরিণতি বিয়োগে ; যা কিছু রচিত হয় তার পরিণাম স্ব

স্ব অংশে ফিরে যাওয়া। জন্মের পরিণাম মৃত্যু এবং মৃত্যু থেকেই জন্মের সুচনা—এ হলো প্রকৃতির নিয়ম। এই মৃত্যুর মুখোমুখি দাঁড়িয়ে জীবনকে এগিয়ে নিয়ে যেতে যে মানসিকতার দরকার তাই হল চ্যালেঞ্জ অ্রর্থাৎ মৃত্যুর মুখোমুখি দাঁড়াবার জন্য আমাদের প্রত্যেকের উচিৎ মানসিকতার পরিবর্তন করা। আর এই চ্যালেঞ্জই মানুষকে শান্তি ও সমদৃষ্টি লাভ করতে সাহায্য করবে। মৃত্যুর মুখোমুখি দাঁড়াবার মানসিকতা শান্তির চাবিকাঠি , জীবন সমস্যা সমাধানের পথিক এবং মৃত্যু খুবই স্বাভাবিক ও অপরিহার্য্য ঘটনা যা মানুষকে বিপদমুক্ত করবে এবং সংসারবন্ধন শিথিল করে দুঃখ , বেদনা ও তৃষ্ণার হাত থেকে মুক্তি দেবে। তাই মৃত্যুই হচ্ছে দৈহিক , মানসিক ও আধ্যাত্মিক ব্যধিসমূহের নিরাময়ের মহৌষধি। জন্ম আর মৃত্যু যেখানে এক সেখানেই সৃষ্টিকারীর অবস্থান। সুখ আর দুঃখ আলাদা কিছু নয়। জয় ও পরাজয় দুটিই সমান। মৃত্যু সবার কাছে আসে কারণ যা জন্ম নেয় তাকে মরতে হয় কিন্তু আপনার কর্মই আপনার মৃত্যু স্থির করে। তাই সে নিয়ে চিন্তা করে কি হবে?

যদি এমন হয় যে 'আমার' মৃত্যু হবে না, বা 'আমি' অমর তাহলে কি হবে। আলেকজান্ডার চেয়েছিল অমর হতে। তাই সে ভারতে এসেছিল অমরত্বের সন্ধানে। অনেক খোঁজাখুঁজির পর এক যোগীর সন্ধান পেল। সম্রাটের আদেশ, "আমাদের সাথে এক্ষুনি যেতে হবে"। "আমি কোথাও যাই না, সম্রাটের ইচ্ছে হলে এখানে আসতে পারে", যোগী জানায়। এই কথা শুনে সৈন্যরা মূহুর্তে তরবারি বের করে ও বলে চল নাহলে তোমার মুন্ডু নিয়ে যাব। যোগী নির্বিকার, হাসল, বলে তাহলে তাই কর। সৈন্যরা এরকম আশ্চর্য জিনিস দেখে নি যার মৃত্যুভয় নেই। কিছুক্ষণ অবাক হয়ে তারা ফিরে গেল এবং সম্রাটকে সমস্ত জানাল। আলেকজান্ডার অগত্যা এল, কারণ অমরত্ব বড় বালাই। জিজ্ঞেস করল তুমি কি আমায় অমরত্বের সন্ধান দিতে পারো? যোগী সন্ধান ও রাস্তা, দুইই দিল। সেইমত আলেকজান্ডার যাত্রা শুরু করল এবং যেমন যেমন যোগী বলেছিল তেমন তেমন মিলে গেল। শেষে সেই স্বচ্ছ জলের সরোবরের সন্ধান পেল। হাতে আঁজলা করে জল নিয়ে পান করতে যাবে, আওয়াজ এল, "খেয়ো না, খেয়ো না"! অবাক হয়ে দেখে একটা কাক, তাকে সতর্ক করছে। কাকটা বলল জানো আমার কি কষ্ট! আমি অমর। আমার মৃত্যু নেই কারণ আমি এই জল পান করেছিলাম কত হাজার বছর আগে। আমার একটুও বেঁচে থাকতে ইচ্ছে করে না। কিন্তু কি করব! আমার সাধ, আহ্লাদ কিছু নেই! এইভাবে বেঁচে থাকা যে কষ্ট তা কল্পনাও করতে পারবে না! আমি সুইসাইড ও করতে পারি না! আলেকজান্ডার কিঞ্চিত থমকে গেল। জীবনে এই প্রথম দোদন্ডপ্রতাপ ঘাবড়ে গেল, হাতের জল গলে গেল। কি একটা ভেবে প্রচন্ড ভয় পেল। উঠে দাড়াল, ধীরে ধীরে পেছন ফিরে চলে গেল।

মৃত্যু সুন্দর, খুব সুন্দর। একটা পূর্ণ জীবন কাটিয়ে নির্দিষ্ট সময়ে পৃথিবী ছেড়ে চলে যাওয়াটা যে কত সুন্দর ও বাঞ্ছনীয়, তা যারা সেই সুযোগ দেরীতে পায় তারাই একমাত্র অনুভব করতে পারে। সবথেকে আনন্দের জিনিস হলো আমরা জানি যে আমাদের একদিন মৃত্যু হবে। তাই যতদিন আছি আনন্দ করে বাঁচি, এটাই আশা করা উচিত। জীবন দীর্ঘ নয়, আনন্দের হোক। মৃত্যু নেগেটিভ নয়, বরং অনেক বেশি পজিটিভ। যারা মৃত্যুকে রিজেক্ট করতে চায় তারা জীবনও উপভোগ করতে পারে না। মৃত্যু আছে বলেই জীবন আনন্দের। আমরা যখন পৃথিবীতে আসি তখন আধা মৃত্যু সাথে নিয়েই আসি। মানে আধা জন্ম আধা মৃত্যু। জন্ম হয় নিঃশ্বাস (inhalation) গ্রহণ দিয়ে, মৃত্যু হয় প্রশ্বাস (exhalation) ত্যাগ দিয়ে। অমরত্ব লাভ হোক ভাবনায়, কর্মে, অনুভবে, চেতনায় ....শরীরে নয়। যোগীদেরও মৃত্যু হয়। যোগ মানে অমরত্ব

নয়, যোগ মানে সংবেদনশীল জীবনযাপন । Yoga is not about eternal life, Yoga is about sensible life.

সবার মনের সব থেকে বড় ভয় আর চিন্তা একটাই "মৃত্যু"!সবাই মৃত্যু কে ভয় করে,ভাবে হঠাৎ মরে গেলে কি হবে !সবাই আরও কিছুদিন বাঁচার লালসা করে, আরও যদি কিছুদিন জীবিত থাকা যায় !সবাই আশা করে যে সে কখনও যেনো না মরে !আর এই মৃত্যু ভয় এর কারণেই বেশিরভাগ মানুষ, ওই জীবন কে উপেক্ষা করে দেয় যেটা সে এখন কাটাচ্ছে...!আপনি কি কখনও ভেবেছেন যে আপনি মৃত্যু কে ভয় কেনো পান ?কারণ একটাই আপনি জীবনে ওটা করতে পারেন নি যেটা আপনি করতে চান, আর যেটা আপনি করতে চান, ওটা করতে পারা তখনই সম্ভব হবে যখন আপনি মৃত্যুর ভয় থেকে বের হয়ে নিজের জীবনের প্রত্যেক মুহূর্তের সঠিক ব্যবহার জেনে যাবেন, মৃত্যুর ভয় থেকে বাচার কেবল একটাই রাস্তা আর একটাই মন্ত্র, নিজের জীবনের প্রত্যেক মুহূর্তে বাঁচার আনন্দ কে উপভোগ করা। বাস্তবে এই সমাজের বেশিরভাগ মানুষ সর্বদা নিজেকে দুঃখিই ভাবে, কারন তার চাহিদা যে পূরণ হয় না, সে জীবনে অনেক কিছু করতে চায়, পেতে চায়, কিন্তু সেগুলো সব পাওয়া হয়ে ওঠে না, আর আশা অপূর্ণ থাকার ফলে সে দুঃখি থেকে যায়, কিন্তু সব আশা মানুষের কি ভাবে পূরণ হতে পারে ?

আপনি এমন কোনো ব্যক্তি এই সংসারে দেখবেন না যার সমস্ত আশা পূরণ হয়েছে, একটা পেয়ে গেলে তারা আরেকটার ইচ্ছা জাগে, আর আবার তার পিছনে ছুটতে থাকে, বাস্তবে একটা মানুষের এক জীবনে আর কটা আশাই বা পূরণ হয়, যদি ১০০ টা আশা থাকে তার মধ্যে দুই থেকে তিনটি বেশি হলে পাঁচটি, এটাতো জীবনের এই অঙ্গ, আশার সাথে সুখ ও দুঃখ জরিয়ে থাকে, আর তাতে কোনো অসুবিধাও নেই।

কারণ এটা যেহেতু একটা জীবন তাই জীবনে সুখ-দুঃখ থাকবেই, কিন্তু আমাদের এটা বুঝতে হবে যে আশার সাথে আনন্দের কোনো সম্পর্ক হয় না, জীবনের প্রত্যেকটা মুহূর্তো হলো আনন্দ উপভোগ করার মুহূর্তো, একটু বিচার করলেই আমরা বুঝতে পারবো, জীবনে জীবিতো থাকাটাই আসল কারণ যদি জীবীতোই না থাকলাম তাহলে আর কিছু করেই বা কি হবে, তাই আমাদের সবার কি এটাই উচিত নয় যে, প্রত্যেকটা মুহূর্ত জীবিত থাকার আনন্দ কে উপভোগ করা ?

গুগল সার্চ করলে দেখতে পারবেন এই সংসারে প্রত্যেকদিন দুই লক্ষ পঞ্চাশ হাজারের ও বেশি মানুষের মৃত্যু ঘটছে, লক্ষ মানুষ রাতে ঘুমানোর জন্য চোখ বন্ধ করে কিন্তু ওই চোখ আর খোলে না, তাই অন্তত সকালে ঘুম থেকে উঠে যদি নিজেকে জীবিতো দেখেন তাহলে নিজেকে তো একটা মিষ্ঠি হাসি দিতেই পারেন, যেখানে এতো লোকের চোখই খোলেনি, সেখানে আপনি এখনও জীবিতো, আর সাথে সাথে আপনার পরিবার, প্রিয়জন দেরও গায়ে হাত দিয়ে দেখুন ও তারাও জীবিতো, তাহলে এটা কি আপনার কাছে একটা আনন্দের দিন না।

হিসাব করে দেখুন যদি দুই লক্ষ পঞ্চাশ হাজার মানুষ প্রত্যেকদিন মারা যায়, আর তাদের চার জন করেও যদি প্রিয়জন থাকে অর্থাৎ পরিবারের সদস্য থাকে, তাহলেও দশ লক্ষ মানুষ প্রতিদিন তাদের প্রিয়জন হারানোর কষ্ট অনুভব করছে, তাই আমরা যদি জীবনের এই সত্যকে অনুভব করি, আর কিছু না পারি অন্তত যখন ঘড়িতে সময় দেখি তখন নিজেকে একটা মিষ্ঠি হাসি দিয়ে এটাতো মনে করিয়ে দিতেই পারি যে আমি এখনও জীবিতো আর সাথে আমার পরিবারও, ও এটা সত্যি এক অপূর্ব দিন।

ভবিষ্যৎ তো প্রতিদিন, প্রতিক্ষনে নির্মিত হয়। ভবিষ্যৎ যে কিছু নয়। মানুষের আজকের নির্ণয় ও কর্মের পরিনাম।আপনি যদি আজ কোন নির্ণয় করে সন্তোষ বোধ করেন,তবে বিশ্বাস রাখুন ভবিষ্যতে অবশ্যই তার থেকে সুখ লাভ হবে। মানুষের প্রত্যেকটা কাজের পেছনে উদ্দেশ্য অবশ্যই থাকে। হয়তো কেউ মামাশ্রী শকুনির মতো খুব ধুরন্ধর আর কপটতার জ্ঞান সঙ্গে নিয়ে জীবন নির্বাহ করেন । তাদের প্রত্যেক কার্যে ব্যাক্তি সার্থ জড়িত ।।

এদিকে উভয় পক্ষ বিচার করলে এই কথাই প্রমাণিত হয় যে, মহারাজ পান্ডুর পুত্রগন সব সময়ই ধর্মের পথ অনুসরণ করেছেন। হ্যাঁ তাদের ও কার্যের পেছনে উদ্দেশ্য ছিলো। তবে তা অধর্মের নয় ধর্মের ।।

জগতের কল্যাণ, প্রজাদের কল্যাণ, রাজ্যের সুখ শান্তি বৃদ্ধি । যে ব্যাক্তির কার্যের পেছনে কোন মহৎ উদ্দেশ্য যা জগতের সবার কল্যাণ সাধন করে সে কার্য যতই কঠিন হোক ধর্ম পরায়ণ ব্যাক্তি ঠিক তার কার্যে সফল হয় ।।

স্বয়ং ঈশ্বর তাঁর সহায়তা করেন। অঙ্গ রাজ কর্ণ দৈব্যগুন নিয়ে জন্মগ্রহণ করেছিলেন, কিন্তু অধর্ম হচ্ছে দেখেও মৌন ছিলেন । উনার একমাত্র ইচ্ছা ছিলো তিনি অর্জুন কে ধনুক যুদ্ধে পরাজিত করে বধ করবেন। এই হেতু তাঁর সমস্ত জীবন ব্যায় করলেন ।।

যদি একবার জগতের কল্যাণ চিন্তা করতেন নিজের কার্যের সঠিক বিচার বিবেচনা করতেন তাহলে এক ধর্মপরায়ন রাজা হিসেবে অমর হয়ে থাকতেন। মিথ্যা কথা বলে বিদ্যা লাভ করলেন, কি প্রাপ্তি হল তার । জীবনের অন্তিম ক্ষণে সেই বিদ্যাও তার সঙ্গ ত্যাগ করলো ।

মানুষ হচ্ছে মোমবাতির মতো। আর মোমবাতির জ্বলন্ত আগুন হচ্ছে মানুষের আয়ু। মোমবাতির গলে যাওয়া প্রতিটা ফোঁটা হচ্ছে মানুষের দিন, যা কিনা অনবরত: শেষ হয়ে যাচ্ছে। একটা সময় গলতে গলতে পুরো মোমবাতি যেভাবে শেষ হয়ে যায়, ঠিক সেভাবে একটা একটা দিন যেতে যেতে মানুষের আয়ুও চলে যায়। অনেক সময় দেখা যায় পুরো মোমবাতি গলার আগেই অর্ধেক থাকা অবস্থায় দমকা বাতাসে নিভে যেতে পারে। পার্থক্য শুধু এতটুকুই- দমকা বাতাসে নিভে যাওয়া মোমবাতি আবার আগুন দিয়ে জ্বালানো যায়, কিন্তু মানুষের জীবন প্রদীপ একবার নিভে গেলে তা আর কখনই জ্বালানো সম্ভব নয়।

হঠাৎ সম্বিৎ ফিরতে দেখলাম যে আমার মৃত্যু হয়েছে। জীবন যখন ছিল তখন কেউ পাশে থাকে নি, আর আজ আমার নিথর দেহকে ঘিরে সবাই বসে আছে। যারা কেউ কোনদিনও আমার খবর নেয়নি, আজ তারা চোখের জল ফেলছে। আগে একটা রুমালও কেউ দেয়নি আমাকে, আজ দামী চাদরে আমাকে ঢেকে দিয়েছে। সবাই জানে এ আর কোন কাজের নয়, তবুও সবাই যেন আজ কর্তব্য পালন করতে ব্যস্ত। কেউ কখনো একবেলার খাওয়ার দিল না অথচ আজ দেশি ঘি আমার মুখে শরীরে মাখিয়ে দিচ্ছে। জীবন থাকতে কেউ আমার সাথে এক কদম পা মেলালো না, আর আজ ফুল দিয়ে সাজিয়ে কাধে তুলে আমাকে নিয়ে যাচ্ছে...। আজ বুঝতে পারলাম মৃত্যু জীবনের থেকে কত সুখের... , না না এটা স্বপ্ন ছিল কিন্তু এটাই ভবিতব্য বা অবশ্যম্ভাবী।

গত কয়েক মাস, বছর ঘুরে আমাদের এমন নিশ্চিত প্রতীতি হয়েছে যে, মৃত্যু আমাদের সমস্ত কূট চাল কেমন করে জেনে নিয়েছে। অথবা, হয়তো তার জানাই ছিল। চিরকাল এমনই ছিল, দেশ কাল ছাপিয়ে। রাজনীতি, ক্ষমতা, বিজ্ঞান, প্রযুক্তি সব ছাপিয়ে নিমেষে জীবনকে ধূলিসাৎ করতে পারে এমনই প্রতিপক্ষ। সে নির্বিকার, অচঞ্চল। কেমন করে আমাদের ঘর খালি হয়ে গিয়েছে ক্রমাগত। মনে হয়, কেমন অকারণে চলে গিয়েছেন আমাদের পরিবার, আত্মীয়, বন্ধুবান্ধব, সঙ্গী,

প্রিয় গুরুদেব, মাস্টারমশাই। আমাদের চেনা পৃথিবীর পরিচিত নিশ্চিন্ত পরিসর ক্রমশ ফাঁকা হয়ে চলেছে। আর আমরা যারা রয়ে গেলাম, এখনও রয়েছি, নিজেদের আড়াল করে রাখছি আরও। না, শুধু মৃত্যুর থেকে নয়, নিজেদের পরিচিত গণ্ডির থেকেও, আরও সব মানুষের, সম্পর্কের, ভালবাসার থেকেও একা হয়ে পড়ছি কি নিজেরা, ক্রমাগত?

আমার অভ্যেস আছে, বরং এই যে ঘরের ভিতর একা রয়েছি, আরও বেশি করে তাঁকে পাই যিনি চলে গিয়েছেন । ফিরে তো যাবই ভিড়ে, সকলের কাছে, তবু এই স্মৃতির আত্মমগ্নতা এক রকম তর্পণ, এক রকমের মনে রেখে দেওয়া। শঙ্খ ঘোষ লিখে গিয়েছেন, "ততটা নিজস্ব পাবে যতখানি ছেড়ে দিতে পারো। কেউ এসে বসেছিল, কেউ উঠে চলে গেল, কেউ কথা বলেনি কখনো/ মন তার চিহ্ন রাখে সবই।" ছেড়ে দিয়েছি বলেই আসলে নিজস্ব করে পাই। মনের ভিতরে চলতে থাকা নিরন্তর সেই সংলাপে একান্ত নিজের করে ধরা দেয় চলে যাওয়া সেই মানুষ। না, এতে শোকের সান্ত্বনা নেই, তবে সন্তাপের গায়ে স্নেহের স্পর্শ অনুভব করা যায়। প্রত্যেক শোকই একান্ত, তীব্র ভাবে ব্যক্তিগত এই উপলব্ধি থেকে আবার মানুষের সম্মিলনে ফিরে যাওয়ার ইঙ্গিত থাকে। একাকী যাপনে সন্তাপ স্তিমিত হয়, একাকিত্ব তাই মনেরও প্রয়োজন হয়।

আসলে স্মৃতির ঘরে মানুষ যে আদতেই একা থাকে, তা কি আমরা জানি না? তা না হলে স্মৃতিচারণ পবিত্র হয় কী ভাবে? তবু এই একাকিত্ব নিয়ে আমাদের বড় বালাই। এমন সময়ে বাস করি যখন বিবিধ সমাজমাধ্যম আমাদের কোনও না কোনও জটলার দিকে ঠেলে দেয় ক্রমাগত। এতে কি আমাদের একাকিত্ব কিছুমাত্র প্রশমিত হয়? আমরা কি ব্যক্তিগত শোকের দেওয়াল কুঁড়ে ওপারে গিয়ে দাঁড়াতে পারি সকলের মাঝে? মনে হয় না। বরং একাকী যাপনের নির্যাসটুকু সঙ্গে করে যদি সম্মিলনে যাই, নিজস্ব সন্তাপের ভিতরে যে আলো, তাই যদি জনে জনে বলি, সে বোধ হয় বেশি ভাল হয়। অনেকটা কবিতাজীবন ধরে মৃত্যু যাকে তাড়িয়ে বেড়ালো, সেই ভাস্কর চক্রবর্তী লেখেন, "মৃত্যুর কথা। ভাবতে ভাবতেও আমি বেঁচে আছি বটে। / কোথায় বেটোফেনের চিঠিপত্র/ আমি আর এক বার ওই সব পড়ে দেখতে চাই। / আমার পুরনো জীবন আমি/ | ভাঁজ করে রেখে দিতে চাই সুটকেশে। ভাবতেই পারি / কী শান্ত আর সুন্দর আর পবিত্র থাকি। আমি যখন তোমার কাছে যাই।" এই যে সুটকেসে গুছিয়ে তুলে রাখা পুরনো জীবন এই তো স্মৃতির সেই ঘর। বার বার ফিরে যেতে হবে তার কাছে। মৃত্যুও রয়েছে তার ভিতরে স্বাভাবিক। আর মৃত্যুর কথা ভাবতে ভাবতেই তো বেঁচে থাকি প্রতি দিন। যে চলে গিয়েছে, যার সঙ্গে দেখা হবে না আর কোনও দিন , একাকী, অন্তরালে তার থেকে যতটুকু পাওয়া গেল, সেটুকু ছিনিয়ে নিয়ে যদি মানুষের মাঝে ফিরে যাই? তা হলে হয়তো বেঠোফেনের চিঠির অনুষঙ্গ খানিক ভাগ করে নেওয়া যাবে।

দুজন মানুষের সম্পর্কের মধ্যে যখন রাগ, অভিমান, কষ্ট জমতে জমতে পাহাড় হয়ে যায়, তখন সে দুজন মানুষ ক্রমেই হয়ে ওঠে কাঁটাতারের দুপাশের দুটি দেশের মতো বিচ্ছিন্ন। ওদের মাঝের দেয়ালটি হয়ে ওঠে নিঃস্পৃহতার, ঘৃণার, ক্লান্তির। সে কাঁটাতার বা দেয়াল পেরিয়ে দুটি মনের সহজ যাতায়াতটা আর হয়ে ওঠে না। নৈকট্যের মানে ওপাশের মানুষটির মনের অতলে কী আছে অনুভব করতে পারা, কেবলই মুখ-ইশারা-ঠোঁট নয়, চোখও পড়তে পারা। মানুষটির খিলখিল শব্দের হাসির আড়ালে কতটা কান্না চাপা আছে জানতে পারা, চুপচাপ বসে-থাকা মানুষটির হৃদয়ের চিৎকার শুনতে পারার নামই নৈকট্য। আমি ভালো আছি, আমার কিছু হয়নি, সব কিছু ঠিকঠাক...এসব বাক্যের অন্তরালে আদতে অনেক কিছুই ঘটে গেছে অনেক আগেই, এটা বুঝতে পারাকেই নৈকট্য বলে। যারা সত্যিই ভালোবাসে, তারা প্রতিশ্রুতি দেয় না! বরং খুব

বিচ্ছিরি থেকে বিচ্ছিরি পরিস্থিতিতেও তারা নীরব হয়ে পাশে থেকে যায়.... আমরা কি চাই আমরা জানি না। আমরা কি খুঁজি তাও জানি না। এখন আর আগের মতো আমরা নিজেদের প্রকাশ করি না। অপর পাশের বিষন্নতার ছায়া আমাদের স্পর্শ করে না তেমন।

মানুষের জীবনে সুখ-দুঃখ নীর্ভর করে তার কর্মের উপর। কিন্তু খারাপ সময়ে হতাশ না হয়ে ভালো সময় আসবে বলে অপেক্ষা করা উচিত। খারাপ সময়ের মধ্যেও চেষ্টা চালিয়ে যেতে হবে ভালো থাকার। মনকে স্থির রাখতে হবে। ভেঙ্গে পরলে হবে না। খারাপ ভালো মিলিয়েই মানুষের জীবন। এখন খারাপ তো কি হয়েছে নিশ্চয়ই ভালো সময় আসবে। মনে রাখতে হবে , যে জিনিস শুরুতে মধুর লাগে সে জিনিসই আবার শেষে তেতো লাগতে শুরু করে এবং যে জিনিস শুরুতে তেতো লাগে সে জিনিস শেষে মধুর লাগতে শুরু করে। অর্থাৎ ,ধৈর্য্য ও অপেক্ষায় থাকলে নিশ্চয়ই ভালো সময় আসবে। মনে রাখতে হবে সবচেয়ে শক্তিশালী হলো সময়। সময় কখন পরিবর্তিত হবে কেউ বলতে পারে না। সময়ের সাথে কয়লাও বদলে গিয়ে হীরায় পরিণত হয় !

বেশ কিছু দিন আগে বিভিন্ন স্যোশাল মিডিয়া তে বলা হচ্ছিল কথা বলুন, মনের মধ্যে যা সংকোচ, দ্বিধা, তিক্ততা যা কিছু সব উগরে দিন, মন খুলে কথা বলুন ইত্যাদি ইত্যাদি... এবার আসি বাস্তব এ এই মনুষ্য সমাজে যেখানে "মনুষ্যত্ব" এই শব্দটি সত্যিই উপহাস এর সমান লাগে... কারন তো অনেক আছে... যেমন ধরুন একজন বিশ্বাস করে, ভরসা করে গোপন কথা অপর কোনো দ্বিতীয়জন কে বললো... সেই দ্বিতীয়জন কতটা বিশ্বাস যোগ্য সেই মুহূর্তে বিচার করা অসম্ভব হয়ে ওঠে প্রথম জন এর কাছে কারন তার মানসিক পরিস্থিতি মাপতে পারেনা অপরজন এর মনোবৃত্তি, ফলে বেশির ভাগ সময় ই মনের কথা বলতে গিয়ে দুর্বলতা একটু একটু করে হয়তো প্রায় পুরোটাই প্রকাশ্যে চলে আসে, মানসিকভাবে উলঙ্গ হয়ে যায় নিজের অজান্তেই সেই প্রথমজন টি..এবার প্রথমজন যদি এই দ্বিতীয় জন এর পৈশাচিক মনোবৃত্তির স্বীকার হয় তাহলে তো আর কথাই নেই, প্রথম বার এই প্রথম জন এর কিছু টা বিশ্বাস এবং আত্মবিশ্বাস এর মৃত্যু ঘটে, শুরু হয় অন্তরদহন, যেখানে মানসিকতা হয় একটি দাহ্য বস্তু পুড়েও শেষ হয়না, জ্বলন্ত মন টা কিছুদিন নিভু নিভু থাকলেও, দ্বিতীয় জনের পৈশাচিক মনোবৃত্তি র আভাস বারংবার ঐ জ্বলন্ত মনে উস্কানি র আহুতি ঢালে, ব্যাস দাউ দাউ করে আবার জ্বলতে থাকে, নিঃশব্দে সেই জ্বলন্ত হাহাকার ছড়িয়ে যেতে থাকে সারা মনে, মানসিক ভাবে বিধ্বস্ত মানুষ টির শরীরেও সেই হাহাকার এর ছাপ লেগে যায়... আর সেই ছাপ লোকানোর জন্য মুঠো মুঠো antidepressant এর শরনাপন্ন হয় মানুষ, কিন্তু তাতেও শান্তি নেই.. আমাদের সমাজে মানুষের মতো পশুর অভাব নেই, এই মানুষরুপি কিছু পশু র কাজ হচ্ছে কাঠি করা, একজন মানসিক ভাবে বিধ্বস্ত মানুষ যদি মনোবিদ এর কাছে যান, এই কাঠি করা মানুষ গুলি সুযোগে সৎ ব্যবহার করতে ছাড়েন না... প্রশ্ন কেন যাচ্ছে, হ্যাঁ রে পাগল হয়ে গেলো নাকি, যদি অবিবাহিত কর্মরত পুরুষ হয় তাহলে অফিস এ নির্ঘাত কিছু হয়েছে, যদি বিবাহিত হয় তাহলে বৌ এর সাথে জমে না, নির্ঘাত নংপুসু, আর মেয়েদের ক্ষেত্রে ব্যাপারটা অন্যরকম, সে কর্মরতা হোক বা না হোক, বিবাহিতা বা অবিবাহিতা যাই হোক না কেন, পাড়ার কিছু ট্যালেন্টেড কাকি, পিসি মাসি, ঠাম্মি র অভাব নেই যারা বিজ্ঞের মতো প্রথমেই নারী চরিত্র আঙুল তুলবে, এনারা ভুলে যান যে এনারা ও কিন্তু নারী, আর কিছু পশুর নজর যদি নারীর ইজ্জত এর ওপর পড়ে তাহলে এই সমাজ প্রথমেই নির্যাতিতা র ওপরে আঙুল তোলে, সবাই নিজের নিজের রায় দিতে থাকে নির্যাতিতা র চরিত্র নিয়ে, এভাবে একটি আত্মবিশ্বাস এর চির মৃত্যু ঘটে, এরপর নশ্বর দেহ মূল্যহীন হয়ে যায় ... একটা কথা বলে রাখি শুধুমাত্র মানসিক চিকিৎসা করাচ্ছেন বলে

ব্যাক্তি টি পাগল তার কিন্তু নয়, আর পাগলামি টা রোগের লক্ষণ রোগ না...।

অর্থ, প্রতিপত্তি, সুযোগ সব কিছু থাকতেও একটা মানুষ নিঃস্ব হয় কারন তার মনের কথা শোনার কেউ থাকেনা, মনের মধ্যে জমে থাকা হাহাকারের স্তূপ বেরিয়ে আসতে চাইলেও অনবরত লড়াই চলে তাকে ভেতরে লুকিয়ে রাখার, চলে অনবরত নিজের সাথে নিজের লড়াই... আমাদের কারোর সাথে মনোমালিন্য হলে এবং সীমারেখার বাইরে গেলে আমরা তার সাথে সম্পর্ক হয় ত্যাগ করি নাহলে এড়িয়ে চলি, যাহোক করে নিজেকে ভালো রাখার চেষ্টা করি, এবং ভালো ও থাকি কারন অপরের সাথে লড়াই করাটা সহজ কিন্তু নিজের সাথে লড়াই করা টা ভিষন কষ্টকর।

আমরা মানুষের বাইরেটা দেখেই বিচার করি, কত মানুষ প্রতিদিন প্রতিটা সময় কঠিন বাস্তবতার সাথে লড়াই করে বেঁচে আছে,এরই নাম হয়তো সংগ্রাম। প্রতিটা রাত একটু একটু করে নতুন গল্প নিয়ে বাঁচতে শেখায় সকলকে, রাত গুলো যে অনেক মানুষের বাঁচার একমাত্র সম্বল, কল্পনায় অনেক মানুষ কে ফিরে নিয়ে আসতে পারে একমাত্র এই গভীর অন্ধকার গুলোই। ভালো-খারাপ, দুঃখ-বেদনা, ক্ষত- সুখ আরো কত অনুভূতি জড়ানো রাত গুলো আসলে আমাদের ভরসা জোগায়, নতুন করে লড়তে শেখায়, সব অভিমান মুছে ফেলে একটা নতুন সকাল উপহার দেয় আমাদের। সব হারিয়ে ফেলেও আমাদের অনুপ্রেরণা কিন্তু ওই গভীর রাত গুলোই, যেগুলো আমাদের ঘুরে দাঁড়ানো টা শিখিয়ে দিয়ে নিজেরাই মিলিয়ে যায় ভোরের আলোর সাথে।।

এক কাঠবিড়ালি ছিলো l সে তার নিজের কাজে রোজ সময় মতো যেত আর নিজের কাজ খুব পরিশ্রম, বিশ্বাস আর দ্বায়িত্বের সঙ্গে করতো। l কাঠবিড়ালি প্রয়োজনের থেকেও অনেক বেশী পরিশ্রম করতো, কিন্তু তারজন্য তার কোনো দুঃখ ছিলো না, বরং সে খুব খুশী ছিলো l কারণ তার মালিক, জঙ্গলের রাজা বাঘ মহাশয় তাকে তার কাজের জন্য দশ বস্তা আখরোট দেবার কথা দিয়েছিলো l কাঠবিড়ালিটি পরিশ্রম করতে করতে যখন ক্লান্ত হয়ে যেত, সে ভাবতো, একটুখানি বিশ্রাম করে নি কিন্তু তখনই তার মনে পড়তো যে বনের রাজা বাঘ তাকে দশ বস্তা আখরোট দেবার কথা বলেছে l সে আবার নতুন উদ্যমে কাজে লেগে যেত l কাঠবিড়ালিটি যখন অন্য কাঠবিড়ালিদের খেলতে দেখতো তখন তারও মনে হতো যে আমিও ওদের সাথে খেলা করি ,কিন্তু যেই তার আখরোটের কথা মনে আসতো, অমনি সে আবার কাজে লেগে যেত l এমন কিন্তু নয় যে বাঘ তাকে আখরোট দিতে চাইত না, এই ব্যাপারে বাঘ মহাশয় অতি বিশ্বাসী ছিলোl এমনভাবেই সময় কাটতে লাগলো ....এমন একদিন এলো যে বনের রাজা বাঘ কাঠবিড়ালিটিকে তার কথামত দশ বস্তা আখরোট দিয়ে মুক্ত করে দিলো l কাঠবিড়ালি আখরোটের কাছে বসে ভাবতে লাগলো ....এখন এই আখরোট আমার কোন্ কাজে আসবে ? সারাজীবন কাজ করে করে আমার দাঁত ভেঙ্গে গেছে, এখন আমি এই আখরোট খাবো কি করে ?

এই কাহিনী এখন জীবনে সত্য হয়ে উঠেছে! মানুষ নিজের সমস্ত ইচ্ছাকে ত্যাগ করে, সারাজীবন চাকরী, ব্যবসা আর অর্থ রোজগার করেই কাটিয়ে দেয়! ৬০ বছর বয়স হলে মানুষ এই কর্মজীবন থেকে মুক্তি পায় l তার সারাজীবনের পুঁজি অর্থাৎ রোজগারের টাকা সে ব্যাঙ্কে জমা রাখে কিন্তু শরীরে বয়সের অক্ষমতা আসার কারণে সেই অর্থভোগের লিপ্সাও আর থাকে না l ততদিনে জেনারেশনের বদল হয় আর পরিবার পরিচালনার জন্য সন্তানরাও বড় হয়ে যায় l সেই সন্তানরা কি এই অনুভব করতে পারে যে এই অর্থের পিছনে.......কত ইচ্ছার মৃত্যু হয়েছে! কত পরিশ্রম হয়েছে! কত স্বপ্নের অকাল মৃত্যু হয়েছে! অক্লান্ত পরিশ্রমের মধ্যে দিয়ে অর্জিত প্রয়োজনের অতিরিক্ত অর্থের কি লাভ যা কিনা মানুষ বয়সের ক্ষমতার কারণে নিজে ভোগে অসমর্থ হয়!

এই প্রসঙ্গে বিখ্যাত ব্রিটিশ বিলিয়নেয়ার রথসচাইল্ড'র অন্তিম মূহুর্তের ঘটনা কথা মনে পড়ছে । তার সম্পদ তাকে এই দুনিয়াতেও সাহায্য করতে পারেনি । তিনি এতটাই ধনী ছিল যে ব্রিটিশ সরকারকে প্রয়োজনে ঋণ নেওয়ার জন্য তাঁর দরজায় যেতে হয়েছিল। তিনি নিজের বিশাল ধনকে তাঁর বিশাল প্রাসাদে গোপন কোণে রেখেছিলেন, ধনভান্ডারের জ্ঞান তিনি ছাড়া রাজবাড়ির অন্য কারও জানা ছিল না। একদিন তিনি তার কোষাগারে প্রবেশ করলেন, কোষাগারের চাবিটি নিতে ভুলে গেলেন, কোষাগারের দরজা তাঁর উপর বন্ধ হয়ে গেল, তখন মোবাইল প্রযুক্তির কোনও যুগ ছিল না, তিনি চিৎকার করতে থাকলেন কিন্তু তাঁর কন্ঠ কারও কাছে পৌছালো না। প্রাসাদের বাইরে কর্মচারীরা ভেবেছিলেন যে তিনি সম্ভবত কোথাও বেড়াতে গিয়েছেন, কারণ তিনি প্রায়শই কাউকে কিছু না বলে দিন এবং সপ্তাহ ধরে ভ্রমণ করতেন। তাঁর সামনে সোনার গহনা ও হীরা জহরত ছিল কিন্তু তিনি ক্ষুধা ও পিপাসায় ভুগছিলেন। আর মারা যাওয়ার আগে তিনি নিজের আঙুলকে সোনার ইট দিয়ে আঘাত করেছিলেন এবং তাঁর রক্ত দিয়ে দেওয়ালে একটি বাক্য লিখেছিলেনঃ- "বিশ্বের সবচেয়ে ধনী ব্যক্তিও ক্ষুধা ও তৃষ্ণায় মারা যান"।

আজকাল আত্মীয় স্বজনের বাড়ি গেলে ভাইপো ভাইঝিরা প্রণাম করে না। নমস্কার তো দূরের কথা। করে না, কারণ তাদের শেখানো হয়নি।তাদের বড়রা তাদের শেখাননি ।কারুর বাড়ি গেলাম । তাঁর মেয়ে দরজা খুলে বললে " বোসো" । আপনি আজ্ঞে উঠে গেছে,বয়স্কদের সম্মান করা বাবা মা শেখাননি। তার ফল সারা সমাজ ভুগছে । শিক্ষক মার খান। বৃদ্ধ বাবা মা বিতাড়িত হন । ডাক্তার মার খান।

এ বিষয়ে একটা সুন্দর গল্প আছে মহাভারতে। যুদ্ধ হবে হবে । অর্জুনের গাণ্ডীবের আওয়াজ শোনা যাচ্ছে। কৌরব পক্ষ তৈরী। কুরুক্ষেত্রে ভয়াবহ স্তব্ধতা । শ্রীকৃষ্ণ গীতার প্রবচন সবে শেষ করেছেন । সহসা যুধিষ্ঠির চীৎকার করে যুদ্ধ বন্ধ করলেন । সবাই হতবাক। তাকিয়ে দেখল যুধিষ্ঠির তাঁর ধনুর্বাণ মাটিতে রেখে, জুতো খুলে শত্রুপক্ষ কৌরবদের দিকে এগিয়ে যাচ্ছেন । কৌরবরাজা দুর্যোধন হাসলেন । ভাবলেন 'এরা তো শুরুর আগেই ভয় পেয়েছে '। কিন্তু দেখা গেল, যুধিষ্ঠির সোজা গিয়ে শত্রুপক্ষের প্রধান সেনাপতি পিতামহ ভীষ্ম কে মাটিতে শুয়ে প্রণাম করলেন। তিনি তো আসলে এঁদের পিতামহ, শ্রদ্ধার পাত্র, শ্রদ্ধেয়। সব্বাই স্তম্ভিত। চারিদিকে নিস্তব্ধতা, অস্থির ঘোড়া আর হাতির ছটফটানি। ভীষ্ম ডান হাত তুলে বললেন " বিজয়ী ভব " অর্থাৎ "Be Victorious". কৌরব রাজ দুর্যোধন আতঙ্কে শিউরে উঠে, চীৎকার করে ভীষ্মকে বলে উঠলেন "একি বিশ্বাসঘাতকতা!!! আপনি তো আমার সেনাপতি! আপনি শত্রুপক্ষকে আশীর্বাদ করলেন?"ভীষ্ম বলেছিলেন " কেউ যদি আমাকে তার শ্রদ্ধা জানিয়ে সম্মান করে, তাহলে আমি তো আশীর্বাদ দেবই ।তুমি করনি, আমি তোমাকে আশীর্বাদ দিতে পারি নি।"সব ধর্মেই আশীর্বাদের একটা বড় ভূমিকা দেখানো আছে। শ্রদ্ধা, ভক্তি, প্রেম ছোটোদের শেখাতে হয়। আমরা ব্যর্থ হয়েছি। জীবনের কুরুক্ষেত্রে আমাদের জয় হবে কি ?

ঠান্ডা বলে কোনো কিছুর অস্তিত্ব আছে কি? সত্যি বলতে কি, ঠান্ডার কোনো অস্তিত্ব নেই। আমরা যেটাকে ঠান্ডা বলি, পদার্থ বিজ্ঞানের ভাষায় সেটা আসলে তাপের অনুপস্থিতি। আমরা এই "ঠান্ডা' শব্দ টিকে জাস্ট কম তাপ কিংবা তাপের অনুপস্থিতি কে ব্যাখ্যা করার জন্য ব্যবহার করি।

ন্যূনতম চাহিদা

এখনও চাওয়ার আছে কিছু, ন্যূনতম চাহিদা, যা আসলে এই দুনিয়ার প্রতিটা প্রাণের অবচেতনেই থেকে যায় বিরতিহীন ফুরিয়ে যাওয়া জীবনের কাছে এখনও খরচ না হওয়া জীবনটুকু। সেই খরচ-না-হওয়া জীবনটুকুকে আগলে রাখার জন্য আমরা কখনও দেওয়ালে পিঠ দিয়ে বসি, কখনও উঠে দাঁড়াই, আর করি গল্প - মৃত্যুর গল্প। তার আরম্ভ যেমন ধোঁয়াটে, বিস্তারও তাই। অথচ, সেই গল্প আর অবশ করে না আমাদের। অস্থিরও করে না। মানুষ যেমনই হোক, মৃত্যুর কাছে সে অপ্রস্তুত, নিঃসঙ্গ এবং নিঃস্ব। সংবেদনশীলতা রাখতে গিয়ে হায়, কে আর নিজের প্রাণটি খোয়াতে চায়! তাই এগিয়ে যেতে চাইলেও সে নিরুপায়। এর ফলে কী হল? মৃত্যুর আগের যে ব্যথা ও বিষণ্ণতা, তা উপশমের জন্য মাথায় হাত বুলিয়ে দিতেও পারল না মানুষ। প্রকৃতির নিয়ম মেনেই শীত, গ্রীষ্ম, ঝড়, খরা, বন্যা , ভূমিকম্প— সবই এল একটু একটু করে। গত বছরও এসেছিল। এই বছরও এল। তার মাঝেই রয়ে গেল অতিমারি। টিকা নেওয়া হল। মানুষ হাসতে হাসতে লাইনে দাঁড়িয়ে তা নিলও। কেবল, যে নিটোল আতঙ্ক তৈরি হয়েছিল, তা আর গেল না। মৃত্যু থিতিয়ে এলেও, মৃত্যুবোধটি আর আত্মগোপন করতে পারল না। কোনও ভাবে। তারার আলোর মতো অকম্প ও স্থির হয়ে থেকে গেল সেটি। ঠিক যে ভাবে অসুখের বীজাণু রয়ে যায় শরীরের মধ্যে, কিছুতেই আর যেতে চায় না! সব প্রত্যাশার পাশে মনে মনে আর্ত হয়ে উঠতে উঠতেও প্রায় ফুটনোটের মতো করে এই আশাটিও রাখতে ভুলিনি যে, আমরা যেন বেঁচে থাকি এই বছর। আমরা যেন ঘুম থেকে জেগে উঠতে পারি।

ঘুম থেকে জেগে ওঠার পর কী হবে বা হতে পারে, আমরা জানি । আমাদের চাকরি চলে যেতে পারে, আমাদের সমস্ত সম্পদ কেড়ে নেওয়া হতে পারে, আমাদের অত্যন্ত দুঃখজনক বিচ্ছেদ হয়ে যেতে পারে, প্রতি বছরের মতোই এই বছরেও সরকারি প্রতিশ্রুতির বা আংশিক প্রয়োগও দেখা না যেতে পারে, তা থেকে বিহ্বলতা আসতে পারে। কিন্তু, তার পরেও, আমরা যে বেঁচে আছি এখনও, এত কিছুর পরেও, সেই আনন্দটুকুকে একেবারে নিতে ভুলব না। এ কথা তো সকলেই জানি যে, মৃত্যু একেবারে সামনে এসে দাঁড়ালে, চির-বিচ্ছেদের দিকে ঘূর্ণাবর্তের বেগে টেনে নিয়ে যাওয়ার ক্ষণটি উপস্থিত হলে, জীবনের আকাঙ্ক্ষা তীব্রতর হয়। কুয়াশা কেটে গেলে অনেক কিছু দেখা যায়। ইস্কুল এক দিন ঠিকই খুলবে, ধীরগতির ইন্টারনেট কানেকশন নিয়ে কম দামি ফোনের ক্যামেরার সামনে বসে আর ক্লাস করতে হবে না— এই আশা নিয়ে থাকতে থাকতে একটা প্রজন্মের লক্ষাধিক ছেলেমেয়ে পড়াশোনাই ছেড়ে দিল। বিয়ে হয়ে গেল কারও, মাঠে বাবার সঙ্গে চাষ করতে চলে গেল কেউ কেউ। অপর দিকে, তাদের একেবারে বিপরীত গোলার্ধে বসে থাকা অপর একটি প্রজন্মের ষাট পেরোনো কত মানুষ বাড়ি থেকে আর বেরোতেই পারলেন না কখনও। মৃত্যুর রুক্ষ, তপ্ত মাটিতে বসে জীবনের ফুল ফোটানোর কৌশল আয়ত্ত করার প্রক্রিয়াটি সহজ নয়। গলাটেপা মধ্যরাতগুলির মধ্যে মিশে গিয়েছে আমাদের জিতে যাওয়া-হেরে যাওয়ার এই ন'টা - ছ'টার জীবন। তবু, বছরের শেষ দিকে এসে আশা করতে ইচ্ছে করে, এই মাঝরাতকে সঙ্গে নিয়ে চলা। অতি তপতপে জীবনটির অভিমুখ আসলে পূর্ব দিকেই। ভোর হয়নি এখনও। তবু, একটি ভোরের দিকেই ছুটছে সে। একটি মুখোশ-হীন পৃথিবীর দিকে ছুটছে।

www.ingramcontent.com/pod-product-compliance
Ingram Content Group UK Ltd.
Pitfield, Milton Keynes, MK11 3LW, UK
UKHW041641190726
13854UKWH00006B/2625